وظائف لم تتحقق

وظائف لم تتحقق

إعادة تشكيل دور الحكومات تجاه الأسواق والعمالة في منطقة الشرق الأوسط وشمال أفريقيا

عاصف م. إسلام، دلال موسى، فيديريكا ساليولا

مجموعة البنك الدولي

المحتويات

توطئة

لا توجد أجندة أكثر أهمية لمنطقة الشرق الأوسط وشمال أفريقيا اليوم من خلق المزيد من فرص العمل ذات النوعية الأفضل، وخاصة للشباب. فأكثر من نصف السكان – ما يقرب من 250 مليون شخص في جميع أنحاء المنطقة – تقل أعمارهم عن 30 عاما، وتتنامى طموحاتهم ومستوياتهم التعليمية. وهم يتطلعون نحو الخارج إلى أقرانهم في جميع أنحاء العالم، مطالبين بحياة كريمة وخدمات حكومية أفضل.

بيد أنه بعد انقضاء عقد من الزمان على واحدة من أهم الحركات في المنطقة، لا تزال الإحباطات التي أشعلت ما أصبح يطلق عليه "الربيع العربي" تهيمن على اقتصادات الشرق الأوسط وشمال أفريقيا. فالعديد من الشباب مازالوا عاطلين عن العمل. ويعاني آخرون من البطالة الكاملة أو الجزئية، بما في ذلك بين الفئات الأفضل تعليما؛ ولا تزال المرأة مستبعدة من النشاط الاقتصادي؛ ومازالت العمالة غير الرسمية، وبالتالي غير المحمية، منتشرة. ويشعر الناس في المنطقة بهذه الضغوط الاقتصادية. ورأى ما يقرب من ثلاثة أرباع المشاركين في موجة الباروميتر العربي 2018، وخاصة بين الأجيال الشابة، أن ظروفهم الاقتصادية سيئة أو سيئة للغاية وتزداد سوءا بشكل واضح بمرور الوقت.

هذه الأوضاع، التي كانت قائمة من قبل، تتضخم الآن بسبب تداعيات جائحة فيروس كورونا. فقد دمرت الجائحة الشركات وخفضت الوظائف، وتدفع ملايين المواطنين إلى دائرة الفقر في المنطقة، وأصبح تأثيرها على العمال والنساء المستضعفين مثيرا للقلق. كل هذا يهدد بحدوث انتكاسة لسنوات من الإصلاحات.

يؤكد هذا التقرير أن السبب الرئيسي لنشوء التحدي المتمثل في عدم خلق فرص العمل الكافية في منطقة الشرق الأوسط وشمال أفريقيا هو غياب تنافسية السوق. وتبيّن شواهد جديدة، ظهرت أثناء إعداد هذا التقرير، أن حكومات بلدان المنطقة نشطة بشكل جليّ في العديد من القطاعات الاقتصادية من خلال الشركات المملوكة للدولة، وعلى نحوٍ أقوى كثيرا من البلدان المتوسطة والمرتفعة الدخل المناظرة. إن مجرد وجود تلك الشركات المملوكة للدولة قد لا يشكل مسألة رئيسية إذا تهيأت فرص متكافئة في السوق، لكن تلك الشركات المملوكة للدولة بالمنطقة تلقى معاملة تفضيلية وتُعفى من قوانين المنافسة التي تنظم الشركات الخاصة.

ويظهر وجود الدولة جليا بأشكال أخرى أيضا. إذ يبين هذا التقرير أن شركات التصنيع الرسمية في المنطقة تتمتع على الأرجح بروابط سياسية أقوى كثيرا مما هو عليه الحال في البلدان ذات مستويات الدخل المماثلة. وعلى المستوى الكلي، لا تزال مساهمة القطاع العام في تراكم رأس المال ضخمة في العديد من البلدان. في الوقت نفسه، لا تزال اللوائح التنظيمية للعمل التي وضعتها الدولة مُقيدة نسبيا، حيث تعوق انتقال العمال إلى وظائف أفضل ولا توفر لهم حماية كافية. وعلى الرغم من التحسينات التي تم تطبيقها على الجبهة القانونية للمرأة، مازال الشوط طويلا أمام إطلاق العنان لإمكاناتها غير المستغلة.

ويمكن لحكومات المنطقة أن تتجنب عقدا ضائعا آخر للأجيال الحالية والمقبلة. ولا وقت أفضل من الوقت الحاضر. كما أن جائحة كورونا، رغم صعوبتها، تمثل هي أيضا فرصة لمساندة تعافٍ شامل وقادر على الصمود يمكنه خلق فرص عمل أفضل مع التصدي، في الوقت ذاته، للدمار السريع الذي خلفته الجائحة والتحديات الأطول أمدا. والواقع أن العديد من حكومات المنطقة أظهرت مرونة تتسم بالابتكار في مواجهة هذه الأزمة، حيث اتخذت بعض أسرع المبادرات التي شهدها العقد الماضي. إذ تم توزيع تحويلات نقدية طارئة على وجه السرعة لصالح الفقراء والمستضعفين في مصر والأردن والمغرب وتونس والضفة الغربية وقطاع غزة. ويجسد هذا العمل بنواحٍ عديدة القول المأثور، "إذا صدق العزم، وضح السبيل". ومنطقة الشرق الأوسط وشمال أفريقيا ليست بالاستثناء.

وتتطلب إعادة تصور تعافٍ جديد إصلاحات شجاعة ومجدية سياسيا في الوقت ذاته، وكل ذلك يبدأ بعقد اجتماعي جديد. ويرى هذا التقرير أنه يجب على الحكومات إعادة تشكيل علاقاتها مع القطاع الخاص، والعمال، وعلى القدر نفسه من الأهمية مع المرأة. ويجب أن يحل العقد الاجتماعي الجديد محل مشاركة الدولة بتنظيم عادل وإنفاذه بشفافية. فبدلا من أن تكون الدولة نشطة في القطاعات الاقتصادية، يجب أن تطلق العنان لقطاع خاص قادر على المنافسة جيد التنظيم. وبدلا من السيطرة على تحولات العمال من خلال قانون للعمل مُصمّم للقرن التاسع عشر، يجب على الدولة إعادة النظر في برامج الحماية الاجتماعية وسوق العمل. وبدلا من حماية إرث بعض الأعراف التاريخية والاجتماعية، يجب أن تكون الدول في الشرق الأوسط وشمال أفريقيا هي الوصي الأمين على المساواة بين الجنسين.

والحقيقة هي أن شباب هذه المنطقة المفعمة بالحيوية هم من يمهدون الطريق بالفعل. فهم لا يواصلون فرض آمالهم وإرادتهم على حكومات المنطقة فحسب، بل إنهم يبدعون أيضا ويتحملون المخاطر في السوق. ويعرض هذا التقرير قصص سبعة من الشباب في مجال ريادة الأعمال من حوض البحر المتوسط إلى الخليج، حيث قاموا ببناء شركات وخلقوا فرص عمل - لا سيما في المجال الرقمي - على الرغم مما يحيط بهم من ظروف

شاقة. فنسمع أصوات شاب أردني أنشأ منصة إلكترونية تشجع جودة التعليم، ورائدة أعمال في مجال تصنيع المواد الغذائية من الضفة الغربية تدعو إلى تمكين المرأة، ومصنّع مشروبات تونسي مبتكر، وشاب مغربي أنشأ نظاما آمنا للسيارات لتقاسم تكلفة الانتقال بالسيارة، ومطورة مصرية متحمسة أنشأت منصة لعرض المستحضرات الصيدلانية، ورائدة أعمال لبنانية تعمل منصتها على تحسين ربحية المطاعم وخبرات تناول الطعام في مختلف أنحاء العالم، ومبدع سعودي شاب أنشأ تطبيقا يساعد النساء وغيرهن من العملاء على تنفيذ المهام الصغيرة.

إن الشباب في الشرق الأوسط وشمال أفريقيا لا ينتظرون أحدا.

فريد بلحاج
نائب الرئيس لشؤون منطقة الشرق الأوسط وشمال أفريقيا
البنك الدولي

شكر وتقدير

إن التقرير الرئيسي الصادر عن إدارة منطقة الشرق الأوسط وشمال أفريقيا عام 2022 بعنوان وظائف لم تتحقق: إعادة تشكيل دور الحكومات تجاه الأسواق والعمالة في منطقة الشرق الأوسط وشمال أفريقيا هو نتاج عمل مكتب رئيس الخبراء الاقتصاديين لمنطقة الشرق الأوسط وشمال أفريقيا وقطاع الممارسات العالمية للحماية الاجتماعية والوظائف بالبنك الدولي. بدأ العمل في هذا التقرير تحت قيادة رباح أرزقي (رئيس الخبراء الاقتصاديين السابق لمنطقة الشرق الأوسط وشمال أفريقيا)، واستُكمل تحت الإشراف العام لروبرتا جاتي (رئيسة الخبراء الاقتصاديين الحالية لمنطقة الشرق الأوسط وشمال أفريقيا) وإيان ووكر (مدير مجموعة الوظائف). وشارك في إعداد التقرير عاصف إسلام ودلال موسى وفيديريكا ساليولا.

ويتقدم الفريق بالشكر إلى ماهو هاتاياما على عملها في مجال "تنظيم العمل" (انظر ورقة العمل المخصصة لهذا التقرير المعنونة "إعادة النظر في لوائح سوق العمل في منطقة الشرق الأوسط وشمال أفريقيا" [هاتاياما 2021]) والمساعدة التي قدمتها طوال فترة إعداد التقرير. ويتقدم الفريق أيضا بالشكر إلى المتعاونين من فريق المنافسة بقطاع الممارسات العالمية للتمويل والتنافسية والابتكار، ومن بينهم سيدو داودا، وجراسييلا ميراليس مورسيجو، وجورجيانا بوب، وعزة رسلان، على جمع وتحليل بيانات اللوائح التنظيمية لأسواق المنتجات (انظر ورقة المعلومات الأساسية المعنونة "اللوائح التنظيمية التقييدية بوصفها تحديا للمنافسة والإنتاجية والوظائف في منطقة الشرق الأوسط وشمال أفريقيا: سد الفجوة" [داودا وآخرون، قيد الإصدار]) ولما قدموه من مساعدة في وضع تصور للروابط بين التنافسية في السوق والمنافسة ونواتج الوظائف. ويعبر الفريق عن امتنانه لماريانا فيولاز وهيرنان وينكلر لما قاما به من عمل بشأن محتوى المهارات في الوظائف وعلى عملهما في وضع تصور للبرنامج الرئيسي من خلال استعراض المفاهيم وبدء العمل البحثي. ويتقدم الفريق بالشكر إلى هشام جابي على عمله في دراسات الحالات السبع، ورواد الأعمال الشباب الذين عرضوا قصصهم ومعلوماتهم من مختلف أنحاء منطقة الشرق الأوسط وشمال أفريقيا: مصر والأردن ولبنان والمغرب والسعودية وتونس والضفة الغربية. ويتقدم الفريق بالشكر إلى جوسيبي بيرتولا على مساعدته في وضع تصور للاقتصاد السياسي في هذا التقرير الرئيسي. ويتوجه الفريق بالشكر أيضا إلى مجموعة تقرير المرأة وأنشطة الأعمال والقانون على ما قدمته من دعم في تحليل القوانين القائمة على النوع الاجتماعي. وأخيرا، يشكر الفريق شيماء ياسين على عملها في تحليل أسواق العمل.

ويتوجه الفريق بالشكر أيضا على الإسهامات والملاحظات التقييمية أثناء مراحل المفاهيم والمراجعة اللاحقة من أنجيلا إلزير أسي، وأندريا بارون، وكاتلين بيجل، وأنوش بيزانيان، ودوروثي بوكانفوسو، وكامل براهام، وهنا بريكسي، وليلى داغر، وأندرياس إيبرهارد، وأحمد جلال، ودورينا بيتيفا جورجييفا، وألفارو جونزاليز، وكارين جرون، وأرفو كودو، وبراكاش لونجاني، ومحمد علي مرواني، ودينيس ميدفيديف، ودينو ميروتو، ومصطفى نابلي، وكريستوبال ريداو-كانو، وبوب ريكرز، وخافيير سانشيز-ريزا، وتي ترومبيك، وهوليا أولكو، ومايكل ويبر. ويشكر الفريق أيضا دانيال ليدرمان ومديرو مكاتب منطقة الشرق الأوسط وشمال أفريقيا عصام أبو سليمان وجيكو هنتشل وساروج كومار جاه ومارينا ويس على ما أبدوه من إسهامات ومساندة.

وقدم فريد بلحاج (نائب رئيس البنك الدولي لشؤون المنطقة) وميكال روتكوفسكي (المدير العالمي، الحماية الاجتماعية والوظائف) توجيهات وملاحظات مفيدة. ويتقدم الفريق بالشكر للمناقشين وغيرهم من المشاركين في حلقة العمل التي عقدها المؤلفون في شهر مايو/أيار 2021 على ملاحظاتهم التقييمية القيمة. ويتقدم الفريق بالشكر لمجموعة الوظائف بالبنك الدولي على ما أجرته من مشاورات مكثفة. ويتقدم الفريق أيضا بالشكر للمشاركين في ورشة العمل التشاورية الافتراضية التي نظمها مركز التكامل المتوسطي ومركز السياسات للجنوب الجديد في يونيو/حزيران 2021، والمنظمين جوليا مارشيسيني وبلانكا مورينو-دودسون.

وأخيرا، وليس آخرا، يشكر الفريق فريق إنتاج النشر على رفعه هذا التقرير إلى مرحلته النهائية - ويضم ستيف بازدان لإدارة إنتاج التقرير ونانسي موريسون لتحرير المخطوطة، وكذلك جيهان الخوري رودرر وكريستيل الصانع لتصميمهما التقرير وإنشاء الرسوم التوضيحية الإبداعية. وقدم الدعم الإداري هاريفيرا راوبليسون وسواتي رايشودوري.

المراجع

Dauda, Seidu, Graciela Miralles Murciego, Georgiana Pop, and Azza Raslan. Forthcoming. "Restrictive Regulation as a Challenge for Competition, Productivity, and Jobs in the MENA Region: Closing the Gap." Background paper for *Jobs Undone: Reshaping the Role of Governments toward Markets and Workers in the Middle East and North Africa*. World Bank, Washington, DC.

Hatayama, Maho. 2021. "Revisiting Labor Market Regulations in the Middle East and North Africa." Jobs Working Paper 64, World Bank, Washington, DC. https://openknowledge.worldbank.org/handle/10986/36887.

نبذة عن المؤلفين

عاصف إسلام هو خبير اقتصادي أول بمكتب رئيس الخبراء الاقتصاديين لمنطقة الشرق الأوسط وشمال أفريقيا بالبنك الدولي. وقد وضع إسلام مؤلفات عن مجموعة واسعة من القضايا المتعلقة بالتنمية الاقتصادية، مع التركيز على القطاع الخاص. ونُشرت له أعمال في مجلات مُحكّمة عن ريادة الأعمال والتكنولوجيا والعمل غير الرسمي والمساواة بين الجنسين. وشارك في إعداد العديد من التقارير، بما في ذلك تقرير عن التنمية في العالم 2019: الطبيعة المتغيرة للعمل وما الذي يعوق القطاع الخاص في منطقة الشرق الأوسط وشمال أفريقيا؟ الدروس المستفادة من الدراسة المسحية لمؤسسات الأعمال. ويحمل درجة الدكتوراه في الاقتصاد التطبيقي من جامعة ماريلاند بكوليدج بارك.

دلال موسى خبيرة اقتصادية في قطاع الممارسات العالمية للحماية الاجتماعية والوظائف بالبنك الدولي، وتركز على منطقة الشرق الأوسط وشمال أفريقيا. وقد عملت في عمليات بالعديد من بلدان المنطقة ومنطقة أفريقيا جنوب الصحراء، مع التركيز على المجالات المتصلة بالحماية الاجتماعية وسوق العمل والشمول المنتج. وأطلقت العديد من المسوح لرصد الطلب على الأيدي العاملة والمهارات في القطاع الخاص، فضلا عن تأثير جائحة كورونا على الشركات. وانضمت إلى البنك الدولي كمهنية شابة وهي حاصلة على درجة الدكتوراه في الاقتصاد من جامعة باريس 1- بانثيون السوربون في فرنسا والجامعة الكاثوليكية بلوفان في بلجيكا.

فيديريكا ساليولا كبيرة خبراء اقتصاديين بقطاع الممارسات العالمية للحماية الاجتماعية والوظائف في البنك الدولي. وكانت المدير المشارك في الفريق الأساسي الذي أعد تقرير عن التنمية في العالم 2019: الطبيعة المتغيِّرة للعمل. وفي ظل قيادتها الفكرية، تم نشر العديد من التقارير العالمية للبنك الدولي، بما في ذلك تقارير في سلسلة تمكين أنشطة الزراعةووضع المعايير المرجعية للمشتريات العامة. وقد نشرت في مجلات مُحكّمة، بما في ذلك دراسات عن إنتاجية الشركات، وسلاسل القيمة العالمية، وتأثير اللوائح التنظيمية على النمو والمنافسة. كما ساهمت في العديد من تقارير البنك الدولي، بما في ذلك تقرير البيئة من أجل ريادة الأعمال النسائية في منطقة الشرق الأوسط وشمال أفريقيا والنمو الذهبي: استعادة بريق النموذج الاقتصادي الأوروبي. وتحمل ساليولا درجة الدكتوراه في الاقتصاد مع مرتبة الشرف ودرجة البكالوريوس في العلوم السياسية من جامعة روما، لا سابينزا.

موجز وافٍ

بعد عشر سنوات من انطلاق الشرارة الأولى للربيع العربي، لا تزال نسبة كبيرة من السكان الأصحاء القادرين في سن العمل مُستبعدة من قوة العمل ومن التوظيف في منطقة الشرق الأوسط وشمال أفريقيا. ويتضح هذا بجلاء في أوضاع الشباب والنساء. فنحو شاب واحد من بين كل ثلاثة شباب (32%) في الفئة العمرية 15-24 عاما في منطقة الشرق الأوسط وشمال أفريقيا يقع خارج دائرة العمل أو التعليم أو التدريب. ومعدل البطالة بين الشباب في المنطقة هو الأعلى في العالم - يقدر بنحو 26% (حتى عام 2019) - وهو مستمر على ذلك طوال العقدين الماضيين. وتتفاوت نسبة العمالة غير الرسمية (التي تُعرّف بأنها تفتقر إلى اشتراكات الضمان الاجتماعي، سواء للمعاشات التقاعدية أو الإعاقة أو المرض أو المخاطر الأخرى) داخل المنطقة لكنها لا تزال مرتفعة بشكل ملحوظ. وتشير التقديرات إلى أن نسبة العمالة غير الرسمية تصل إلى 77% من إجمالي العمالة في المغرب، و69% في مصر، و64% في الضفة الغربية وقطاع غزة، وحوالي 16% في البحرين. كما أن القيود المفروضة على النساء في سوق العمل مازالت قائمة. ولا تزال مشاركة النساء في القوى العاملة التي تبلغ في المتوسط نحو 20% هي الأدنى على مستوى العالم. وأخيرا، فإن الوظائف المتاحة ليست وظائف المستقبل بشكل قاطع. ويحلل هذا التقرير محتوى مهام الوظائف، ويخلص إلى أن العمال في بلدان المنطقة التي أُتيحت عنها بيانات، ومنها مصر والأردن وتونس، يؤدون مهام قليلة للغاية تتطلب مهارات غير روتينية للتعامل مع الآخرين ومهارات تحليلية، وهذه هي وظائف المستقبل سواء في القطاع العام أو الخاص.

هذه الأوضاع، التي كانت قائمة من قبل، تتضخم الآن بسبب تداعيات جائحة فيروس كورونا. فقد دمرت الجائحة الشركات وخفضت الوظائف، وتدفع ملايين المواطنين إلى دائرة الفقر في المنطقة، وأصبح تأثيرها على العمال الشباب والنساء مثيرا للقلق. كل هذا يهدد بحدوث انتكاسة لسنوات من الإصلاحات.

وعلى الرغم من التحديات الهائلة، فإن شباب هذه المنطقة المفعمة بالحيوية لا تُثبط هممهم وهم بالفعل يشقون مسارات مضنية. فهم لا يواصلون فرض آمالهم وإرادتهم على حكومات المنطقة فحسب، بل إنهم يبدعون أيضا ويتحملون المخاطر في السوق. ويعرض هذا التقرير قصص سبعة من الشباب في مجال ريادة الأعمال من حوض البحر المتوسط إلى الخليج، حيث قاموا ببناء شركات وخلقوا فرص عمل - لا سيما في المجال الرقمي - على الرغم مما يحيط بهم من ظروف شاقة. ويتراوح رواد الأعمال الواردة قصصهم في دراسات الحالة من شاب أردني أنشأ منصة إلكترونية تشجع جودة التعليم، ورائدة أعمال في مجال تصنيع المواد الغذائية تدعو إلى تمكين المرأة في الضفة الغربية، إلى مصنّع مشروبات تونسي مبتكر، وشاب مغربي أنشأ نظاما آمنا لركوب السيارات، ومطورة مصرية متحمسة أنشأت منصة لتوصيل المستحضرات الصيدلانية، ورائدة أعمال لبنانية وجدت وسيلة لتحسين تجربة تناول الطعام في مختلف أنحاء العالم، ومبدع سعودي شاب أنشأ تطبيقا يساعد النساء وغيرهن على تنفيذ المهام الصغيرة بأمان.

ويجب على حكومات المنطقة أن تتجنب عقدا ضائعا آخر للأجيال الحالية والمقبلة. لقد حان الوقت لتحقيق الإمكانات الاقتصادية لقوة عاملة متنامية تتسم بالكفاءة والطموح. فإن لم يتحقق ذلك الآن، فمتى يتحقق؟

ينظر هذا التقرير إلى المسألة من منظور أوسع ويسأل: لماذا لم يتم التصدي لتحدي الوظائف؟ للإجابة عن هذا السؤال، يستخدم التقرير إطارا شاملا لبحث الوظائف في المنطقة، مع التركيز بشكل خاص على الطلب على الأيدي العاملة وخلق المزيد من الوظائف المنتجة. ولفعل ذلك، يعتمد التقرير على عدة مصادر جديدة للبيانات. وبالإضافة إلى هذا التحليل المتعمق لسوق العمل وأداء الاقتصاد الكلي في المنطقة، يقدم التقرير ثلاثة إسهامات رئيسية.

أولا، يقدم إطار المفاهيم بالتقرير نهجا لشرح كيفية تأثير أسواق المنتجات في المنطقة على نواتج سوق العمل. ويشير هذا النهج إلى أن عدد الوظائف وجودتها يتوقفان على سهولة دخول الشركات إلى الاقتصاد ونموها وخروجها منها، أي ما يسمى بالتنافسية في السوق. ويفتقر معظم اقتصادات المنطقة إلى التنافسية في السوق. ويؤكد التقرير على أن الافتقار إلى التنافسية يجعل من الصعب على الشركات الجديدة أن تبدأ وتتوسع، وبالتالي لا يمكن أن تنمو العمالة بسرعة كافية لمواكبة نمو السكان في سن العمل.

ثانيا، يعرض هذا التقرير لمحة جديدة عن تطور القطاع الخاص على مر السنين، وذلك باستخدام جولتين اثنتين من مسوح البنك الدولي لمؤسسات الأعمال المتاحة لأول مرة لعدة اقتصادات في المنطقة. ويوضح التقرير أن الديناميكية المحدودة للسوق وضعف القدرات اللازمة لخلق فرص العمل مازالا يعملان على تقويض القطاع الخاص المتحجر بالمنطقة. ففي عام 2019، كان 6% فقط من الشركات التي شملتها المسوح في بلدان الشرق الأوسط وشمال أفريقيا شركات ناشئة (عمرها خمس سنوات على الأكثر)، وانخفضت تلك النسبة في المتوسط بين عامي 2012 و2019. بالإضافة إلى ذلك، فإن نسبة منخفضة من شركات القطاع الخاص في المنطقة تستثمر في رأس المال المادي (الأصول الثابتة) أو في قواها العاملة. ولم تستثمر سوى شركة واحدة فقط من بين كل أربع شركات في المتوسط في رأس المال المادي حتى عام 2019. كما أن حجم الإنفاق على البحوث والتطوير بالمنطقة منخفض وآخذ في التراجع. وباستخدام مقياس الارتباط السياسي المتاح لأول مرة في مسوح البنك الدولي لمؤسسات الأعمال، يظهر هذا التقرير أن حوالي 8% من الشركات، في المتوسط، بمنطقة الشرق الأوسط وشمال أفريقيا أكدت أن المالك أو المسؤول التنفيذي الأول أو أكبر مدير

(أو أي من أعضاء مجلس إدارة الشركة) قد تم انتخابهم أو تعيينهم لشغل منصب سياسي في البلاد. وتتفاوت النسب فيما بين البلدان، حيث تصل أعلى نسبة إلى 28% من الشركات في تونس. وأخيرا، لا يزال القطاع الخاص في المنطقة يفرض حواجز أمام النساء. وتنعكس أوجه القصور هذه أيضا في أداء الاقتصاد الكلي في المنطقة. فقدر ضئيل فحسب من النمو الذي شهدته المنطقة مؤخرا جاء من نمو إنتاجية العمالة، وقدر ضئيل منه جاء من التغيير الهيكلي (تحرك العمال نحو قطاعات أكثر إنتاجية).

ثالثا، يسلط التقرير الضوء على أهمية فهم السياسات واللوائح التنظيمية التي يمكن أن تعوق تنافسية السوق. واللوائح التنظيمية لأسواق المنتجات لها أهمية خاصة لأنها تؤثر على التكلفة التي تتحملها الشركات عند دخولها السوق، ودرجة المنافسة فيما بين الشركات القائمة بالفعل في هذه السوق. ويؤثر جمود هذه اللوائح التنظيمية أو مرونتها تأثيرا مباشرا على عدد الشركات التي تعمل، ونموها، وقدرتها على خلق فرص العمل. يعرض هذا التقرير أدلة جديدة على اللوائح التنظيمية لأسواق المنتجات في مصر والأردن والكويت والمغرب والسعودية وتونس والإمارات والضفة الغربية وقطاع غزة. ولأول مرة، تتيح البيانات المجمعة عن اللوائح التنظيمية لأسواق المنتجات إجراء مقارنات مع مجموعتين من البلدان: 37 بلدا مرتفع الدخل و14 بلدا في الشريحة الأعلى للبلدان متوسطة الدخل.

ويكشف تحليل اللوائح التنظيمية لأسواق المنتجات عن ثلاثة جوانب تضعف القطاع الخاص وتحد من قدرة معظم بلدان المنطقة على تنافسية السوق. أولا، لا يزال وجود الدولة من خلال المؤسسات المملوكة للدولة ملموسا، حتى في القطاعات التي يكون فيها المبرر الاقتصادي لذلك غير واضح ويمكن أن يستفيد القطاع المعني من مشاركة القطاع الخاص، مثل الصناعات التحويلية، وخدمات الإقامة والأغذية والمشروبات، والتجارة، والبناء والتشييد.

ثانيا، هناك قدر ضئيل من الحياد التنافسي الذي من شأنه تحقيق تكافؤ الفرص بين هذه المؤسسات المملوكة للدولة ونظيراتها من القطاع الخاص. ويؤدي قرب هذه المؤسسات المملوكة للدولة من الحكومات إلى المحسوبية والإعفاءات. فالحياد التنافسي يضعف بسبب وجود هيئات تعمل كجهات تنظيمية ومشغلة على حد سواء في العديد من بلدان منطقة الشرق الأوسط وشمال أفريقيا. ولا تزال هناك استثناءات ضريبية لصالح الشركات المملوكة للدولة. علاوة على ذلك، فإن المزايا التي تجنيها المؤسسات المملوكة للدولة من قربها من الحكومة تؤدي أيضا إلى تفضيل حصول تلك المؤسسات على التمويل والدعم.

ثالثا، لا تزال ضوابط الأسعار سائدة. حيث تتحكم جميع اقتصادات منطقة الشرق الأوسط وشمال إفريقيا التي شملها التحليل في أسعار المواد الغذائية الأساسية (كالحليب والخبز) وغاز البترول المسال. وكلها تقريبا تتحكم في أسعار البنزين والأدوية. وهذا أعلى بكثير من نسبة البلدان التي تفعل ذلك بين الشريحة العليا من البلدان متوسطة الدخل (40%) والبلدان المرتفعة الدخل (10%). وغالبا ما ينظر إلى هذه الضوابط على أنها ركيزة من ركائز دولة الرفاهة، وهي تحد من الحوافز المشجعة على زيادة الإنتاجية والكفاءة. وفي الوقت نفسه، لا تزال آليات تقييم الأثر السلبي للوائح التنظيمية محدودة.

ويفحص هذا التقرير الدور التنظيمي للدولة من خلال بعدين إضافيين: لوائح العمل والضرائب، وقوانين تمايز بين الرجال والنساء. ويظهر التحليل أنه في بعض بلدان الشرق الأوسط وشمال أفريقيا، تحد لوائح العمل - بما في ذلك مكافآت نهاية الخدمة العالية نسبيا - من قدرة الشركات على فصل العمال الحاليين أو تعيين عمال جدد، في حين أن نقص إعانات البطالة يضر بمن يفقدون وظائفهم. وضرائب العمل تُعد مرتفعة وتشكل نسبة كبيرة من الالتزامات الضريبية للشركات والعمال؛ والعقود المحددة المدة، التي من شأنها أن تتيح فرصا للعمال الآخرين، ليست شائعة؛ ونطاق التغطية وإنفاذ الحد الأدنى للأجور محدود. عندما يتعلق الأمر بالقوانين المتمايزة بين الجنسين، لا تزال النساء في المنطقة تواجه قوانين غير عادلة لا تمكنهن اقتصاديا، على الرغم من الإصلاحات التي تم تطبيقها في السنوات القليلة الماضية. ومن الناحية العملية، تواجه النساء مستويات متعددة من القيود القانونية وعدم المساواة في الدخول إلى أسواق العمل والمشاركة فيها.

وتتطلب إعادة تصور تعافٍ جديد إصلاحات شجاعة ومجدية سياسيا في الوقت ذاته، وكل ذلك يبدأ بعقد اجتماعي جديد. ويرى هذا التقرير أنه يجب تطبيق تنافسية الأسواق وتحسين فرص العمل في منطقة الشرق الأوسط وشمال أفريقيا من خلال نهج متعدد الجوانب في ثلاثة مجالات رئيسية للإصلاح: (1) تحقيق تكافؤ الفرص في أسواق المنتجات، بالنظر إلى التواجد الكبير للدولة (اللوائح التنظيمية لأسواق المنتجات)؛ (2) إعادة تشكيل العلاقة بين الحكومة والعمال (لوائح سوق العمل وأنظمة الحماية الاجتماعية)؛ (3) تعزيز إشراك المرأة في جميع المجالات الاقتصادية (القوانين القائمة على النوع الاجتماعي). وتعتبر الإجراءات التدخلية على هذه الجبهات الثلاث ضرورية لوضع عقد اجتماعي جديد في منطقة الشرق الأوسط وشمال أفريقيا (شكل الموجز الوافي-1).

شكل الموجز الوافي- 1   نحو عقد اجتماعي جديد من خلال أسواق تنافسية

المصدر: إعداد فريق التقرير الرئيسي.

في الوقت نفسه، وبالنظر إلى التحديات التي تواجه الاقتصاد السياسي في تنفيذ الإصلاحات بمنطقة الشرق الأوسط وشمال أفريقيا وإقامة إصلاحات فيها، يرى التقرير أنه من المهم ترتيب الإصلاحات في تسلسل دقيق من أجل التشجيع على زيادة التنافسية في السوق، وفي بعض الأحيان اعتماد نهج تدريجي. وثمة نهج آخر ممكن لإيجاد مسار ذي جدوى سياسية للإصلاح يتمثل في التركيز أولا على القطاعات الناشئة التي لا يوجد فيها سوى عدد قليل من الشركات، وحيث تتمتع جماعات المصالح بسلطة أقل، ومن ثم يقل تعطُّل العمال الحاليين وأصحاب المصالح المكتسبة. ويمكن أن يسهل هذا التركيز ظهور مهن جديدة - بل يمكن أن تكون الأنشطة الجديدة مكملة للوظائف القائمة بدلا من أن تحل محلها. فالاقتصاد الرقمي والاقتصاد الأخضر مثالان جيدان على القطاعات الجديدة الآخذة في الظهور على وجه السرعة حيث يمكن للإصلاحات الإضافية أن تبدأ تحولات هيكلية. وأخيرا، وليس آخرا، فإن الطريق إلى التنافسية يحتاج إلى بيانات أفضل وشفافية أعلى، وهو ما يفتقر إليه معظم بلدان المنطقة، مما يحد من عملية وضع السياسات المستندة إلى الشواهد والتنفيذ الفعال.

الاختصارات والأسماء المختصرة

ALMPs	سياسات سوق العمل النشطة
CEO	المسؤول التنفيذي الأول
COVID-19	مرض فيروس كورونا 2019 (سارس-كوفيد-2)
GCC	مجلس التعاون الخليجي
GDP	إجمالي الناتج المحلي
ILO	منظمة العمل الدولية
ILOSTAT	إحصاءات العمل لمنظمة العمل الدولية
IT	تكنولوجيا المعلومات
MENA	الشرق الأوسط وشمال أفريقيا
NEET	خارج دائرة العمل أو التعليم أو التدريب
OECD	منظمة التعاون والتنمية الاقتصادية
PMRs	اللوائح المنظمة لأسواق الإنتاج
R&D	البحث والتطوير
RIA	تقييم الأثر التنظيمي
SOE	مؤسسة مملوكة للدولة
TPA	السماح للغير
VAT	ضريبة القيمة المضافة
WBES	مسوح البنك الدولي المعنية بالشركات
WBL	تقرير المرأة وأنشطة الأعمال والقانون (البنك الدولي)

الفصل الأول

مقدمة: التصدي لتحدي الوظائف في الشرق الأوسط وشمال أفريقيا

مقدمة

لقد مضى عقد من الزمان على انطلاق الشرارة الأولى لأحداث الربيع العربي، عندما نزلت موجات ضخمة من الشباب، الأفضل تعليما والأكثر طموحا، إلى الشوارع في بعض بلدان الشرق الأوسط وشمال أفريقيا بحثا عن حياة أعلى جودة وخدمات أفضل. لكن رغم أجواء التفاؤل والأمل التي سادت في ذلك الوقت، لم يحظَ العِقد الماضي برخاء ملحوظ. إذ استمرت الاضطرابات في العديد من البلدان، وتفجرت صراعات جديدة وظهرت أوضاع الهشاشة في بلدان أخرى. وكان نمو نصيب الفرد من إجمالي الناتج المحلي الحقيقي محدودا مقارنة بالبلدان المناظرة في الدخل، بل كان حتى بالسالب في بعض دول مجلس التعاون الخليجي المرتفعة الدخل. ثم جاءت جائحة فيروس كورونا (كوفيد-19) لتزيد من أوضاع الضعف وحالات الفقر، فتراجع النشاط الاقتصادي والتشغيل، مما خلق ضغوطا هائلة على الحيز الضيق بالفعل في المالية العامة بالمنطقة.

وكانت النتيجة استمرار واقع التوظيف المخيب للآمال لسكان المنطقة في سن العمل وهم فئة متنامية العدد تتمتع بصحة جيدة (انظر الفصل الثاني). فعلى مدى العقدين الماضيين، شهدت منطقة الشرق الأوسط وشمال أفريقيا زيادة كبيرة في عدد السكان في الفئة العمرية 20-34 عاما كنسبة من إجمالي السكان مقارنة بمناطق العالم الأخرى. وبلغت هذه النسبة ذروتها في عام 2010، حيث شكلت هذه الفئة نحو 30% من السكان، ولا تزال مرتفعة حتى اليوم، وهي في المرتبة الثانية بعد منطقة جنوب آسيا.

ورغم ذلك، لا يزال العديد من الشباب عاطلين عن العمل. فقد ظلت معدلات البطالة بين الشباب في الشرق الأوسط وشمال أفريقيا هي الأعلى باستمرار على مستوى العالم على مدى العقود القليلة الماضية. علاوة على ذلك، لا تزال نسبة الشباب ممن هم خارج دائرة العمل أو التعليم أو التدريب مرتفعة أيضا، حتى بين البلدان المرتفعة الدخل في المنطقة. وفي الوقت نفسه، لا تزال المرأة ممثلة تمثيلا ناقصا في القوى العاملة. إذ تُعدّ نسبة مشاركة الإناث في القوى العاملة، التي يبلغ متوسطها نحو 20%، هي الأدنى في العالم. وبالنسبة لمن لا يستطيعون تحمّل أن يكونوا خاملين أو عاطلين عن العمل، فإن العمل في القطاع غير الرسمي في الانتظار. وواقع الأمر أن احتمال العمل في القطاع غير الرسمي، بدون تأمين اجتماعي، قد ازداد بمرور الوقت بالنسبة للشبان الأصغر سنا والأفضل تعليما في العديد من بلدان المنطقة، ولا سيما مع تراجع التعيين في القطاع العام. وتظهر الشواهد الواردة من بعض بلدان المنطقة أن العمل غير الرسمي ليس بالضرورة نقطة انطلاق نحو شيء أفضل. وتوجد فوارق في الأجور، كما أن التحول من العمل غير الرسمي إلى الطابع الرسمي محدود بوجه عام.

> أي مجتمع لا ينجح في الاستفادة من طاقة الشباب وإبداعهم سيتخلف عن الركب.
>
> — كوفي عنان

وفي الوقت نفسه، فإن الوظائف بمنطقة الشرق الأوسط وشمال أفريقيا ليست وظائف المستقبل على نحوٍ مُحقّق. وفي عام 2018، كان ربع العاملين في المنطقة فقط يشغلون وظائف عالية المهارات، في حين كان نصفهم تقريبا في وظائف ذات مهارات متوسطة قد تختفي مع انتشار الأتمتة. بل إن نسبة المهن ذات

المهارات العالية أقل عند النظر إلى القطاع الخاص وحده. ويظهر تحليل جديد لمحتوى المهام تم إجراؤه لغرض هذا التقرير أن العمال يؤدون في العادة عددا أقل من المهام التي تتطلب مهارات شخصية وتحليلية غير روتينية - وهي وظائف المستقبل. ومقارنةً ببلدين مثل شيلي وتركيا، يقوم العاملون في القطاعين العام والخاص في منطقة الشرق الأوسط وشمال أفريقيا بعدد أقل من المهام غير الروتينية؛ كما أن العاملين في القطاع الخاص يؤدون أقل عدد من تلك المهام. وحتى بين المهن ذات المهارات العالية، فإن المهام غير التقليدية، وخاصة الأعمال التحليلية، محدودة أكثر مما هي عليه في البلدان المقارنة.

وقد ساءت هذه النتائج بلا شك خلال الجائحة، مما أثر لا على سبل كسب العيش فحسب، بل أيضا على صحة العمال وأسرهم. وتظهر الشواهد الأولية المستمدة من مسوح هاتفية مختلفة أجريت خلال عام 2020 أنه بعد فترة وجيزة من تفشي الجائحة، لم يتمكن الكثير من العمال من العمل كلية. وكان فقدان العمل المشار إليه أعلى بين العاملين في القطاع الخاص في ظل تأجيل الحكومات تسريح موظفيها. وكان ذلك أيضا أكثر وضوحا بين من يؤدون أعمالا حرة. وعلى الرغم من ظهور بعض علامات التعافي في عام 2021، يبدو أن العمال في القطاع غير الرسمي من الرجال والنساء لا يزالون يتحملون العبء الأكبر للجائحة وما أعقبها من تراجع اقتصادي.

وينظر هذا التقرير إلى المسألة من منظور أوسع ويسأل: لماذا لم يتم التصدي لتحدي الوظائف على مدى العقدين الماضيين؟

للإجابة عن هذا السؤال، يستخدم التقرير إطارا شاملا لبحث الوظائف في المنطقة، مع التركيز بشكل خاص على الطلب على الأيدي العاملة وخلق المزيد من الوظائف المنتجة (انظر الفصل الثالث). وعلى الرغم من أن ثمة أسبابا كثيرة قد تكمن وراء محدودية خلق الوظائف كما وكيفا، يرى التقرير أن السبب الرئيسي في ذلك هو الافتقار إلى التنافسية في السوق - أي سهولة دخول الشركات إلى السوق ونموها وخروجها من السوق. وهذا الافتقار إلى التنافسية يجعل من الصعب على الشركات الجديدة أن تبدأ وتتوسع وبالتالي لا يمكن أن تنمو العمالة بسرعة كافية لمواكبة نمو السكان في سن العمل (انظر الفصل الرابع).

وشهدت المنطقة تحسنا ملحوظا في إمكانية الحصول على التعليم على مدى العقود الماضية، حيث شهدت واحدا من أعلى معدلات الحراك التعليمي بين الأجيال في العالم. كما حافظت على علاقة منفتحة نسبيا مع بقية العالم من حيث التبادل التجاري. ومع ذلك، فإن الثابت الوحيد مع مرور الوقت هو التنافس المحدود، والتنافسية في السوق التي حظرت وجود قطاع خاص مزدهر ومنتج، وهو حجر الزاوية للوظائف الجيدة. وفي الوقت نفسه، لا تزال الدولة تلعب دورا مهما في كل من العمالة ونشاط الأسواق. ونتيجة لذلك، غالبا ما تفتقر الشركات الخاصة «الخارجية» إلى «تكافؤ الفرص» الذي يمكن على أساسه أن تعمل، ناهيك عن أن تزدهر.

والمحصلة هي أن ديناميكية السوق المحدودة والتقزم في خلق فرص العمل كانا واضحين لفترة طويلة جدا في القطاع الخاص المتحجر في المنطقة. وتظهر النتائج المستخلصة من جولتين من مسوح البنك الدولي للشركات، المتاحة لأول مرة في المنطقة والتي تم تحليلها لأغراض هذا التقرير، أن عددا قليلا من الشركات الرسمية الجديدة يدخل السوق، والقليل منها ينمو، وتلك التي تخرج ليست بالضرورة أقل إنتاجية. علاوة على ذلك، لا تضخ الشركات في المنطقة استثمارات ضخمة في رأس المال المادي، أو في عمالها، أو في الابتكار. وقد أدى ذلك إلى خلق فرص عمل هزيلة ومكاسب منخفضة في الإنتاجية – مع تدهور الوضع بمرور الوقت. كما أن جزءا كبيرا من القطاع الخاص الهزيل في المنطقة لا يزال متداخلا مع الدولة. وتظهر البيانات المتاحة لأول مرة في العديد من البلدان أن نسبة الشركات ذات الارتباطات السياسية أعلى بكثير في منطقة الشرق الأوسط وشمال أفريقيا مقارنة بالمناطق والبلدان الأخرى ذات مستويات الدخل المماثلة ("المناظرة").

وتنعكس أوجه القصور هذه أيضا في أداء الاقتصاد الكلي في المنطقة. فقدر ضئيل فحسب من النمو الذي شهدته المنطقة مؤخرا جاء من نمو إنتاجية العمالة، وقدر ضئيل منه جاء من التغيير الهيكلي (تحرك العمال نحو قطاعات أكثر إنتاجية). غير أن انخفاض مستوى نمو الإنتاجية لا يعزى إلى انخفاض مستويات نصيب الفرد من رأس المال. ويتشابه نصيب الفرد من رأس المال في معظم بلدان منطقة الشرق الأوسط وشمال أفريقيا مع نظيراتها في الدخل ويتجاوز مثيلاتها في الدخل من حيث نصيب العامل من رأس المال. غير أن إرثا ضخما من تراكم رأس المال العام أسفر عن ظهور نسب أعلى كثيرا من رأس المال العام مقارنة بنظيراتها. ويثير ذلك قضايا مزاحمة القطاع الخاص وكذلك عدم الكفاءة في تخصيص رأس المال. علاوة على ذلك، من الواضح أن بلدانا أخرى في مختلف أنحاء العالم تلحق بمنطقة الشرق الأوسط وشمال أفريقيا. وقد تباطأ معدل النمو في نصيب الفرد من تراكم رأس المال في المنطقة على مدى العقدين الماضيين.

ولا يمكن أن يظل هذا التحجر في سوق العمل والقطاع الخاص، وما يترتب على ذلك من تبعات على الاقتصاد بأكمله، سمة من سمات منطقة الشرق الأوسط وشمال أفريقيا في المستقبل. ويلزم التحرك إزاء تزايد السكان في المنطقة التي تواجه حيزا ضيقا في المالية العامة، ومسارا بطيئا نحو التعافي من جائحة كورونا. ولدفع عجلة هذه الأجندة الملحة، ستحتاج حكومات المنطقة إلى فهم أوضح للسياسات واللوائح التنظيمية التي يمكن أن تعوق التنافسية في الأسواق بالمنطقة.

واللائحة التنظيمية لأسواق المنتجات لها أهمية خاصة لأنها تؤثر على التكلفة التي تتحملها الشركات عند دخولها سوق السلع والخدمات، ودرجة المنافسة بين الشركات الموجودة بالفعل في هذه السوق. وتظهر الشواهد الجديدة، التي تم إعدادها من أجل هذا التقرير، بشأن اللائحة التنظيمية لأسواق المنتجات في ثمانية اقتصادات أن معدل انتشار الشركات المملوكة للدولة في منطقة الشرق الأوسط وشمال أفريقيا أعلى كثيرا منه في البلدان المتوسطة والمرتفعة الدخل المماثلة. ولا تعمل الشركات المملوكة للدولة في القطاعات التي تشهد احتكارا طبيعيا أو غيره من أوجه القصور المستعصية في الأسواق فحسب، بل أيضا في القطاعات التي يمكن فيها للشركات الخاصة أن تحقق نواتج أفضل (مع الخضوع للوائح تنظيمية ملائمة حسب الاقتضاء). وعادةً ما تستفيد المؤسسات المملوكة للدولة في المنطقة من الإعفاءات من المنافسة والمساندة الواسعة من الدولة. وفي العديد من البلدان، تعمل الهيئات الحكومية كجهات تنظيمية ومشغلة على حد سواء، مما ينتقص من المبادئ الأساسية للفصل بين الوظائف ويقوض الحياد التنافسي. فبدلا من تقديم مساعدات موجهة للفقراء والضعفاء، تواصل الحكومات في الوقت نفسه ضبط أسعار التجزئة لبعض المنتجات التي تعتبر مهمة لتكلفة المعيشة، مما يدعم غير الفقراء مع احتمال تقويض الشركات والوظائف في هذه الأنشطة (انظر الفصل الرابع).

علاوة على ذلك، يحلل التقرير بعدين تنظيميين مهمين آخرين هما: اللوائح التنظيمية للعمالة والضرائب؛ والقوانين «التي تستند إلى نوع الجنس» وتميز بين الرجال والنساء. ويظهر التحليل أن بعض بلدان المنطقة لديها لوائح تنظيمية مُقيدة للعمالة إلى حد ما، بما في ذلك ارتفاع مكافأة نهاية الخدمة نسبيا، مع افتقارها إلى إعانات البطالة. وتشهد بعض الاقتصادات أيضا ارتفاع نسبة ضرائب العمل في الالتزامات الضريبية على الشركات والعمال؛ والاستخدام المحدود للعقود المحددة المدة؛ ومحدودية نطاق التغطية وإنفاذ الحد الأدنى للأجور. عندما يتعلق الأمر بالقوانين المتمايزة بين الجنسين، تواجه النساء في المنطقة قوانين غير عادلة لا تمكنهن اقتصاديا، على الرغم من الإصلاحات التي شهدتها في السنوات القليلة الماضية. وفي الواقع، تواجه النساء مستويات متعددة من القيود القانونية وعدم المساواة في الدخول إلى أسواق العمل والمشاركة فيها.

والخبر السار هو أن العديد من حكومات منطقة الشرق الأوسط وشمال أفريقيا تدرك بالفعل أهمية زيادة التنافسية في السوق. فجميع بلدان المنطقة باستثناء أربعة بلدان لديها اليوم تشريعات لمكافحة الاحتكار، وقد أنشأت جميعها تقريبا سلطات للمنافسة لإنفاذ قوانينها. غير أن هناك حاجة إلى ما هو أكثر كثيرا.

وستكون الإجراءات التدخلية في هذه الأبعاد الثلاثة ركائز أساسية لعقد اجتماعي جديد في منطقة الشرق الأوسط وشمال أفريقيا (انظر الفصل الخامس). ومع ذلك، ستختلف إستراتيجيات الإصلاح القابلة للاستمرار فيما بين البلدان. وفي بعض الأماكن، قد تكون الإصلاحات المتزامنة واسعة النطاق ممكنة، بما في ذلك تغيير دور الدولة في أسواق المنتجات والعمل على حد سواء لصالح المشاركة الأكثر جودة للقطاع الخاص وتحسين الحماية الاجتماعية. وفي بلدان أخرى، قد يكون اتباع نهج تدريجي يتسم بالمزيد من الحذر أكثر جدوى من الناحية السياسية، مما يحبذ مسارا لا يشكل تهديدا فوريا للشركات القائمة، مثل تشجيع نمو قطاعات جديدة لا تحمل حاليا أعباء التشوهات السائدة في القطاعات القائمة. وهنا، يمكن أن يلعب التحول الرقمي وكذلك الاقتصاد الأخضر والوظائف الخضراء دورا رئيسيا. وقد يحدد واضعو السياسات القطاعات والمهن الجديدة (أو التكميلية) التي تنطوي على إمكانيات عالية لشغل الوظائف، والتي يمكن أن تصبح بعد ذلك رائدة للترتيبات التنظيمية الحديثة.

وأخيرا، يؤكد التقرير على أن الطريق نحو المنافسة يتوقف على تحسين إمكانية الحصول على البيانات وشفافيتها، وهو ما يفتقر إليه معظم بلدان منطقة الشرق الأوسط وشمال أفريقيا. ويحد هذا من وضع السياسات المستندة إلى الشواهد والتنفيذ الفعال للسياسات. ومن المعوقات التي واجهت إعداد هذا التقرير نقص إمكانية الحصول على بيانات مفصلة ومحدثة.

أصوات رواد الأعمال الشباب في منطقة الشرق الأوسط وشمال أفريقيا

يتضمن هذا التقرير سبع دراسات حالة (أصوات) تقدم قصصا ملهمة عن ريادة الأعمال للشباب والشابات في سبعة بلدان في منطقة الشرق الأوسط وشمال أفريقيا، هي: مصر والأردن ولبنان والمغرب والسعودية وتونس والضفة الغربية. وقد وجد رواد الأعمال هؤلاء طرقا مبتكرة لتحدي الوضع الراهن، وإنشاء شركات ناجحة لتلبية الاحتياجات الحقيقية، وخلق فرص العمل. وترصد هذه الأصوات قصص رواد الأعمال الشخصية، وتصف السمة الرئيسية للشركات التي قاموا ببنائها، وتعرض بعض التحديات التي واجهوها وتوصياتهم لزملاء آخرين من رواد الأعمال في المنطقة. ويسلط كل صوت الضوء أيضا على موضوعات السياسات التي لها آثار على نجاح رواد الأعمال، بما في ذلك الاستفادة من التكنولوجيا؛ والحصول على التمويل؛ والعثور على المواهب المناسبة؛ والتوسع في الأسواق المحلية والدولية؛ والتعامل مع القوانين واللوائح التنظيمية والإصلاحات؛ والتحديات المتصلة بالاقتصاد السياسي.

وقد تم اختيار رواد الأعمال من خلال عملية ترشيح تستند إلى عوامل مثل العوامل الديموغرافية؛ (المناطق الريفية/الحضرية)؛ والقطاع (الرسمي/غير الرسمي)؛ والصناعة (الزراعة أو الصناعات التحويلية أو الخدمات). وقام كل منهم بتشغيل المنشأة لمدة سنتين على الأقل؛ وكان لديه 10 موظفين متفرغين على الأقل؛ وشهد نموا بنسبة 15% على الأقل في الإيرادات، وفي عدد الموظفين الرسميين الذين يحصلون على أجور وتأمينات اجتماعية، وفي الصادرات إلى الأسواق الإقليمية (إن أمكن) على مدى السنوات الثلاث الماضية.

جداول البلدان

ويختتم التقرير بسلسلة من جداول البلدان التي تعرض بيانات مفصلة تتعلق بتحليل اللوائح التنظيمية. يستكشف الملحق (أ) اللوائح التنظيمية لسوق المنتجات. ويتناول الملحق (ب) بحث اللوائح التنظيمية لسوق العمل. ويقدم الملحق (ج) معلومات عن القوانين القائمة على النوع الاجتماعي.

الفصل الثاني

وعود ذهبت أدراج الرياح بوظائف أكثر وأفضل جودة

مقدمة

من منظور خبراء الدراسات السكانية وعلماء الاجتماع والخبراء الاقتصاديين، لم تكن انتفاضات الربيع العربي مفاجئة أو مثار دهشة. فضخامة الاحتجاجات منذ عام 2010 في منطقة الشرق الأوسط وشمال أفريقيا لم يكن الدافع إليها طموحات الشباب في المنطقة وإرادتهم فحسب، وإنما أيضا نسبتهم الكبيرة من إجمالي السكان. ففي عام 2011، كانت نسبة الذين تتراوح أعمارهم من 20 إلى 34 عاما -وهم القوة المُحرِّكة للربيع العربي تقريباً 30% من السكان، وهي الأعلى في العالم، وأعلى نسبة شهدتها أي منطقة على مدى الخمسين عاما السابقة (الشكل 2-1). وحتى اليوم، تبلغ نسبة الفئة العمرية 20-34 عاماً نحو 27%، وهي الثانية بعد جنوب آسيا، وبفارقٍ ضئيل عنها. وهم أيضا جيل تتزايد مستويات تعليمه. فلقد شهدت منطقة الشرق الأوسط وشمال أفريقيا أعلى معدلات للحراك التعليمي فيما بين الأجيال على مستوى العالم خلال العقود القليلة الماضية (نارايان وآخرون 2018).

ولكن الواقع المرير هو أنه حين دخل هؤلاء الشباب سوق العمل بحثاً عن وظائف أفضل ومعيشة أفضل، لم يُكتب النجاح لكثيرٍ منهم. وعلى النقيض من الانتقال من مستوى تعليمي إلى آخر بين الأجيال، كان الترقِّي من حيث الدخل متدنيا في المنطقة، بل أكثر ضعفاً في البلدان متوسطة الدخل (نارايان وآخرون 2018).

ويُعزَى ذلك في الغالب إلى مشكلات هيكلية عميقة في سوق العمل. فالوظائف الرسمية التي تتيح مسارات جيدة للترقي والنهوض نادرة، ولا سيما للشباب. ويواجه سكان المنطقة في سن العمل الاستبعاد كليةً من التوظيف، أو الاضطرار لقبول وظائف غير رسمية ذات جودة متدنية حين يمكنهم العثور عليها. ومع تقليص التعيينات في القطاع العام خلال العقدين الماضيين، بات واضحا أن القطاع الخاص الرسمي لن يكون المصدر الرئيسي لخلق فرص العمل في المنطقة، وأن الوظائف غير الرسمية ذات الأجور المتدنية هي الحقيقة الواقعة للكثيرين.

الإقصاء والعمل غير الرسمي

أحد أبرز أنماط سوق العمل وأكثرها إلحاحاً في منطقة الشرق الأوسط وشمال أفريقيا اليوم هو النسبة الكبيرة للسكان الأصحاء القادرين الذين هم في سن العمل ولكنهم مُستبعَدون من القوى العاملة ومن التوظيف كليةً. ويتضح هذا بجلاء في أوضاع الشباب والنساء.

ومما يبعث على القلق البالغ الارتفاع المطرد لنسبة الشباب خارج دائرة التعليم أو العمل أو التدريب الذين تتراوح أعمارهم من 15 إلى 24 عاما. وتُشكِّل هذه الشريحة الكبيرة من الشباب العاطلين إمكانات ضائعة من حيث التعلم والأنشطة المدرة للدخل. فحتى 2019، كان واحد من كل ثلاثة من الشباب (32%) في منطقة الشرق الأوسط وشمال أفريقيا يندرج في هذه الشريحة [1] التي تتراوح من المستوى المنخفض 8% في مالطا إلى المستوى

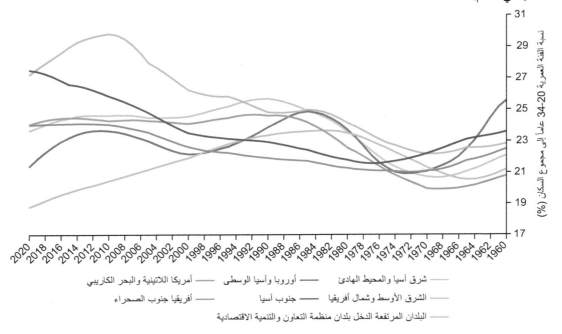

الشكل 2-1 نسبة الفئة العمرية 20-34 عاماً إلى مجموع السكان في منطقة الشرق الأوسط وشمال أفريقيا من أعلى النسب في العالم.

شرق آسيا والمحيط الهادئ
أوروبا وآسيا الوسطى
أمريكا اللاتينية والبحر الكاريبي
الشرق الأوسط وشمال أفريقيا
جنوب آسيا
أفريقيا جنوب الصحراء
البلدان المرتفعة الدخل بلدان منظمة التعاون والتنمية الاقتصادية

المصدر: الأمم المتحدة، تقرير التوقعات السكانية العالمية، 2019

المرتفع 44% في العراق واليمن. هذه النسبة للشباب العاطل أعلى بكثير من المتوسط العالمي البالغ 22%، وأعلى من المتوسط لمنطقة أفريقيا جنوب الصحراء (21%)، ولمنطقة جنوب آسيا (30%).[2] وحتى بين البلدان المرتفعة الدخل في المنطقة، تبلغ النسبة التقديرية لمن هم خارج دائرة التعليم أو العمل أو التدريب نحو 20%. وهذه النسب في ازدياد. فبالنسبة لبلدٍ مثل مصر ، مثلاً، زادت النسبة التقديرية لمن هم خارج دائرة التعليم أو العمل أو التدريب من نحو 28% في 1998 إلى 31% في 2012 قبل أن تنخفض إلى 27% في 2018 قريبا من نفس المستوى الذي كانت عليه قبل 20 عاما.[3] وتزيد هذه النسبة في صفوف الفئة العمرية 20-24 عاما عمّا هي عليه في صفوف الفئة العمرية 15-19 عاما. ومع أن بعض من هم خارج دائرة التعليم أو العمل أو التدريب يبحثون عن عمل، فإن الغالبية لا يزالون خارج صفوف القوى العاملة كليةً (عامر وعطا الله 2019).

ويتفاوت من بلدٍ لآخر تأثير المستوى التعليمي على احتمال أن يكون المرء خارج دائرة التعليم أو العمل أو التدريب. ومع أنه كلما زاد المستوى التعليمي قلّ احتمال أن يكون المرء خارج دائرة التعليم أو العمل أو التدريب في الأردن والمغرب (الفاني وآخرون 2020)، فإن النمط السائد في مصر على العكس من ذلك. وتُظهِر الشواهد المستقاة من اقتصادات أخرى، مثل العراق والضفة الغربية وقطاع غزة، أن الشباب الحاصلين على مستويات التعليم الابتدائي والعالي يزيد احتمال أن يكونوا خارج دائرة التعليم أو العمل أو التدريب عن الشباب الحاصلين على مستويات التعليم المتوسط (جاتي وآخرون 2013). ويبدو أن هذه الاتجاهات لم تتغير كثيرا بمرور الزمن. وتظهر الشواهد المستقاة من المغرب أيضا بقاء من هم خارج دائرة التعليم أو العمل أو التدريب على حالهم في هذه الفئة. فمن كانوا خارج تلك الدائرة في عام 2010 زاد احتمال أن يظلوا في هذا الوضع بعد مرور عشر سنوات ما بين 70% و 90%، وأصبح الشباب عالقين في مأزق الفراغ (الفاني وآخرون 2020).

مع أن كثيراً من الشباب الواعد في المنطقة ما زالت إمكانياتهم غير مُستغلة، فإن كثيرين غيرهم يريدون العمل لكنهم لا يجدون أي فرصة عمل. فمُعدَّل البطالة في الشرق الأوسط وشمال أفريقيا هو الأعلى في العالم، إذ كان يُقدَّر بنحو 26% في 2019،[4] وظل عند هذا المستوى على مدى العقدين الماضيين (الشكل 2-2).

ويُعزَى معدل البطالة في المنطقة إلى حد كبير إلى البطالة في صفوف الشباب -الداخلين الجدد إلى سوق العمل- ماعدا ثلاث دول أعلى دخلاً وتعتمد على النفط من أعضاء مجلس التعاون الخليجي: وهي البحرين وقطر والإمارات. وحتى في السعودية، كانت نسبة الشباب الذين تتراوح أعمارهم من 15 إلى 24 عاما تبلغ 20% من العاطلين في الربع الأخير لعام 2019، وأما من تبلغ أعمارهم 25 إلى 29 عاما - الشريحة التي أتمت التعليم العالي- فقد بلغت نسبتهم 40% من العاطلين. [5] ويثير هذا مسائل تتعلق بدخول سوق العمل في المنطقة، حيث يفشل الشباب الأقل عمرا وخبرةً، حتى إذا كانوا أفضل تأهيلا من حيث مستواهم التعليمي، في العثور على وظيفة. ويُمثِّل الشباب في المنطقة أيضا نسبة كبيرة من العاطلين عن العمل منذ فترة طويلة (أسعد وكرافت 2016).

مهما يكن من أمرٍ، فإن كثيراً ممن يجدون وظائف، تكون وظائفهم في القطاع غير الرسمي. وتتفاوت نسبة الوظائف بالقطاع غير الرسمي التي تُعرَّف بأنها لا تتضمَّن اشتراكات الضمان الاجتماعي (سواء من أجل معاشات التقاعد أو مخاطر الإعاقة أو المرض أو غيرها من المخاطر) فيما بين بلدان المنطقة، لكنها لا تزال مرتفعة بدرجة ملحوظة (الشكل 2-3، اللوحة أ). وتشير التقديرات إلى أن نسبة وظائف القطاع غير الرسمي قد تكون مرتفعة تصل إلى 77% من مجموع الوظائف في المغرب (في عام 2019)، و69% في مصر، و64% في الضفة الغربية وقطاع غزة، وقد تكون منخفضة تصل إلى نحو 16% في البحرين. وبالنسبة لدول مجلس التعاون الخليجي -لا سيما البحرين والسعودية- يتركَّز الاستبعاد من الضمان الاجتماعي على العاملين في الخدمة المنزلية الذين يأتون غالباً من الخارج ويعملون داخل المنازل في مهام التنظيف أو كسائقين شخصيين أو في التدبير المنزلي ورعاية الأطفال. وتصدر تأشيرات عملهم بكفالة رب الأسرة (وهو رب عملهم) الذي لا يكون مُلزماً بتسجيلهم في نظام الضمان الاجتماعي.

الشكل 2-2 معدل بطالة الشباب في الفئة العمرية 15-24 عاما في الشرق الأوسط وشمال أفريقيا هو الأعلى في العالم طوال عقدين

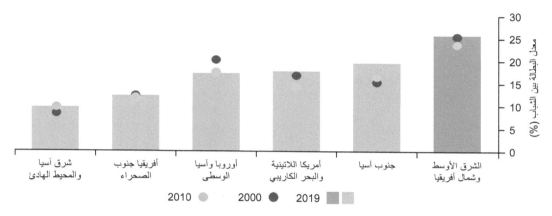

المصدر: قاعدة بيانات إحصاءات منظمة العمل الدولية ILOSTAT.
إيضاح: تستبعد البيانات الخاصة بأوروبا وآسيا الوسطى البلدان المرتفعة الدخل.

الشكل 2-3 نسبة العمل في القطاع غير الرسمي تزداد عند النظر إلى القطاع الخاص فقط، باعتبار أن كثيراً من الوظائف في القطاع الخاص تفتقر إلى معاشات التقاعد والأنواع الأخرى للضمان الاجتماعي

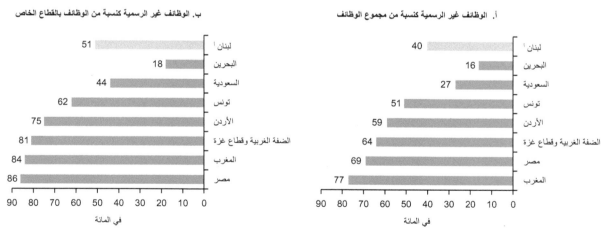

المصادر: بيانات جزئية من المسح التتبعي لسوق العمل في مصر (2018)، والمسح التتبعي لسوق العمل الأردني (2016)، والمسح التتبعي لسوق العمل التونسي (2014)، ومسح القوى العاملة في الضفة الغربية وقطاع غزة (2018). وإحصاءات مُجمَّعة من بيانات هيئة تنظيم سوق العمل في البحرين (الربع 4: 2019)؛ مسح القوى العاملة والأحوال المعيشية للأسر في لبنان (2018–2019)؛ ومسح القوى العاملة في السعودية (الربع 4: 2019). بالنسبة لبيانات المغرب لعام 2019، لوبيز أسيفيدو وآخرون، 2021.
إيضاح: تستبعد هذه الحسابات في العادة العسكريين الذين لا يشكلون في الغالب جزءا من هذا المسوح. وتُركِّز البيانات على الوظائف المدنية.
أ. بالنسبة للبنان، البيانات المتاحة تشمل فقط نسبة العاملين الذين لديهم تغطية تأمين صحي.

ومن الجدير بالملاحظة ارتفاع نسبة الوظائف غير الرسمية عند استبعاد وظائف القطاع العام من الحساب. ووظائف القطاع العام هي ميراث المنطقة الذي يعود إلى عدة عقود خلت. وكانت نسبة وظائف القطاع العام تُؤلّف نحو نصف (47%) مجموع الوظائف في العراق في 2012-2013؛ وأكثر من خُمس الوظائف في الأردن ومصر وتونس والضفة الغربية وقطاع غزة والكويت. وفي بقية بلدان المنطقة نسبة هذه الوظائف أقل من ذلك بكثير (الشكل 2-4). وبالنسبة للبلدان التي توفرت عنها بيانات، شهدت هذه النسبة تناقصاً لا سيما في مصر والضفة الغربية وقطاع غزة والعراق. وعند استبعاد وظائف القطاع العام والتركيز على القطاع الخاص فقط، تكون نسبة الوظائف غير الرسمية أكبر من ذلك بكثير. وتشير التقديرات إلى أن نسبة الوظائف غير الرسمية تبلغ نحو 86% من كل وظائف القطاع الخاص في مصر، و75% في الأردن، و44% في السعودية (الشكل 2-3، اللوحة ب).

تتفاوت أيضاً أنواع الضمان الاجتماعي ونطاق تغطيته تفاوتاً كبيرا، وهو ما يزيد حجم القطاع غير الرسمي. ففي لبنان، أكثر من نصف العاملين في القطاع الخاص لا يحصلون على تأمين صحي. ويفتقر لبنان والضفة الغربية وقطاع غزة أيضا إلى نظام للضمان الاجتماعي يُغطّي معاشات التقاعد للعاملين في القطاع الخاص. وبالنسبة للعاملين المغتربين في دول مجلس التعاون الخليجي من غير المشتغلين بالخدمة المنزلية، يُوجد في الغالب تأمين من إصابة العمل لكن لا توجد إعانات لمعاشات التقاعد. وبالنسبة لغالبية أصحاب المهن والأعمال الحرة الذين يؤلّفون نسبة كبيرة في كثير من البلدان المتوسطة الدخل، تكون التأمينات الاجتماعية لكبار السن ومعاشات التقاعد إمَّا محدودة أو لا وجود لها. وإذا اقتصرت التأمينات الاجتماعية على معاشات التقاعد، ستكون نسبة الوظائف غير الرسمية أكبر بكثير مما هو مُوضَّح، الأمر الذي يجعل أغلبية العمال معرضين للخطر وللصدمات حينما يعجزون عن مواصلة العمل.

وفي الوقت نفسه، شمل العمل في القطاع غير الرسمي الأشخاص الأفضل تعليما، خاصةً الرجال، لا سيما مع تقليص التعيينات في القطاع العام. ففي الفترة بين عامي 1970 و2015، تراجع احتمال أن يجد شاب جامعي التحق بسوق العمل وظيفة في القطاع العام في بضعة بلدان بالمنطقة منها الجزائر ومصر والأردن وتونس (أسعد وبرسوم 2019). ويُعزَى هذا التقليص للتعيينات في القطاع العام إلى عدة عوامل أبرزها قلة موارد المالية العامة، مما يضطر الحكومات إلى إعادة النظر في برامج التوظيف بوصفها ركيزة للعقد الاجتماعي الذي يربطها بالسكان. واشتد الآن ضيق موارد المالية العامة بفعل جائحة فيروس كورونا (كوفيد-19).

وأدى تقليص التعيينات في القطاع العام مع ضعف نمو الوظائف الرسمية في القطاع الخاص إلى زيادة ملحوظة في الوظائف غير الرسمية، لا سيما لمن لا يمكنهم الاستغناء عن العمل. وتظهر احتمالات نماذج المحاكاة التي ترصد التغيرات الديموغرافية في مصر وتونس والضفة الغربية وقطاع غزة أن احتمال أن يحصل شاب حاصل على تعليم جامعي عمره 25 عاما على وظيفة في القطاع العام تقلص خلال العقود القليلة الماضية، بينما زادت احتمالات الوظائف غير الرسمية ذات الأجر، والوظائف غير الرسمية بدون أجر (تشمل الأعمال الحرة) (الشكل 2-5).[6]

الشكل 2-4 نسبة وظائف القطاع العام مرتفعة في عدة بلدان بالشرق الأوسط وشمال أفريقيا

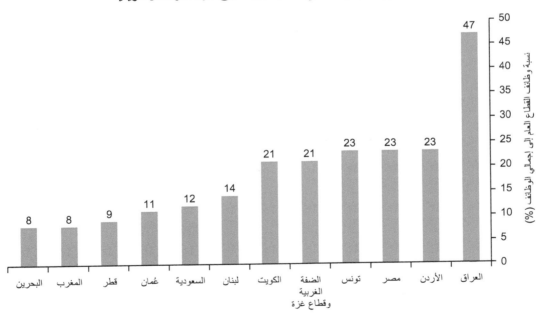

المصادر: بيانات جزئية من المسح التتبعي لسوق العمل في مصر (2018)، والمسح الاجتماعي الاقتصادي للأسر في العراق (2012-2013)، والمسح التتبعي لسوق العمل الأردني (2016)، والمسح التتبعي لسوق العمل التونسي (2013)، ومسح القوى العاملة في الضفة الغربية وقطاع غزة (2018). وإحصاءات مُجمَّعة من بيانات هيئة تنظيم سوق العمل في البحرين (الربع 4: 2019)؛ ومسح القوى العاملة بالكويت (2015)، ومسح القوى العاملة والأحوال المعيشية للأسر في لبنان (2018-2019)، والمسح الوطني للقوى العاملة في المغرب (2019)، والمركز الوطني للإحصاء والمعلومات في عُمان (2019)، ومسح القوى العاملة في قطر (2019)، ومسح القوة العاملة في السعودية (الربع 4: 2019).

وفي الوقت نفسه، زادت احتمالات البطالة في الاقتصادات الثلاثة جميعا. ويتسق هذا مع الشواهد التي تظهر المعدل المتزايد للبطالة في صفوف خريجي الجامعات (جاتي وآخرون 2013). وتتضح زيادة البطالة بجلاء أكبر في الأردن حيث تراجعت احتمالات الحصول على وظيفة في القطاع العام أو وظيفة ذات أجر أو بدون أجر في القطاع الخاص جميعاً بين عامي 2000 و2016. ولكن في العراق بين عامي 2007 و2013، زاد احتمال دخول الذكور الحاصلين على تعليم عال إلى القطاع العام، بينما تراجع هذا الاحتمال بالنسبة لأنواع الوظائف الأخرى والبطالة. ويُبرِز هذا أهمية وظائف القطاع العام في بلدٍ مثل العراق ساعدت موارده النفطية وظروف اقتصاده السياسي على توسيع الوظائف الحكومية، لا سيما بالنظر إلى أن القطاع الخاص لا يزال ضعيفا.

وتظهر البيانات أن العمل غير المنتظم يُشكِّل جزءا كبيرا من القطاع غير الرسمي. وغالباً ما يعتمد هذا العمل غير المنتظم على التغيرات الموسمية أو النوع العارض للوظيفة على النقيض من العلاقة المستديمة مع رب العمل على مدى فترة زمنية طويلة. ومع ذلك، قد يكون عدم الانتظام في شكل عمل ذي أجر، لكنه أقل استقرارا من العمل المعتاد بأجر. وفي الوقت نفسه، تنتشر في المنطقة أشكال مختلفة للعمل بغير أجر، مثل العاملين لحسابهم الخاص، وأرباب العمل (أصحاب العمل الحر) والعاملين بالأسرة الذين لا يتقاضون أجرا. وترتفع نسبة العمل بغير أجر مع السن في مصر والأردن وتونس لكنها تنخفض فيما يبدو مع السن في الضفة الغربية وقطاع غزة على سبيل المثال.

الشكل 2-5 احتمال حصول ذكر عمره 25 عاما حاصل على تعليم عالٍ على عمل في القطاع العام انخفض لصالح العمل غير الرسمي (بأجر وبدون أجر) في مصر وتونس والضفة الغربية وقطاع غزة

أ. مصر

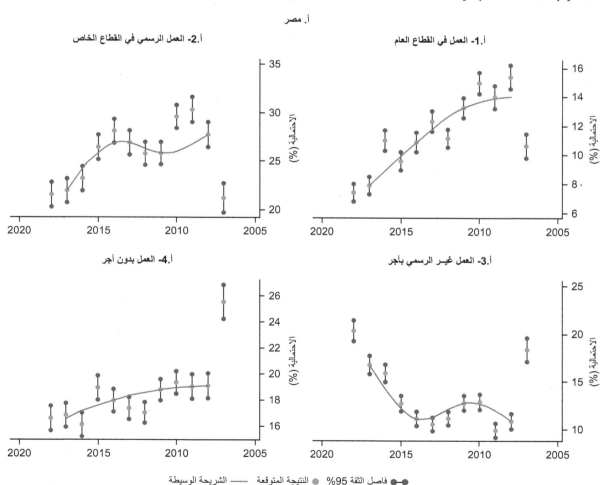

(الشكل يُستكمل في الصفحة التالية)

الشكل 2-5 احتمال حصول ذكر عمره 25 عاما حاصل على تعليم عالٍ على عمل في القطاع العام انخفض لصالح العمل غير الرسمي (بأجر وبدون أجر) في مصر وتونس والضفة الغربية وقطاع غزة (تابع)

ب. تونس

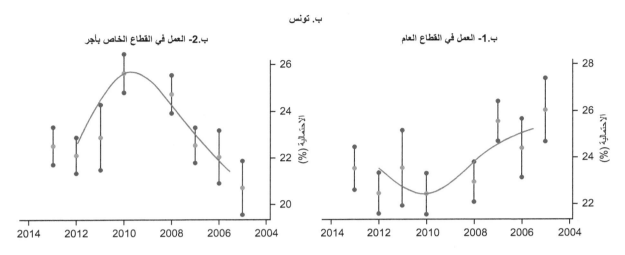

ب.1- العمل في القطاع العام

ب.2- العمل في القطاع الخاص بأجر

ب.3- العمل بدون أجر

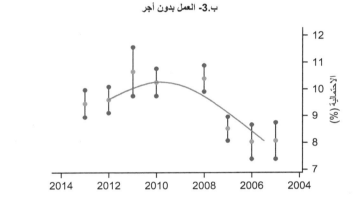

ج. الضفة الغربية وقطاع غزة

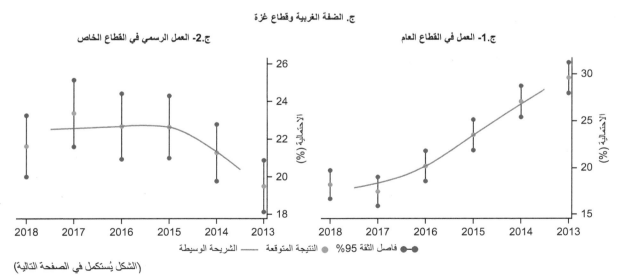

ج.1- العمل في القطاع العام

ج.2- العمل الرسمي في القطاع الخاص

فاصل الثقة 95% ● النتيجة المتوقعة — الشريحة الوسيطة

(الشكل يُستكمل في الصفحة التالية)

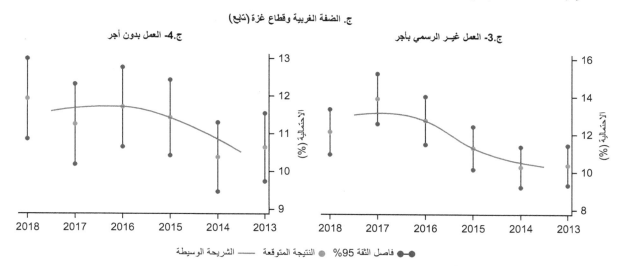

الشكل 5-2 احتمال حصول ذكر عمره 25 عاما حاصل على تعليم عالٍ على عمل في القطاع العام انخفض لصالح العمل غير الرسمي (بأجر وبدون أجر) في مصر وتونس والضفة الغربية وقطاع غزة (تابع)

ج. الضفة الغربية وقطاع غزة (تابع)
ج.3- العمل غير الرسمي بأجر
ج.4- العمل بدون أجر
9
فاصل الثقة 95%
النتيجة المتوقعة
الشريحة الوسيطة

المصادر: مسوح القوى العاملة لمصر وتونس والضفة الغربية وقطاع غزة.

بوجه عام، غالباً ما تصحب العمل غير الرسمي خسارةٌ في الدخل لكثيرٍ من الناس. ففي مصر، تظهر الشواهد أنه يوجد فرقٌ نسبته 27% في المتوسط الأولي للأجور (أي الذي لا يأخذ في الحسبان عوامل مثل السن والمستوى التعليمي وعدد ساعات العمل) بين العاملين الرسميين بأجر والعاملين غير الرسميين بأجر. فإذا أخذنا في الحسبان خصائص يمكن ملاحظتها وخصائص لا يمكن ملاحظتها بالاعتماد على بيانات السلاسل الزمنية، ينخفض هذا الفرق في الأجور إلى 15%، وهو مع ذلك نسبة كبيرة (تنسيل وكيسكين وأوزديمير 2020). وفي الوقت نفسه، يوجد بعض التباين بين العمال غير الرسميين من حيث الأجر، فأغلبية العمال في الأردن مثلا الذين يندرجون في الشرائح الخميسية الدنيا للثروة يعملون بشكل غير رسمي (روثر وآخرون، سيصدر قريبا). وتُؤكِّد شواهد سابقة أيضا وجود هذا النمط في لبنان وسوريا واليمن (أنجيل أوردينولا، وتانابي 2012). وعندما يؤخذ في الحسبان العمل الحر، تظهر بعض الشواهد من المغرب أن الأسر الفقيرة يزيد احتمال اعتمادها على العمل الحر، ويزداد هذا الاحتمال في المناطق الريفية (لوبيز أسيفيدو وآخرون 2021). ويقل بدرجة كبيرة أيضا متوسط الدخل الذي تحققه مشروعات عائلية يديرها رواد عمل في سياق الأسرة وأصحاب الأعمال الحرة في العراق عن العمل مقابل أجر في القطاع الخاص، لا سيما في المناطق الريفية.

في الوقت نفسه، فإن احتمال الانتقال من القطاع غير الرسمي إلى القطاع الرسمي محدود نسبياً، لكن هذا الاحتمال أكبر بالنسبة للذكور ذوي التعليم الجيد مقارنة بغيرهم (وهبة 2009). وبالنسبة للذكور العاملين مقابل أجر في مصر، بلغ احتمال انتقالهم من العمل غير الرسمي إلى العمل الرسمي 12% بين عامي 2006 و2012. ويقل هذا عن احتمال الانتقال من العمل الرسمي إلى العمل غير الرسمي الذي يُقدَّر بنسبة 16% (تنسيل وأوزديمير 2014). وكانت الانتقالات من العمل غير الرسمي إلى العمل الرسمي متدنية أيضاً في الأردن بين عامي 2010 و2016 (روثر وآخرون، سيصدر قريبا).

وأخيراً، يجدر أيضاً ملاحظة أن الفرق في الأجور كبير بين مواطني دول مجلس التعاون الخليجي (الذين يعملون في العادة في القطاع الرسمي مقابل أجر) وبين الوافدين (الذين يعملون على الأرجح في القطاع غير الرسمي). ففي السعودية، كان متوسط الأجر الشهري للمواطن يزيد 2.7 مرة عن أجر الوافد في الربع الأخير من عام 2019 (مسح القوى العاملة في السعودية 2019). وفي البحرين في 2011، كان متوسط الأجر الأساسي للمواطن يزيد على ثلاثة أضعاف أجر الوافد، وكان الفرق بين أجر المواطن وأجر العامل في الخدمة المنزلية (وهم جميعا عاملون غير رسميين) يزيد على عشرة أضعاف (هيئة تنظيم سوق العمل، البيانات المفتوحة).

تؤكِّد هذه النواتج لسوق العمل استبعاد كثيرٍ من الناس في سوق العمل من فرص الحصول على دخل جيد في كثير من بلدان المنطقة بصرف النظر عن مستوى البلد المعني أو السياق.

محنة العاملات

يتجلَّى غياب الشمولية التي لا تقصي أحدا في سوق العمل في منطقة الشرق الأوسط وشمال أفريقيا في محنة المرأة وإمكاناتها الضائعة. إحدى الدعائم الأساسية لمنطقة الشرق الأوسط وشمال أفريقيا من حيث نواتج سوق العمل هي الافتقار إلى تغييرات ملموسة وملحوظة لأوضاع النساء في المنطقة. ولا تزال مشاركة النساء في القوى العاملة التي تبلغ في المتوسط نحو 20% هي الأدنى على مستوى العالم.

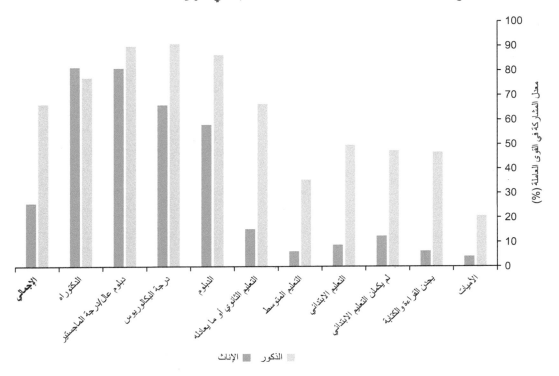

الشكل 2-6 ارتفاع معدلات مشاركة النساء السعوديات الأفضل تعليما في القوى العاملة

المصدر: الحكومة السعودية، الهيئة العامة للإحصاء 2019.

ولكن الشرائح الأصغر سنا والأفضل تعليما من النساء يسعيْن على الأرجح على نحو متزايد إلى دخول سوق العمل (أرزقي وآخرون 2020). إذ تزيد مشاركة المرأة السعودية الحاصلة على درجة البكالوريوس أو درجة أعلى في سوق العمل ثلاثة إلى أربعة أمثال المتوسط الوطني (الشكل 2-6). وهذا الاتجاه مماثل للوضع في كثير من اقتصادات المنطقة، منها مصر والعراق والأردن وتونس والضفة الغربية وقطاع غزة.

ولكن حينما تدخل هؤلاء النساء سوق العمل، تنتظرهن تحديات البطالة. فقد بقيت معدلات البطالة على ارتفاعها في صفوف النساء بالمنطقة ولم تتغير كثيرا بمرور الوقت (جاتي وآخرون 2014). ومن سمات المنطقة هي أنه حينما تحصل المرأة على تعليم أفضل فإنها تدخل سوق العمل لتواجه تحدي البطالة.

وتأتي زيادة احتمالات البطالة أيضا في وقتٍ أصبح فيه التوظيف في القطاع العام أقل استمرارا للنساء (والرجال كما سبق القول). لقد كانت الوظيفة في القطاع العام تتيح للنساء دوماً مزايا مواتية من حيث ساعات العمل وتسهيلات مثل عطلة الوضع. وكانت تُعتَبر أيضا بيئةً أكثر أماناً وتلقى قبولا اجتماعيا أكبر للعاملات. ولكن زيادة مشاركة النساء في سوق العمل بين الشرائح الأصغر سناً تزامن مع تناقص احتمالات الحصول على وظيفة في القطاع العام.[7] وأفضى هذا التراجع إلى زيادة احتمالية البطالة -ليس بالضرورة احتمالية الحصول على وظيفة في القطاع الخاص (سواء كانت رسمية أو غير رسمية) كما هو الحال لبعض النظراء من الذكور. وتظهر احتمالات نماذج المحاكاة لسوق العمل أنه بالنسبة للنساء في عمر 25 عاماً الحاصلات على تعليم جامعي في العراق والأردن وتونس، يوجد تراجع واضح بمرور الوقت في احتمالات التوظيف في القطاع العام، والذي انعكس في زيادة احتمالات البطالة (الشكل 2-7). وفي حالة العراق والأردن، يزداد أيضا احتمال الخروج كليةً من القوى العاملة. ومن ناحية أخرى، يزداد احتمال أن تلتحق النساء في مصر بالقطاع غير الرسمي كعاملات مقابل أجر.

وإذا أصبح المرء عاطلا، فإنه لا يحصل على إعانات تُذكر. ومع أنه يوجد نظام التأمين من البطالة في بعض بلدان المنطقة، فإنه في العادة محدود من حيث نطاق استحقاقه ومدته وفيما يجلبه من إعانات. وبالنسبة لكثيرٍ من الشباب الخريجين الجدد الذين ليس لديهم اشتراكات متراكمة، تصبح إعانات البطالة التي لا تستند إلى الاشتراكات أضيق نطاقا. وتقدم بعض دول مجلس التعاون الخليجي، مثل البحرين والسعودية، إعانةً لفترة زمنية محدودة، لكنه أمر غير متوفر في البلدان المتوسطة الدخل في المنطقة. وإلى جانب أن سياسات سوق العمل النشطة محدودة أيضاً، فإن هذا الوضع يجعل النساء في موقف ضعيف للغاية.

الشكل 7-2 احتمال حصول امرأة عمرها 25 عاما حاصلة على تعليم عالٍ على عمل في القطاع العام في مصر والعراق والأردن وتونس انخفض وفي المقابل ارتفع احتمال أن تصبح عاطلة أو تخرج من دائرة القوى العاملة

أ. مصر

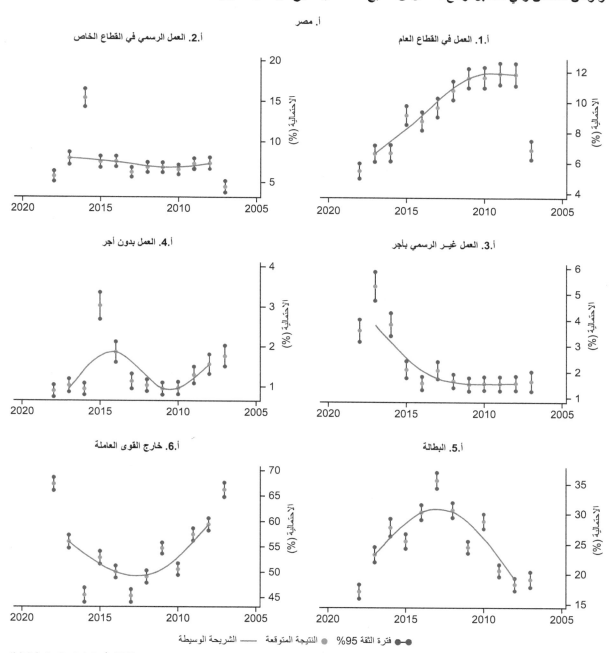

(الشكل يُستكمل في الصفحة التالية)

الشكل 2-7 احتمال حصول امرأة عمرها 25 عاما حاصلة على تعليم عالٍ على عمل في القطاع العام في مصر والعراق والأردن وتونس انخفض وفي المقابل ارتفع احتمال أن تصبح عاطلة أو تخرج من دائرة القوى العاملة (تابع)

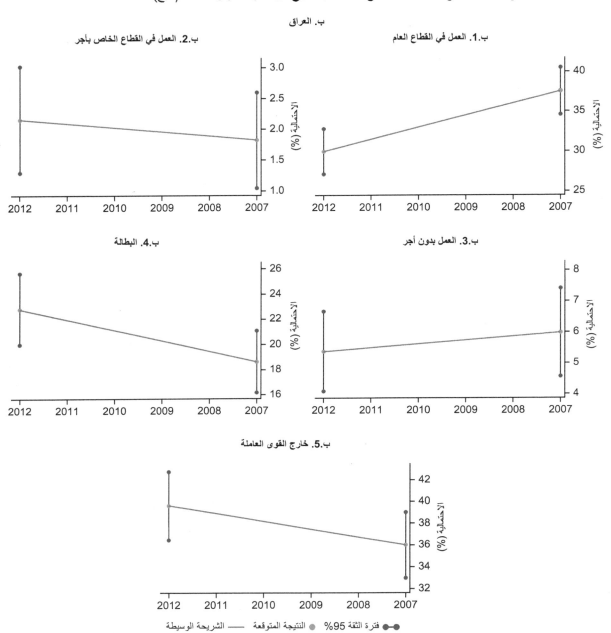

ب. العراق
ب.1. العمل في القطاع العام
ب.2. العمل في القطاع الخاص بأجر
ب.3. العمل بدون أجر
ب.4. البطالة
ب.5. خارج القوى العاملة
فترة الثقة 95%
النتيجة المتوقعة
الشريحة الوسيطة

(الشكل يُستكمل في الصفحة التالية)

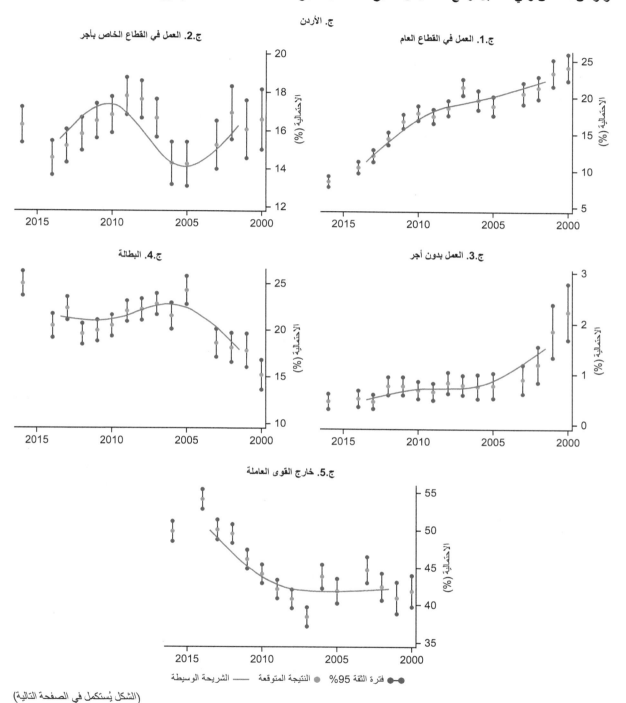

الشكل 2-7 احتمال حصول امرأة عمرها 25 عاما حاصلة على تعليم عالٍ على عمل في القطاع العام في مصر والعراق والأردن وتونس انخفض وفي المقابل ارتفع احتمال أن تصبح عاطلة أو تخرج من دائرة القوى العاملة (تابع)

ج. الأردن

ج.1. العمل في القطاع العام
ج.2. العمل في القطاع الخاص بأجر
ج.3. العمل بدون أجر
ج.4. البطالة
ج.5. خارج القوى العاملة
فترة الثقة 95%
النتيجة المتوقعة
الشريحة الوسيطة

(الشكل يُستكمل في الصفحة التالية)

الشكل 2-7 احتمال حصول امرأة عمرها 25 عاما حاصلة على تعليم عالٍ على عمل في القطاع العام في مصر والعراق والأردن وتونس انخفض وفي المقابل ارتفع احتمال أن تصبح عاطلة أو تخرج من دائرة القوى العاملة (تابع)

د. تونس

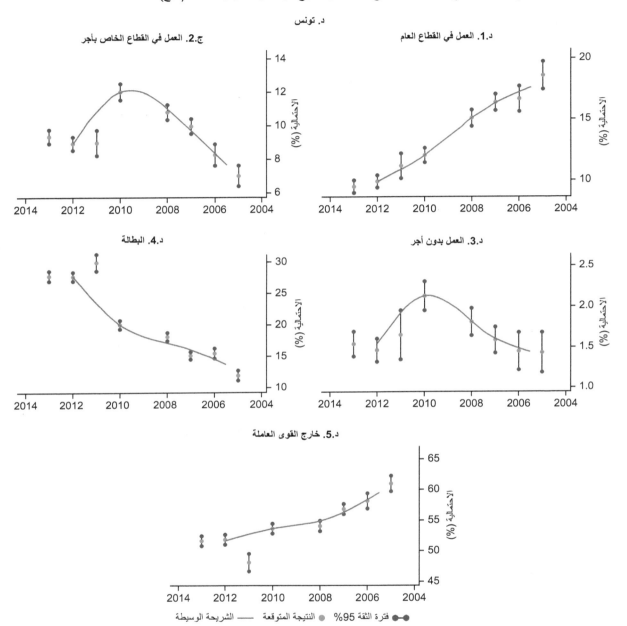

المصادر: مسوح القوى العاملة في مصر (2007–2017)، والمسوح الاجتماعية الاقتصادية للأسر في العراق (2008/2007، و2013/2012)، ومسوح التوظيف والبطالة في الأردن (2000–2016)، ومسوح القوى العاملة في تونس (2005–2013).

أخيراً، حين تشتغل النساء بالأعمال الحرة، تظهر بعض الشواهد المستقاة من المنطقة وجود إجحاف ملحوظ من حيث الدخل مقارنةً بأوضاع الرجال. بوجه عام، لا تُقدِّم مسوح القوى العاملة ومسوح الأسرة سوى معلومات قليلة بشأن دخول أصحاب الأعمال الحرة، وقد يكون قياس هذه الدخول مشحوناً بالأخطاء. ولكن بعض الشواهد الوصفية بشأن الأردن تظهر باستخدام المسوح المتاحة أن النساء اللاتي يشتغلن بالأعمال الحرة كسبن دخلا أقل من نظرائهن الرجال في 2016. وتظهر بيانات المشروعات العائلية من العراق باستخدام مسوح الأسرة المتاحة أن الأسر التي تعولها النساء حققت من أنشطتها الاقتصادية دخلا يقل كثيرا عن الرجال بصرف النظر عما إذا كن يعملن في أنشطة زراعية أو غير زراعية. وحققت الأسر التي يعولها الرجال وتعمل في بعض الأنشطة الصناعية دخلا يزيد 12 ضعفا عن دخل نظرائها التي تعولها النساء في 2013. ولكن الفرق كان أقل وضوحا في مجال الإنتاج الزراعي.

علاوةً على ذلك، تظهر شواهد بشأن ديناميات المشروعات العائلية غير الزراعية في مصر على مدار 14 عاما أنّ معدل إنشاء المشروعات كان كبيرا خلال هذه الفترة، لكن كان هناك أيضا معدل مرتفع لحل المشروعات أو الخروج من السوق كليةً. وأغلب هذه المشروعات لا تزال بنفس حجمها، وتتأثّر كثيرا بالأوضاع الاقتصادية في البلاد. ومع أن هذه الديناميات لا تختلف بين المشروعات التي يقودها الرجال وتلك التي تقودها النساء، فإن احتمال أن تبدأ النساء مشروعاً في هذا النشاط وتستمر فيه أقل كثيراً من الرجال (كرافت 2016). والشواهد بشأن الاشتغال بالأعمال الحرة في المنطقة وإن كانت هزيلة لا يبدو أنها تختلف كثيرا عن الأوضاع والمساوئ التي تواجهها النساء اللاتي يشتغلن بالأعمال الحرة في أنحاء العالم (كارانزا، وداخال، ولاف 2018).

ليست وظائف المستقبل

كان لمحدودية التوظيف في القطاع العام والقطاع الخاص الرسمي، وانتشار القطاع غير الرسمي آثار وتداعيات كثيرة على كمية ونوعية الوظائف التي تُتاح للأكفاء من سكان المنطقة المتنامية طموحاتهم ومؤهلاتهم.

وحتى 2018، كان 24% فقط من العمال في المنطقة يشتغلون في مهن ذات مهارات عالية، ونحو النصف (48%) في مهن ذات مهارات متوسطة، و28% في مهن ذات مهارات متدنية.[8] ومع أن نسبة المهن ذات المهارات العالية في المنطقة تأتي في المركز الثاني بعد أوروبا وآسيا الوسطى، فإن الجدير بالملاحظة أنه على مدى العقدين الماضيين مع تقليص المنطقة نسبة المهن ذات المهارات المتدنية، كان تعويض العمال في الغالب في الوظائف ذات المهارات المتوسطة (الشكل 2-8). وانخفضت نسبة المهن ذات المهارات المتدنية 6.7 نقاط مئوية بين عامي 2000 و2018، أمّا نسبة المهن ذات المهارات المتوسطة فقد زادت 4.5 نقاط مئوية، وارتفعت نسبة المهن عالية المهارات 2.2 نقطة مئوية.

الشكل 2-8 مع أن منطقة الشرق الأوسط شهدت تقليص المهن المتدنية المهارات في العقدين الماضيين، فإن هذا النقصان عوَّضته في الغالب زيادة المهن المتوسطة المهارات، وليست المهن العالية المهارات، على النقيض مما شهدته بعض المناطق النظيرة الأخرى

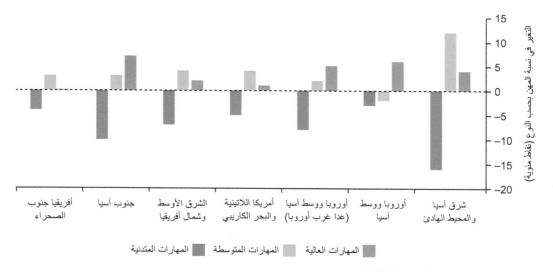

المصدر: قاعدة بيانات إحصاءات منظمة العمل الدولية ILOSTAT.
إيضاح: يُغطي هذا الشكل الفترة من 2000 إلى 2018. تشمل المهن عالية المهارات المديرين، والمهنيين، ومساعدي المهنيين، والفنيين. أمّا المهن ذات المهارات المتوسطة فتشمل موظفي دعم الأعمال المكتبية، وموظفي الخدمات والمبيعات، والعاملين على الآلات وعمال التجميع، وكذلك العمال المهرة في مجالات الزراعة والحراجة وصيد الأسماك. وتشمل المهن ذات المهارات المتدنية المهن الأولية.

والمهن ذات المهارات المتوسطة على أهميتها معرضة بشكل كبير للأتمتة والرقمنة، لأنها في العادة كثيفة في أداء المهام المعرفية الروتينية واليدوية. وهي من الوظائف التي قد يحفز إحداث تحول فيها على مزيد من نمو الإنتاجية. وتشير حقيقة أن نسبة هذه المهن لا تزال كبيرة إلى نوع الوظائف الأقل إنتاجية والنشاط الاقتصادي اللذين ما زالت المنطقة تعتمد عليهما.

وعند المقارنة بين بلدان المنطقة ونظيراتها من حيث الدخل في أنحاء العالم، لم تُحقِّق الشريحة الدنيا من البلدان متوسطة الدخل والبلدان مرتفعة الدخل داخل المنطقة نموا في أعداد المهن عالية المهارات بقدر ما سجَّلته البلدان النظيرة في أنحاء العالم (الشكل 2-9). ومع أن جيبوتي ومصر والمغرب وتونس تشهد بوجه عام نسبا على من المهن العالية المهارات في اقتصاداتها، فإن البلدان النظيرة من حيث الدخل في أنحاء العالم يبدو أنها تقترب من اللحاق بها، إذ تنمو لديها أعداد المهن ذات المهارات العالية بوتيرة أسرع بكثير. ويَظهر أيضا هذا الركود النسبي لدى البلدان المرتفعة الدخل في المنطقة، وأغلبها دول مجلس التعاون الخليجي التي تعتمد على النفط. ومع أن نظيراتها من البلدان المرتفعة الدخل في أنحاء العالم استمرت في زيادة نسبتها من الوظائف العالية المهارات، فإن هذه النسبة لم تشهد تغيرا يُذكر خلال العقدين الماضيين في بلدان الشرق الأوسط وشمال أفريقيا التي لا تزال تعتمد على المهن ذات المهارات المتوسطة، وهو ما يمكن القول إنه يرجع إلى ضخامة حجم القطاع العام. ومن ناحية أخرى، يبدو أن الشريحة العليا من البلدان المتوسطة الدخل عوَّضت عن نسبتها من المهن ذات المهارات المتدنية بزيادة المهن ذات المهارات العالية والمتوسطة على الرغم من أن التغير في تركيبة المهن يبدو ضئيلاً.

وتُظهِر الشواهد المستقاة من بيانات سوق العمل في عدة بلدان بالمنطقة أنه عند النظر إلى القطاع الخاص وحده، فإن نسبة المهن العالية المهارات تكون أقل حتى من الاقتصاد ككل. ففي بلدٍ مثل مصر بلغت فيه نسبة المهن العالية المهارات في الاقتصاد ككل 55% في 2018، كانت هذه النسبة 30% فقط بين الوظائف بالقطاع الخاص الرسمي و10% بين الوظائف بالقطاع غير الرسمي. والوضع مماثل لما هو في الأردن وتونس. علاوةً على ذلك، فإن استمرار وانتشار القطاع غير الرسمي، إلى جانب انتشار العمالة الوافدة ذات المهارات المتدنية والمتوسطة في حالة دول مجلس التعاون الخليجي ، يسهمان بلا شك في الركود الذي تشهده هذه الاقتصادات.

وإذا تعمَّقنا في النظر إلى محتوى مهام الوظائف، يتبيَّن أن العمال في البلدان التي أُتيحت عنها بيانات، ومنها مصر والأردن وتونس يؤدون بدرجة ملموسة مهام أقل تتطلب مهارات غير روتينية للتعامل مع الآخرين ومهارات تحليلية - هذه هي وظائف المستقبل. ومقارنة ببلدان مثل شيلي أو تركيا (تمت مقارنتها بالأوضاع في ألمانيا)، نجد أن القطاعين العام والخاص في هذه البلدان الواقعة في الشرق الأوسط وشمال أفريقيا يستخدمان عددا أقل كثيرا من المهام غير الروتينية التحليلية أو للتعامل مع الآخرين (الشكل 2-10)، بل إن العمال في القطاع الخاص يؤدون مهام أقل من ذلك. وحتى في المهن العالية المهارات مثل المديرين والمهنيين والفنيين، فإن المهام التي تستخدم مهارات غير روتينية تحليلية أو للتعامل مع الآخرين لا تزال محدودة مقارنة بالمهن المناظرة في بلدان أخرى.

مع انتشار فيروس كورونا، ازدادت أهمية العمل من المنزل. وتعتمد جدوى هذا العمل على نوع الوظيفة والمهام التي تؤدَّى. وباستخدام بيانات لمصر والأردن وتونس، إلى جانب 50 بلدا آخر في أنحاء العالم، يتبيَّن أن أداء الأردن أفضل مما هو في مصر أو تونس من حيث العمل من المنزل،

الشكل 2-9 منطقة الشرق الأوسط وشمال أفريقيا تشهد نمو المهن عالية المهارات بوتيرة أقل كثيرا من نظيراتها في مستوى الدخل مع استمرار اعتمادها على المهن ذات المهارات المتوسطة

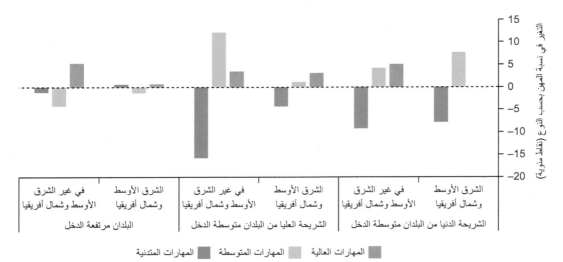

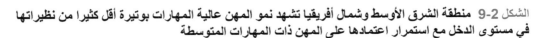

المصدر: قاعدة بيانات إحصاءات منظمة العمل الدولية ILOSTAT.
إيضاح: يُغطي هذا الشكل الفترة من 2000 إلى 2018. تشمل المهن عالية المهارات المديرين، والمهنيين، ومساعدي المهنيين، والفنيين. أمّا المهن ذات المهارات المتوسطة فتشمل موظفي دعم الأعمال المكتبية، وموظفي الخدمات والمبيعات، والعاملين على الآلات وعمال التجميع، وكذلك العمال المهرة في مجالات الزراعة والحراجة وصيد الأسماك. وتشمل المهن ذات المهارات المتدنية المهن الأولية.

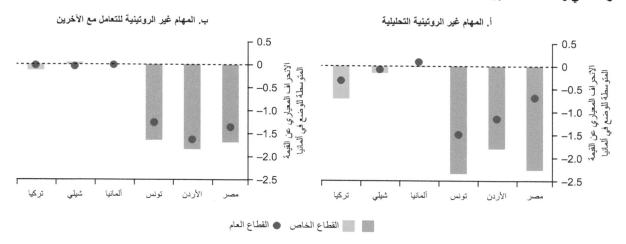

الشكل 2-10 الوظائف في الشرق الأوسط وشمال أفريقيا لا تتضمن في العادة مهام غير روتينية تحليلية أو للتعامل مع الآخرين، وهذه هي وظائف المستقبل

أ. المهام غير الروتينية التحليلية
ب. المهام غير الروتينية للتعامل مع الآخرين
−1.5
−2.5
القطاع الخاص
القطاع العام

المصدر: فيولاز ووينكلر 2020.

الشكل 2-11 وظائف قليلة نسبيا في مصر والأردن وتونس قابلة للعمل من المنزل لا سيما للعمال الأقل تعليما الأكبر سنا في القطاع غير الرسمي

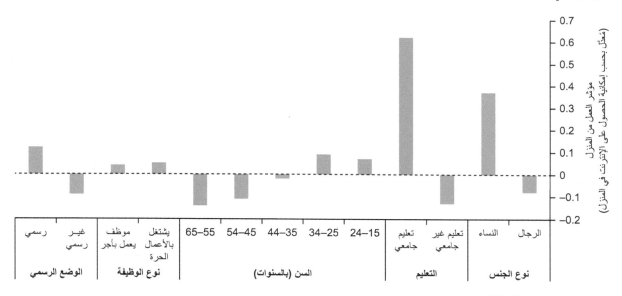

الرجال
النساء
تعليم غير جامعي
تعليم جامعي
24–15
34–25
44–35
54–45
65–55
يشتغل بالأعمال الحرة
موظف يعمل بأجر
غير رسمي
رسمي
نوع الجنس
التعليم
السن (بالسنوات)
نوع الوظيفة
الوضع الرسمي

المصدر: هاتاياما، وفيولاز، ووينكلر 2020.

إيضاح: يعرض الشكل بيانات مستقاة من مؤشر العمل من المنزل المُعدّل بحسب إمكانية الحصول على الإنترنت في المنزل بحساب الانحرافات المعيارية عن المتوسطة للعينات. تشير القيمة المرتفعة إلى أن الوظائف قابلة للعمل من المنزل.

والبلدان الثلاثة لا يزال أداؤها أقل مقارنةً بالأوضاع في بلدان أخرى كثيرة، منها بعض البلدان النظيرة من حيث مستوى الدخل. علاوةً على ذلك، العمال الأقل تعليما الأكبر سنا في القطاع غير الرسمي يقل كثيرا احتمال أن يحصلوا على وظائف يمكن أداؤها من المنزل (الشكل 2-11). ويُعزى هذا النمط إلى حقيقة أن العمال الأقل تعليما في القطاع غير الرسمي يعملون في وظائف تتطلب الكثير من المهام البدنية التي لا يمكن أداؤها من المنزل، وأن العمال الأكبر سناً يقل احتمال أن يستخدموا تقنيات المعلومات والاتصالات. وتتاح للنساء في الشرق الأوسط وشمال أفريقيا وظائف أكثر قابلية للعمل من المنزل لأنها وظائف أقل استخداما للمهام البدنية ويقل احتمال أن تكون مرتبطة بمكان مُعيَّن، ومن ثمَّ يمكن أداؤها في المنزل، لا سيما فيما يتعلق بالوظائف العامة.

تأثير جائحة كورونا

أثّرت جائحة كورونا تأثيرا هائلا على سوق العمل وعلى العمال وأسرهم. ومع بدء تفشّي الفيروس، فرضت بلدان في منطقة الشرق الأوسط وشمال أفريقيا تدابير للحد من انتشاره، منها حظر التجول والإغلاقات والقيود على الحركة والانتقال، وكذلك تدابير للتباعد الاجتماعي. ففي العراق، على سبيل المثال، اشتمل هذا على حظر التجول ليلا وفي عطلات نهاية الأسبوع دام شهورا خلال عام 2020 واستمر على فترات متقطعة في 2021 (موسى وموريرة دا سيلفا 2021). وفي المغرب، حُظر التنقل بين المدن الكبرى لعدة أسابيع في 2020 وكذلك في 2021. وفي السعودية، حُظِر على المواطنين مغادرة البلاد لعدة أشهر، ومُنِع الأجانب من دخول البلاد بما في ذلك لأداء العمرة والحج.

وتظهر الشواهد الأولية المستقاة من مسوح هاتفية مختلفة جرت أثناء 2020 أنه في أعقاب تفشّي الجائحة عجز كثيرٌ من العمال عن العمل تماماً. واضطر نحو 41% من العمال في مصر وتونس، و19% من العمال في جيبوتي، و16% في الضفة الغربية وقطاع غزة إلى التوقف عن العمل (جانسي 2020). وكان فقدان العمل أكبر بين عمال القطاع الخاص، إذ أجّلت الحكومات تسريح موظفيها. في العراق، ذكر 29% من العاملين بأجر في القطاع الخاص و30% من أصحاب الأعمال الحرة الذين شاركوا في المسوح أنهم أصبحوا عاطلين بعد مضي ستة أشهر من الجائحة، بينما خرج عمال كثيرون غيرهم لا سيما من النساء من القوى العاملة كليةً (خان، وفاديرا، وواي بوا 2021). وفي المغرب، بعد مرور ثلاثة أشهر فقط من الجائحة، ذكرت 34% من الأسر المشاركة في المسوح أنه لم يكن لديها أي مصدر للدخل، وكانت هذه النسبة أكبر في صفوف الفقراء (44%)، وفي بعض المهن مثل التجار وأرباب العمل اليدوي (المندوبية السامية للتخطيط في المغرب 2020). وفيما يتعلق بدول مجلس التعاون الخليجي، لا يُعرَف إلا القليل عن تأثير الجائحة على الوظائف، لكن شواهد مستقاة من البحرين تظهر أن المواطنين لم يتعرضوا لتأثير سلبي ضخم، أمّا غير المواطنين الذين شاركوا في المسح فقد تأثّروا كثيرا، وانخفضت نسبة المجيبين في المسح الذين كانت لديهم وظيفة أولية من 81% قبل الجائحة إلى 59% بعد مرور بضعة أشهر على الجائحة (عبد الله وآخرون 2020). ويُعزَى هذا بدرجة كبيرة إلى حقيقة أن كثيراً من المواطنين يعملون في القطاع العام، وأن الحكومة البحرينية ضخت قدرا كبيرا من دعم المشروعات والأجور في القطاع الخاص منذ بداية الجائحة، بما في ذلك تأجيل سداد أقساط القروض.

وبحلول فبراير/شباط 2021، بدت بعض العلامات على التعافي في المسوح التي أجرت في مصر والمغرب والأردن وتونس، بما في ذلك زيادة معدلات المشاركة في القوى العاملة مقارنةً بمستوياتها في نوفمبر/تشرين الثاني 2020. وبدأت معدلات التوظيف أيضا تنتعش في المغرب (من 61% إلى 68%) وتونس (من 64% إلى 68%). وتراجعت قليلا معدلات البطالة. بيد أن التعافي بعد مرور سنة على الجائحة كان محدودا فيما يبدو. ويصدق هذا تماما على العمال الذين كانوا بالفعل عرضة للخطر قبل الجائحة، وهم العمال غير الرسميين والنساء الذين تحملوا وطأة تأثير الجائحة (كرافت وأسعد ومرواني 2021).

تُظهِر هذه النتائج أن اقتصادات كثيرة في أنحاء العالم تدرك بالفعل أن التعافي من الجائحة من حيث الوظائف والبطالة لأغلبية السكان سيكون بطيئا. وعلى الرغم من أن بعض أنواع الوظائف لم تخرج خاسرةً من الجائحة، أي تلك التي تستند إلى المهارات الرقمية، فإنه بالنسبة لأغلبية العمال في المنطقة لا يزال تحدي الوظائف جسيما ومحفوفا بالصعاب. ومع ظهور متحورات الفيروس كورونا في أنحاء العالم، لا يزال الطريق إلى التعافي وعراً.

إيضاحات

1. التقديرات الإقليمية التي أعدها الفريق المعني بإعداد التقرير الرئيسي باستخدام بيانات منظمة العمل الدولية احتُسِبت كمتوسط مُرجَّح يكون فيه الوزن الترجيحي هو النسبة بين العدد التقديري للشباب في البلاد والعدد الإجمالي للشباب في المنطقة.

2. تقديرات البلدان مأخوذة من بيانات منظمة العمل الدولية. لاحِظ أن تعريف منظمة العمل الدولية "للتوظيف" يشير إلى كل مَن ينخرطون في أي نشاط لإنتاج سلع أو تقديم خدمات مقابل أجر أو ربح أثناء فترة مرجعية قصيرة. ويشمل ذلك الأشخاص العاملين "في العمل"، أي الذين عملوا في وظيفة لمدة ساعة واحدة على الأقل، والأشخاص العاملين "الذين ليسوا في العمل" بسبب الغياب المؤقت عن الوظيفة، أو بسبب ترتيبات وقت العمل (مثل العمل بنظام النوبات، وساعات العمل المرنة، والعطلات التعويضية عن العمل الإضافي).

3. تستند حسابات الفريق المعني بإعداد التقرير الرئيسي إلى مبادرة البيانات الصغرى المفتوحة 2019. المسح التتبعي لسوق العمل /http://erf.org.eg/data-portal. النسخة 2.0 لملفات البيانات المُرخَّصة، ELMPS 1998–2018. مصر: منتدى البحوث الاقتصادية.

4. هذه تقديرات أعدتها منظمة العمل الدولية.

5. الهيئة العامة للإحصاء، المملكة العربية السعودية، Kingdom of Saudi Arabia, https://www.stats.gov.sa/en/820 (تم الاطلاع عليه في مايو/أيار 2021).

6. تم تحليل احتماليات نماذج المحاكاة لهذا القسم. واستُخلِصت هذه الاحتماليات مع سلسلة من نماذج اللوغاريتم المتعدد الحدود الرياضية المُقدَّرة على أساس متغير للنواتج المتعددة الأطوار شاملةً بدائل التوظيف المختلفة باستخدام مسوح القوى العاملة في مصر على مدار الفترة 2000–2018؛ وفي الأردن (2003–2016)؛ وفي العراق (2006–2007 و2012)؛ وفي تونس (2004–2013)؛ والضفة الغربية وقطاع غزة (2013–2018). ويعتمد الوضع الوظيفي المستخدم على خصائص استبيان المسح ويشمل الوظائف العامة، والوظائف الخاصة الرسمية مقابل أجر، والوظائف الخاصة غير الرسمية مقابل أجر، والوظائف بدون أجر، والبطالة، وخارج دائرة القوى العاملة كنتيجة أساسية/مرجعية. وفي حالة تعذر التفرقة بين الوظائف الرسمية وغير

الرسمية مقابل أجر بسبب نقص المعلومات عن الضمان الاجتماعي أو المزايا الصحية، تم إغفال الفصل بين الفئتين. ويحتسب النموذج الخصائص الفردية مثل السن، والجذر التربيعي للسن، ونوع الجنس (متغير صوري)، ومستوى التحصيل العلمي (ثلاثة متغيرات صورية ووضع الأمية كمجموعة مرجعية)، والحالة الاجتماعية (ما يعادل قيمة 1 إن كان متزوجا أو 0 إن كان غير ذلك)؛ والموقع الجغرافي (متغير صوري يُمثِل الإقامة في الحضر أو الريف ويعادل قيمة 1 إن كان بالحضر). واحتسب التحليل أيضا فترات ثقة نسبتها 95% تحيط بنماذج محاكاة الاحتمالات هذه.

7. أجريت تحليلات الانحدار اللوغاريتمية المتعددة الحدود الرياضية لعدة مسوح مُوحَّدة في أنحاء المنطقة كما ذُكِر في الحاشية الإيضاحية 6.

8. وفقاً لتصنيف منظمة العمل الدولية، تشمل المهن العالية المهارات المديرين، والمهنيين، ومساعدي المهنيين، والفنيين. أمَّا المهن المتوسطة المهارات فتشمل موظفي دعم الأعمال المكتبية، وموظفي الخدمات والمبيعات، والعمال المهرة في مجالات الزراعة والحراجة وصيد الأسماك، والعاملين على الآلات وعمال التجميع. والعمال ذوو المهارات المتدنية هم الذين يعملون في مهن أولية مثل بيع السلع في الشوارع والأماكن العامة، أو متنقلين من بيت إلى بيت، وتقديم خدمات مختلفة في الشوارع، والتنظيف والغسل، والاعتناء بالشقق السكنية، والفنادق، والمكاتب والمباني الأخرى، وغسل النوافذ.

المراجع

Abdulla, Ghada, Deema Almoayyed, Fatima Al-Sabaie, and Omar Al-Ubaydli. 2020. "Assessment of the Socio-economic Impact of Covid-19 in Bahrain: Analysis of Survey Data from Bahrain and Comparative Surveys from the UK and the US." Bahrain Center for Strategic, International and Energy Studies, Awali, Bahrain.

Alfani, Federica, Fabio Clementi, Michele Fabiani, Vasco Molini, and Enzo Valentini. 2020. "Once NEET, Always NEET? A Synthetic Panel Approach to Analyze the Moroccan Labor Market." Policy Research Working Paper 9238, World Bank, Washington, DC.

Amer, Mona, and Marian Atallah. 2019. "The School to Work Transition and Youth Economic Vulnerability in Egypt." Working Paper 1359, Economic Research Forum, Cairo.

Angel-Urdinola, Diego F., and Kimie Tanabe. 2012. "Micro-Determinants of Informal Employment in the Middle East and North Africa Region." Social Protection Discussion Paper 1201, World Bank, Washington, DC.

Arezki, Rabah, Daniel Lederman, Amani Abou Harb, Nelly El-Mallakh, Rachel Yuting Fan, Asif Islam, Ha Nguyen, and Marwane Zouaidi. 2020. *How Transparency Can Help the Middle East and North Africa.* MENA Economic Update April 2020. Washington, DC: World Bank.

Assaad, Ragui, and Ghada Barsoum. 2019. "Public Employment in the Middle East and North Africa." *IZA World of Labor* 463, Institute of Labor Economics (IZA), Bonn. http://dx.doi.org/10.15185/izawol.463.

Assaad, Ragui, and Caroline Krafft. 2016. "Labor Market Dynamics and Youth Unemployment in the Middle East and North Africa: Evidence from Egypt, Jordan and Tunisia." Working Paper 993, Economic Research Forum, Dokki, Giza, Egypt.

Carranza, Eliana, Chandra Dakhal, and Inessa Love. 2018. "Female Entrepreneurs: How and Why Are They Different?" Jobs Working Paper 20, World Bank, Washington, DC.

Gansey, Romeo. 2020. "Socioeconomic Impact of COVID-19 in MENA Countries." World Bank, Washington, DC. Unpublished.

Gatti, Roberta, Diego F. Angel-Urdinola, Joana Silva, and András Bodor. 2014. *Striving for Better Jobs: The Challenge of Informality in the Middle East and North Africa.* Directions in Development—Human Development. Washington, DC: World Bank.

Gatti, Roberta, Matte Morgandi, Rebekka Grun, Stefanie Brodmann, Diego Angel-Urdinola, Juan Manuel Moreno, Daniela Marotta, Marc Schiffbauer, and Elizabeth Mata Lorenzo. 2013. *Jobs for Shared Prosperity: Time for Action in the Middle East and North Africa*. Washington, DC: World Bank.

Hatayama, Maho, Mariana Viollaz, and Hernan Winkler. 2020. "Jobs' Amenability to Working from Home: Evidence from Skills Surveys for 53 Countries." Policy Research Working Paper 9241, World Bank, Washington, DC.

Krafft, Caroline. 2016. "Understanding the Dynamics of Household Enterprises in Egypt: Birth, Death, Growth and Transformation." Working Paper 983, Economic Research Forum, Dokki, Giza, Egypt.

Krafft, Caroline, Ragui Assaad, and Mohamed Ali Marouani. 2021. "The Impact of COVID-19 on Middle Eastern and North African Labor Markets: Glimmers of Progress but Persistent Problems for Vulnerable Workers a Year into the Pandemic." ERF Policy Brief 57, Economic Research Forum, Dokki, Giza, Egypt.

Krah, Kwabena, Lokendra Phadera, and Matthew Grant Wai-Poi. 2021. "Iraq—High-Frequency Phone Survey (IHFPS) to Monitor Impacts of COVID-19: Results from August, September, and October 2020 Rounds (English)." World Bank Group, Washington, DC.

Lopez-Acevedo, Gladys, Gordon Betcherman, Ayache Khellaf, and Vasco Molini. 2021. *Morocco's Jobs Landscape: Identifying Constraints to an Inclusive Labor Market.* International Development in Focus. Washington, DC: World Bank. https://doi.org/10.1596/978-1-4648-1678-9.

Moosa, Dalal, and Vanessa Moreira da Silva. 2021. "Iraq—High-Frequency Phone Survey to Assess the Impact of COVID-19 on Firms." World Bank Group, Washington, DC.

Morocco, High Commission for Planning. 2020. *Survey of the Impact of the Coronavirus on the Economic, Social and Psychological Situation of Households in Morocco* [French]. Rabat: High Commission for Planning.

Narayan, Ambar, Roy Van der Weide, Alexandru Cojocaru, Christoph Lakner, Silvia Redaelli, Daniel Gerszon Mahler, Rakesh Gupta N. Ramasubbaiah, and Stefan Thewissen. 2018. *Fair Progress? Economic Mobility across Generations around the World.* Equity and Development Series. Washington, DC: World Bank. https://openknowledge.worldbank.org/handle/10986/28428.

Rother, Friederike, Carole Chartouni, Javier Sanchez-Reaza, Gustavo Paez Salamanca, and Belal Fallah. Forthcoming. *Enhancing Workers' Protection in Jordan.* Washington, DC: World Bank.

Saudi Arabia, Government of, General Authority for Statistics of the Kingdom of Saudi Arabia. 2019. "Labour Market 2019 Fourth Quarter: Main Data and Indicators of the Labour Market."

Tansel, Aysit, Halil Ibrahim Keskin, and Zeynel Abidin Ozdemir. 2020. "Is There an Informal Employment Wage Penalty in Egypt? Evidence from Quantile Regression on Panel Data." *Empirical Economics* 58: 2949–79. https://doi.org/10.1007/s00181-019-01651-2.

Tansel, Aysit, and Zeynel Abidin Ozdemir. 2014. "Determinants of Transitions across Formal/Informal Sectors in Egypt." IZA Discussion Paper 8773, Institute of Labor Economics (IZA), Bonn. http://ftp.iza.org/dp8773.pdf.

Wahba, Jackie. 2009. "Informality in Egypt: A Stepping Stone or a Dead End?" Working Paper 456, Economic Research Forum, Dokki, Giza, Egypt.

Viollaz, Mariana, and Hernan Winkler. 2020. "The Task Content of Jobs in MENA." World Bank, Washington, DC. Unpublished.

أصوات رواد الأعمال الشباب في منطقة الشرق الأوسط وشمال أفريقيا.

الأردن: منصة للتعلم الإلكتروني تُقدِّم خدمات تعليمية جيدة يسهل الوصول إليها.

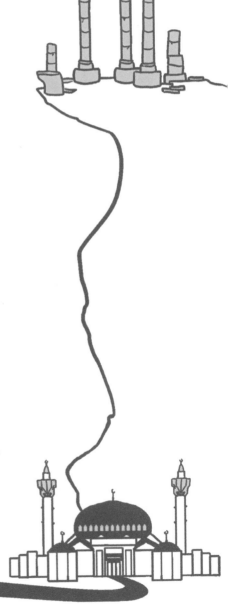

حمدي هو رائد أعمال عمره 34 عاما في عمَّان، وهو المؤسِّس المشارك والرئيس التنفيذي لمنصة للتعلم الذكي. وقد تلقَّى تعليمه في بعض من أرقى المؤسسات التعليمية في لندن حيث حصل على درجة الماجستير.

انطلق الدافع الرئيسي وراء سعيه من سؤال بسيط أراد حمدي الإجابة عنه: "لماذا أنا واحد من قلة في منطقة الشرق الأوسط وشمال أفريقيا يمكنهم التعرض لهذا التعليم عالي الجودة؟ وأدرك حمدي من تجربته أن أنظمة التعليم الجيد تبعد الطلاب عن التلقين بوصفه الأداة الوحيدة للتعلم، وتشجِّعهم على الاعتماد على النفس والتفكير المستقل. ومع تعدد القيود التي يواجهها النظام التعليمي القائم في الأردن، ومنها ارتفاع الرسوم الدراسية وتعذر الحصول على الخدمات التعليمية، كانت هناك سوق لمنصةٍ للتعلم. قضى حمدي سنتين في إجراء مقابلات مع طلاب ومعلمين ومسؤولين حكوميين وآباء فيما يتعلق باحتياجاتهم ورغباتهم فيما يتصل بالتعلم والدروس الخصوصية بعد انتهاء اليوم الدراسي. وضمَّن نموذجه تعليقاتهم وآراءهم وأطلق النسخة الأولى للمنصة في فبراير/شباط 2020 حينما بدأت تتفشَّى جائحة كورونا في منطقة الشرق الأوسط وشمال أفريقيا.

وعدد المُسجَّلين في منصة حمدي الآن نحو 100 ألف طالب. وتعلَّم ما يربو على مليون طالب من المنصة منذ بداية جائحة كورونا، إذ فتحت الشركة المنصة للتعلم مجانا بلا مقابل أثناء هذه الأزمة. وتُقدِّم منصة التعلم الذكي مُنتجاً سلِساً ومحتوى تفاعليا، وتستخدم قوة الذكاء الاصطناعي في رعاية تجارب التعلم لكل طالب بوتيرة تحقق أفضل النتائج لهم. واليوم، تستخدم الشركة أكثر من 100 موظف محلي ومكاتبها في عمَّان والقاهرة. وفي الأعوام الثلاثة القادمة، يأمل حمدي توسيع نشاطه في بقية العالم العربي. ويعتزم إنشاء مكاتب في أنحاء منطقة الشرق الأوسط وشمال أفريقيا، وهدفه أن يصل إلى خدمة 10 ملايين طالب في الأعوام الخمسة القادمة.

واستفادت رحلة حمدي في ريادة الأعمال من تعليمه وتجاربه في قطاع التكنولوجيا. فقد بنى المنصة بعد سنوات من محاولة بدء مشروعات أعمال مختلفة، نجح بعضها وفشل البعض الآخر. وانطلاقاً من تجربته المباشرة في العمل مع منصات راسخة أخرى في قطاع النقل ورؤيته كيف أثَّرت التكنولوجيا تأثيرا إيجابيا على القطاع اتجه حمدي إلى

التفكير في كيف يمكن أن يكون للتكنولوجيا آثار مماثلة على التعليم. وحدَّد حمدي عدة تحديات تعترض طريق رواد الأعمال من أمثاله، منها الحصول على التمويل، والافتقار إلى بنية تحتية للبيانات، ومحدودية خدمات بدء أنشطة الأعمال.

ولدى حمدي بعض النصائح لزملائه من رواد الأعمال في المنطقة. فهو يرى أنه يجب على جميع رواد الأعمال المخاطرة من أجل النجاح. ويقول "استَمِر في التجربة مرةً بعد مرة حتى تصل إلى منتجٍ أو خدمةٍ يحتاج إليها العميل ويكون مستعدا لدفع ثمنها. أحِط نفسك بأعضاء فريق عمل متين يشاطرونك رؤيتك، واسعَ قدْر استطاعتك حتى تبلغ غايتك. وتذكَّر أيضا أن بدء مشروع جديد في منطقة الشرق الأوسط وشمال أفريقيا لم يكن قط رحلة سهلة، إنه ماراثون وليس مجرد سباق عدو".

الفصل الثالث

ما الذي يمنع خلق المزيد من الوظائف الأفضل نوعية في الشرق الأوسط وشمال أفريقيا؟

مقدمة

إن وجود قطاع خاص يتسم بالديناميكية هو ركيزة خلق وظائف جيدة. وقد تُحفِّز روح ريادة الأعمال والابتكار الاقتصادات على انتهاج المسارات المؤدية إلى الرخاء. ويشعر الشباب بالقوة والحماس حينما يساهمون في القطاع الخاص، ويتعلمون مهارات قيمة، ويتفهَّمون القصد من الحياة وهم يديرون مصائرهم بأنفسهم. لكن لطالما لم يكن الحال كذلك في منطقة الشرق الأوسط وشمال أفريقيا التي اتسم فيها القطاع الخاص بالجمود، فلا يراعي منظور المساواة بين الجنسين، ولا يُعنى بوجه عام بخلق فرص العمل.

ويُعزَى الافتقار إلى حيوية القطاع الخاص في المنطقة إلى عدة عوامل. أحد أبرز هذه العوامل هو الحواجز أمام دخول الشركات الأسواق أو الخروج منها -الافتقار إلى التنافسية - الذي تتسم به معظم الاقتصادات في المنطقة. فالاقتصادات في الشرق الأوسط وشمال أفريقيا تحابي دوماً الشركات القائمة سواء التي يقودها القطاع الخاص أو المملوكة للدولة، والنتيجة هي أن خلق الوظائف في القطاع الخاص يتسم ببطء شديد إلى درجة يتعذر معها استيعاب السكان الذين تتزايد أعدادهم بسرعة (بادويل، وجيجينات، وببير 2019).

السبل إلى ربط تنافسية الأسواق بالوظائف

الأسواق التنافسية هي التي تتيح دخول الشركات وخروجها بلا كلفة، وتوجد فيها دوماً ضغوط المنافسة المحتملة. وتُشجِّع الأسواق التنافسية على زيادة الإنتاجية بين الشركات والعمال وكفاءة تخصيص الموارد. وبالتالي، يمكن أن يؤدي هذا إلى تحسين حالة وسرعة التغير الهيكلي، وارتفاع الأجور، وخلق المزيد من الوظائف الشاملة للجميع وتحسين نوعيتها (أميبل وجاتي 2001؛ وبلانشارد وجيافاتسي 2003؛ ونيكوليتي وإسكاربيتا 2003، وسبكتور 2004).

تُحدِّد الدراسات النظرية والعملية ثلاث قنوات يمكن من خلالها للإصلاحات والسياسات التي تُعزِّز تنافسية أسواق المنتجات أن تساعد على خلق المزيد من الوظائف وتحسين نوعيتها (الشكل 3–1). أولا، تُشجِّع المنافسة الشركات على تطوير قدراتها، والابتكار لزيادة كفاءتها، الأمر الذي يسهم في تحقيق الكفاءة الإنتاجية. ثانيا، تؤدي المنافسة إلى تحوُّل السوق نحو المنتجين الأكثر كفاءة، ومن ثمَّ يسهم ذلك في كفاءة التخصيص. ثالثا، تُجبِر المنافسة الشركات الأقل كفاءةً على الخروج من السوق، والشركات الأكثر كفاءةً على الدخول والنمو (ومن ثم تُشجِّع على اختيارات السوق). وقد جرت دراسات نظرية وعملية وافية لهذه الآليات في مختلف البلدان حول العالم (انظر على سبيل المثال أجيون وآخرين 2005؛ وكوسوليتو ومالوني 2018؛ وإسلافا وآخرين 2013؛ وجيروسكي 1990؛ ويوفانوفيتش 1982؛ وكيتزمولر وليسيتي 2012؛ ونيكيل 1996؛ والسكات 2009، وفايفز 2008).

الشكل 3-1 يتوقف عدد وجودة الوظائف على نوع ودرجة المنافسة والبيئة التنافسية للسوق

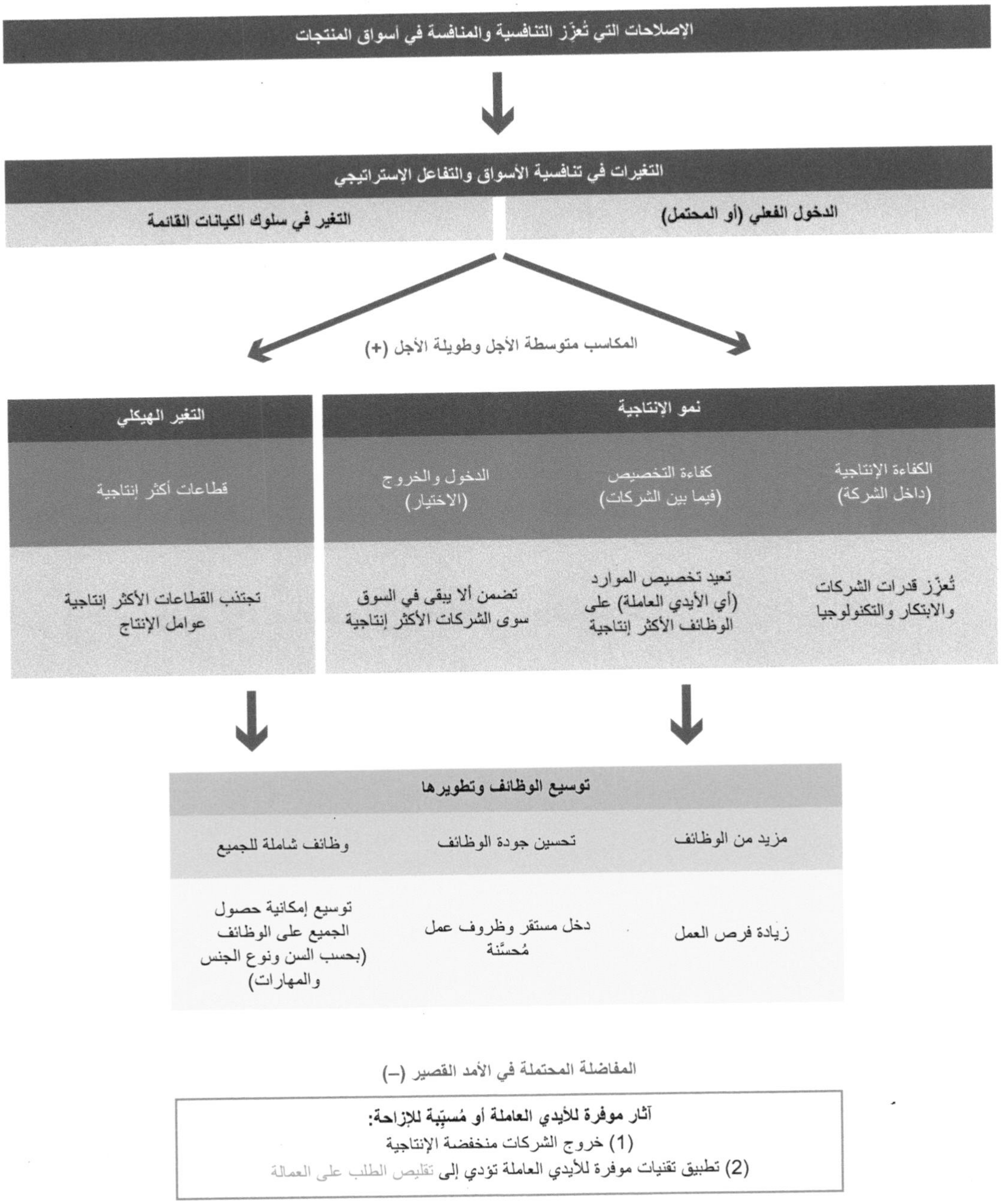

الإصلاحات التي تُعزّز التنافسية والمنافسة في أسواق المنتجات

⬇

التغيرات في تنافسية الأسواق والتفاعل الاستراتيجي	
التغير في سلوك الكيانات القائمة	الدخول الفعلي (أو المحتمل)

المكاسب متوسطة الأجل وطويلة الأجل (+)

التغير الهيكلي	نمو الإنتاجية		
قطاعات أكثر إنتاجية	الدخول والخروج (الاختيار)	كفاءة التخصيص (فيما بين الشركات)	الكفاءة الإنتاجية (داخل الشركة)
تجتذب القطاعات الأكثر إنتاجية عوامل الإنتاج	تضمن ألا يبقى في السوق سوى الشركات الأكثر إنتاجية	تعيد تخصيص الموارد (أي الأيدي العاملة) على الوظائف الأكثر إنتاجية	تُعزّز قدرات الشركات والابتكار والتكنولوجيا

⬇ ⬇

توسيع الوظائف وتطويرها		
وظائف شاملة للجميع	تحسين جودة الوظائف	مزيد من الوظائف
توسيع إمكانية حصول الجميع على الوظائف (بحسب السن ونوع الجنس والمهارات)	دخل مستقر وظروف عمل مُحسّنة	زيادة فرص العمل

المفاضلة المحتملة في الأمد القصير (−)

آثار موفرة للأيدي العاملة أو مُسبّبة للإزاحة: (1) خروج الشركات منخفضة الإنتاجية (2) تطبيق تقنيات موفرة للأيدي العاملة تؤدي إلى تقليص الطلب على العمالة

المصدر: إعداد فريق العمل المعني بإعداد التقرير الرئيسي على أساس دراسة داودا (2020).

مع ازدياد إنتاجية الشركات، تصبح الوظائف التي تُنشئها أيضا أكثر إنتاجية. ويُحفِّز هذا على إعادة تخصيص الأيدي العاملة نحو الوظائف الأكثر إنتاجية داخل الشركات وفيما بينها، وفي نهاية المطاف في مختلف القطاعات (التغير الهيكلي). وتضطر الشركات ذات الإنتاجية المتدنية إلى الخروج من السوق، أمَّا الشركات ذات الإنتاجية المرتفعة والوظائف التي تُنشئها فتستمر، الأمر الذي يحفز على نمو الإنتاجية والتحول الهيكلي على مستوى الاقتصاد الكلي (أميبل وجاتي 2001؛ وبلانشارد وجيافاتسي 2003؛ وبويري ونيكوليتي وسكاربيتا 2000، وإيبيل وهايفكي 2003؛ وكروجر وبيشكه 1997؛ ونيكل ولايارد 1999؛ ونيكوليتي وآخرين 2001؛ ونيكوليتي وسكاربيتا 2005؛ وبيساريدس 2001). وبوجه عام، تحظى الوظائف الأكثر إنتاجية بأجور أفضل، وهي مصدر جيد لدخل مستقر وظروف العمل اللائقة، لا سيما أن المنتجين ينقلون بعض مكاسب إنتاجيتهم إلى عمالهم.

قد تساعد المنافسة أيضا بشكل غير مباشر على خلق مزيد من الوظائف وتحسين جودتها بطريقتين إضافيتين. الأولى، حينما يتم تمرير الوفر في النفقات الناجم عن زيادة الإنتاجية إلى المستهلكين في شكل انخفاض للأسعار (داودا وآخرون، سيصدر قريبا). وفي الأسواق التي تتمتع ببيئة أكثر تنافسية، تُضطر الشركات إلى مواءمة الأسعار مع التكاليف الحدية، ولذا تقل الأسعار في العادة عما لو حدث خلاف ذلك في الأسواق الأقل تنافسية. ويتيح انخفاض الأسعار للمستهلكين (أي العمال وأسرهم) تقليل الإنفاق من الدخل المتاح لهم على نفس المنتجات،[1] وزيادة الإنفاق على سلع وخدمات أخرى في مكان آخر في الاقتصاد. وقد يؤدي ما يتبع ذلك من زيادة في الطلب إلى التحفيز بشكل غير مباشر على خلق مزيد من الوظائف. والثانية، حينما تستثمر الشركات ما تحققه من وفرٍ في التكاليف لتوسعة أعمالها، فإنها تزيد المعروض من السلع والخدمات، الأمر الذي يؤدي في نهاية المطاف أيضا إلى زيادة الطلب على الأيدي العاملة. وبالتالي، قد تخلق الضغوط التنافسية مجالات جديدة للطلب. هذه المجالات الجديدة للطلب يمكن أن تأتي من اتساع السوق محليا وفي الخارج. وفي الواقع، درجة المنافسة في السوق المحلية هي أيضاً أحد العوامل الرئيسية المحددة للقدرة على المنافسة في الأسواق الدولية (جودوين وبيرولا 2015).

قد تؤدي المنافسة النزيهة الدينامیكية أيضاً إلى إتاحة فرص مدرة للدخل لجميع الناس، ومنهم الفقراء والشباب والنساء، وغيرهم من الفئات المحرومة. وتكشف البحوث أن المنافسة تساعد على تقليص الفجوة في الأجور بين الجنسين، وتقليل مستوى العمل غير الرسمي في الاقتصاد، وهو ما يصاحبه في العادة انخفاض الأجور (أناند وخيرا 2016؛ وأشينفلتر وحنان 1986؛ وبيلفيلد وهايوود 2006؛ وشارلوت، ومالربيت، وتيرا 2015).

مهما يكن من أمرٍ، فإنه يجدر ملاحظة أن الأسواق الديناميكية ضرورية لخلق مزيد من الوظائف وتحسين نوعيتها، لكن على الأرجح في الأمد القصير (المرحلة الانتقالية)، قد تستتبع المنافسة تسريحات أولية للعمال حينما تؤدي إلى خروج الشركات ذات الإنتاجية المتدنية (بويس وآخرون 2012؛ وبويس ودوفال ويوجستر 2016). وعندئذ، يصبح من الضروري أن تساند أسواق العمل وأنظمة الحماية الاجتماعية العمال وأسرهم أثناء هذه التحولات لضمان الرفاهة وشمول الجميع. ولكن في الأمد الأطول، قد يخلق وجود شركات مُبتكِرة جديدة تُحرّكها زيادة المنافسة تأثيرا إيجابيا صافيا من حيث خلق الوظائف.

القطاع الخاص "المتحجر" في المنطقة

من أجل تحسين فهم الكيفية التي تؤثر بها هذه المسارات على مستوى الشركات في منطقة الشرق الأوسط وشمال أفريقيا، يستخدم هذا القسم بيانات من مسوح البنك الدولي لمؤسسات الأعمال التي تتيح للمرة الأولى جولتين من المسوح لعدة اقتصادات في المنطقة، ومن ثم تسمح بإلقاء نظرة جديدة على تطور القطاع الخاص على مر السنين. أُجريت الجولة الأولى للمسوح في 2013–2014، وتمت الثانية في 2019–2020 للبلدان الستة التالية في المنطقة: مصر والأردن ولبنان والمغرب وتونس والضفة الغربية وقطاع غزة. وأُجري مسح لمالطا في الموجة الثانية فقط في 2019–2020. وتشمل المقارنات بين مجموعات الدخل 88 بلداً اجريت مسوح لها في 2014 وما بعدها في أنحاء العالم.

بوجه عام، اتسم القطاع الخاص في الشرق الأوسط وشمال أفريقيا بالافتقار الواضح للديناميكية على نطاق واسع، وهو ما تجلّى في المستوى الضعيف لخلق الوظائف ونمو إنتاجية الأيدي العاملة، ومحدودية دخول الشركات ونموها وخروجها من الأسواق، وكذلك ضعف الاستثمار في رأس المال المادي والابتكار وتدريب العمال. علاوةً على ذلك، كانت درجة الارتباطات السياسية في القطاع الخاص مرتفعة.

وعزَّزت جائحة فيروس كورونا من هذا الوضع الراهن المتدني بالفعل، وما له من تداعيات مهمة على النواتج غير المُرضية لسوق العمل في المنطقة (عبيدو أماه وآخرون 2020).

خلق الوظائف وإنتاجية الأيدي العاملة

بوجه عام، لم يشهد القطاع الخاص في المنطقة كثيراً من الديناميكية أو نمو الإنتاجية خلال العقود القليلة الماضية، وكان إسهامه في خلق الوظائف ضعيفا. فلم يتجاوز معدل نمو الوظائف داخل الشركات بين جولتي مسوح البنك الدولي لمؤسسات الأعمال 1% سنوياً في المتوسط لبلدان الشرق الأوسط وشمال أفريقيا، وهو ما يقل كثيرا عن المتوسط البالغ 5% للبلدان النظيرة المتوسطة الدخل (الشكل 3–2، اللوحة أ). وكان النمط الضعيف لخلق الوظائف وضعف أداء الشركات من خصائص منطقة الشرق الأوسط وشمال أفريقيا (البنك الأوروبي للإنشاء والتعمير، وبنك الاستثمار الأوروبي، ومجموعة البنك الدولي 2016؛ والبنك الدولي 2013، و2015)، وهو ما أبرز حقيقة أن القطاع الخاص (الرسمي) عاجز عن استيعاب العدد المتنامي للأيدي العاملة، ولا تتاح للعمال خيارات تذكر سوى البحث عن فرص في القطاع غير الرسمي. علاوةً على ذلك، الشركات في اقتصادات الشرق الأوسط وشمال أفريقيا إمَّا انكمشت أو ظلَّت على نفس المستوى من ناحية التوظيف بين عامي 2016 و2019. وفي المتوسط، كانت عمليات التوسع القليلة التي لوحظت في معظمها بين الشركات الكبيرة (الشكل 3–2، اللوحة ب).

الشكل 3-2 ضعف مستوى خلق الوظائف في القطاع الخاص بمنطقة الشرق الأوسط وشمال أفريقيا

أ. النمو السنوي للوظائف

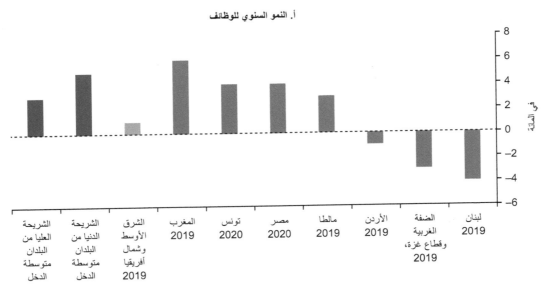

ب. نسبة الشركات التي توسَّعت أو انكمشت من حيث الوظائف

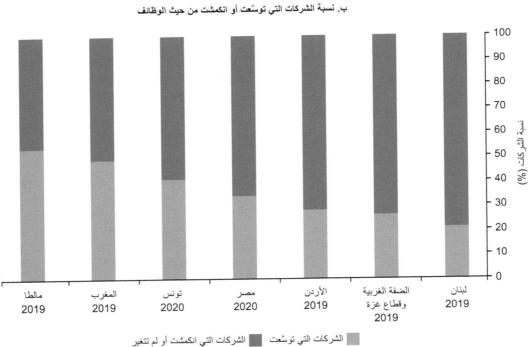

نسبة الشركات (%)
الشركات التي توسَّعت
الشركات التي انكمشت أو لم تتغير

المصدر: مسوح البنك الدولي المعنية بمؤسسات الأعمال.

إيضاح: يُحتسب النمو السنوي للوظائف باستخدام بيانات الوظائف من السنة المالية السابقة، واسترجاع بيانات الوظائف قبل سنتين ماليتين. وثمة عدة عيوب في هذا الأسلوب. أولا، دخول الشركات وخروجها لا يؤخذ في الحسبان. ثانيا، هذا النمو للوظائف يُعرِّف تعريفا ضيقا للشركات الرسمية التي لديها خمسة موظفين أو أكثر وليست مملوكة ملكية كاملة للحكومة.

ويتضح أيضا الدور المحدود للشركات الصغيرة والمتوسطة في خلق الوظائف عند النظر إلى مسوح القوى العاملة التي تظهر توزيعا ثنائي النسق للوظائف في الشركات على اختلاف حجمها في بعض البلدان (الشكل 3–3). ففي مصر وتونس، على سبيل المثال، يعمل أغلبية العمال الرسميين (الذين يساهمون في اشتراكات الضمان الاجتماعي) إمّا في مشروعات صغرى (1–4 عمال) أو مشروعات عامة وخاصة كبيرة نسبيا (100 عامل أو أكثر). وبتعبير أدق، يعمل نحو 57% من عمال القطاع الخاص الرسمي في مصر في مشروعات كبيرة في القطاع العام أو الخاص ونحو 20% في مشروعات صغرى. وفي تونس في عام 2014، كان هذا التوزيع ثنائي النسق واضحا أيضا، إذ كان 34% من العمال الرسميين يعملون في مشروعات صغرى، و43% في شركات كبيرة. وإذا أضيفت الوظائف غير الرسمية إلى الصورة (اللوحة ب)، يميل التوزيع بدرجة كبيرة ناحية اليسار ليبرز حقيقة أن أغلبية العمال غير الرسميين يعملون في شركات صغيرة (أو في أعمال حرة). ويؤكّد هذا النمط الدور المحدود لشركات القطاع الخاص الرسمي في خلق الوظائف.

وكان نمو إنتاجية الأيدي العاملة ضعيفا أيضا. فالشركات في خمسة اقتصادات في الشرق الأوسط وشمال أفريقيا (مصر والأردن ولبنان وتونس ومالطا) سجّلت نموا سلبيا لإنتاجية الأيدي العاملة، أمّا الشركات في بلدين اثنين (المغرب والضفة الغربية وقطاع غزة) فقد شهدت نموا إيجابيا. وشهدت المنطقة في المتوسط نموا سلبيا لإنتاجية الأيدي العاملة، لكن هذا المستوى يضاهي المستوى السائد في الاقتصادات متوسطة الدخل في أنحاء العالم.

الشكل 3-3 تتركّز الوظائف الرسمية في أكبر الشركات وأصغرها في بعض بلدان الشرق الأوسط وشمال أفريقيا

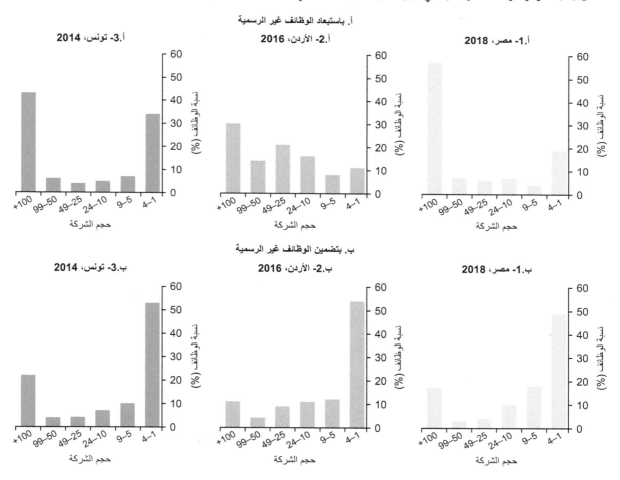

المصادر: منتدى البحوث الاقتصادية، والمسوح التتبعية لسوق العمل في مصر (2018)، والأردن (2016)، وتونس (2014).

إيضاح: حجم الشركة على أساس عدد الموظفين. تُعرّف الوظائف غير الرسمية بأنها تلك التي تخلو من اشتراكات في نظام الضمان الاجتماعي. يشمل المجتمع الإحصائي (لمصر والأردن وتونس) كل من يعملون وتتراوح أعمارهم من 15 إلى 64 عاما في القطاعين العام والخاص، بما في ذلك الموظفون مقابل أجر أو بدون أجر.

دخول الشركات ونموها وخروجها من السوق

يمكن ملاحظة الافتقار إلى الديناميكية في محدودية دخول الشركات ونموها في المنطقة (اختيار السوق).

في عام 2019، كان 6% فقط من الشركات التي شملتها المسوح في بلدان الشرق الأوسط وشمال أفريقيا شركات ناشئة (عمرها خمس سنوات على الأكثر) (الشكل 3–4). ويعادل هذا نصف نسبة الشركات الناشئة التي لوحظت في البلدان متوسطة الدخل، وهو يشير إلى أن دخول الشركات محدود نسبيا. بل إن الأكثر إثارة للدهشة أن نسبة الشركات الناشئة انخفضت في المتوسط في هذه الاقتصادات بالشرق الأوسط وشمال أفريقيا بين عامي 2012 و2019، الأمر الذي يعني فيما يبدو أن عددا أقل من الشركات دخل السوق.

وتم بشكل جيد توثيق دور الشركات الناشئة لأهميته في خلق الوظائف في الاقتصادات المتقدمة وكذلك في الشرق الأوسط وشمال أفريقيا (أديلينو، وماء، وروبنسون 2017، وهايمان ونورباك وبيرسون 2018، وهوبر وأوبروفر وفافيرماير 2017، وريكرز وآخرين 2014). ويشير نقصان الشركات الناشئة في المنطقة إلى تراجع دور القطاع الخاص الرسمي والحواجز التي قد تكون كبيرة أمام دخول الشركات.

في الوقت نفسه، حينما تدخل الشركات القطاع الخاص وتعمل، فإن عددا قليلا جدا منها يستطيع فيما يبدو النمو من حيث الحجم الذي يقاس بعدد العمال (الجدول 3–1).[2] وبين عامي 2016 و2019، كان من المستبعد أن ينمو حجم شركة ما من صغيرة إلى كبيرة (0.17% من الشركات فقط). في حقيقة الأمر، في هذه الفترة الزمنية لم تحقّق أي شركة صغيرة في مصر أو الأردن أو لبنان أو مالطا أو المغرب أو الضفة الغربية وقطاع

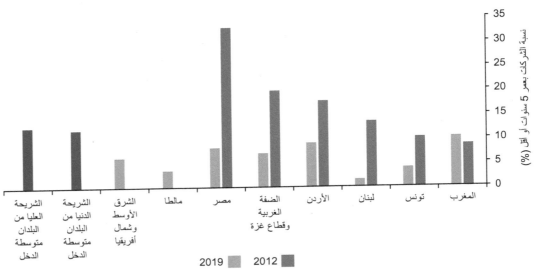

الشكل 3-4 نسبة الشركات الناشئة منخفضة وآخذة في التراجع في الشرق الأوسط وشمال أفريقيا

المصدر: مسوح البنك الدولي المعنية بمؤسسات الأعمال.
إيضاح: تُعرّف الشركات الناشئة بأنها التي تأسست قبل خمسة أعوام أو أقل. تتألّف متوسطات فئات الدخل من الاقتصادات التي شملتها المسوح بين عامي 2014 و2019.

الجدول 3-1 مصفوفات التحول الوظيفي للشرق الأوسط وشمال أفريقيا

نسبة الشركات (%)

فئة الحجم في 2016	فئة الحجم في 2019			فئة الحجم في بداية التشغيل	فئة الحجم في 2019		
	صغيرة (5-19)	متوسطة (20-99)	كبيرة (100 فأكثر)		صغيرة (5-19)	متوسطة (20-99)	كبيرة (100 فأكثر)
صغيرة (5–19)	95.42	4.41	0.17	**صغيرة (5–19)**	78.30	20.29	1.41
متوسطة (20–99)	6.32	90.81	2.87	**متوسطة (20–99)**	26.06	59.63	14.31
كبيرة (100 فأكثر)	0.08	3.67	96.25	**كبيرة (100 فأكثر)**	7.67	20.35	71.98

المصدر: مسوح البنك الدولي المعنية بمؤسسات الأعمال.
إيضاح: حجم الشركة على أساس عدد الموظفين. تشمل اقتصادات منطقة الشرق الأوسط وشمال أفريقيا مصر، والأردن ولبنان ومالطة والمغرب وتونس والضفة الغربية وقطاع غزة. لم يؤخذ في الحسبان دخول الشركات وخروجها من السوق. وتستند المعلومات إلى الشركات التي شملها المسح حوالي عام 2019، وحجمها حوالي عام 2016، وحجمها حينما بدأت عملياتها.

الإطار 3-1 ديناميات الشركات وخلق الوظائف في مصر

تقدم البيانات على مستوى الشركات المصرية إطارا زمنيا أطول لملاحظة التحولات في الشركات على اختلاف أحجامها. هذه التحولات مُبيَّنة في جدول الإطار 3-1-1 وتظهر أنه خلال فترتين (1996–2006، و2006–2017) سجلت نسبة ضئيلة جدا من الشركات نموا فاق نمو الحجم الأصلي للفئة. ولا تأخذ هذه التقديرات في الحسبان دخول الشركات وخروجها لأنها لا تستند إلى مجموعات بيانات تتبعية. وتستند نسب الوظائف إلى متوسط حجم الشركة داخل فئة مُعيَّنة، والموقع الجغرافي (المحافظة). وتشتمل هذه الأرقام أيضا على شركات القطاع الخاص غير الزراعية.

وتشير البيانات على مستوى الشركات من تعدادات المنشآت لعام 1996 (عينة عشوائية بنسبة 10%) في 2006 و2017 أن مصر شهدت معدل نمو سنويا قدره 3.8% للوظائف خلال فترة السنوات 1996–2006، ومعدل نمو سنوي قدره 4.9% خلال الفترة 2006–2017 (أسعد وكرافت وياسين 2020). ويؤدّي الافتقار إلى الحيوية والنمو في القطاع الخاص الرسمي في مصر إلى ضعف جهود خلق الوظائف، لاسيما من جانب الشركات الناشئة (كرافت 2016). ويتناقض هذا مع الوضع في بلدان أخرى في منطقة الشرق الأوسط وشمال أفريقيا. فقد حقَّقت الشركات الناشئة الصغرى نحو 92% من صافي خلق الوظائف في تونس في الفترة من 1996 إلى 2010، و177% في لبنان من 2005 إلى 2013 (البنك الدولي 2015). ولكن ظهرت مؤشرات على أنَّ دور الشركات الصغيرة والمتوسطة في زيادة الوظائف آخذ في الازدياد فيما يبدو في مصر. ويوضح أسعد وآخرون (2019) أن المعدل السنوي لخلق الوظائف في مصر بلغ 1% فقط في الشركات الكبيرة خلال السنوات 2006–2017 (من 9% خلال السنوات 1996–2006). ومن ناحية أخرى، شهدت الشركات الصغيرة والمتوسطة في القطاع الخاص زيادة نسبة الوظائف، وتناقص نسبة الوظائف في المؤسسات الصغرى والكبيرة. وزادت الوظائف خلال السنوات 2006–2017 بنسبة 50% و60% في الشركات الصغيرة والمتوسطة على الترتيب، مقارنة بالمعدل العام للتوظيف في القطاع الخاص (أسعد وكرافت وياسين 2020).

جدول الإطار 3-1-1 مصفوفات التحول الوظيفي للشركات في مصر

نسبة الشركات (%)

فئة الحجم في 1996	فئة الحجم في 2006				
	3–1	7–4	10–8	99–11	+100
3–1	**76**	20	3	0	0
7–4	26	**58**	14	2	0
10–8	14	44	**37**	5	0
99–11	20	32	37	**10**	1
+100	6	28	44	22	**0**
فئة الحجم في 2006	**فئة الحجم في 2017**				
	3–1	7–4	10–8	99–11	+100
3–1	**75**	20	4	1	0
7–4	20	**59**	18	3	0
10–8	7	23	**49**	21	1
99–11	9	17	28	**43**	3
+100	14	0	43	43	**0**

المصدر: مسوح منشآت الأعمال في مصر. للاطلاع على مزيد من التفاصيل، انظر أسعد وكرافت وياسين (2020).
إيضاح: حجم الشركة على أساس عدد الموظفين.

يشير ضعف النمو العام للقطاع الخاص الرسمي في مصر إلى أن القطاع غير الرسمي ربما يُعوِّض عن هذا النقص. وللمشروعات العائلية دور بارز في توفير فرص العمل في مصر، إذ استحوذت على 56% من نسبة الوظائف في 2017. وتتسم الوظائف التي تُنشئها المشروعات العائلية بالضعف الشديد، وبأنها شديدة التأثر ببيئة الاقتصاد الكلي.

غزة نموا من حيث الحجم إلى شركة كبيرة، وكان الاستثناء الوحيد لهذا هو تونس (1.3% من الشركات). وإذا تم توسيع هذا التحليل ليشمل حجم الشركة في بداية إنشائها، فإن احتمال أن شركة ما بدأت صغيرة وأصبحت كبيرة بحلول 2019 لا يزال محدودا لا يتجاوز 1.4%. وباستبعاد مالطا من العينة يهبط هذا الرقم إلى أقل من 1%. وبالنسبة للشركات التي تديرها النساء، يقل الرقم كثيرا ليصل إلى 0.11%. ويتسق هذا مع تقارير سابقة تستند إلى بيانات تعداد المنشآت، والتي تشير إلى أنه لم يتغير الكثير منذ عقد من الزمان على الأقل (البنك الدولي 2015). يعرض الإطار 3–1 ديناميات الشركات وأرقام خلق الوظائف لمصر على أساس بيانات تعداد المنشآت على مدار زمني أطول.

من حيث خروج الشركات، تظهر النتائج أنه بالنسبة للاقتصادات الستة في الشرق الأوسط وشمال أفريقيا التي شملها التحليل يوجد ارتباط ضئيل بين مختلف مؤشرات أداء الشركات وما إذا كانت الشركة خرجت من السوق أم لا. وفي حالات قليلة، توجد بعض المؤشرات على أن شركات منتجة ربما خرجت من السوق، وهو ارتباط موجب بين إنتاجية الأيدي العاملة وخروج الشركة. وتُعرّف معدلات الخروج بطريقتين: إذا تأكَّد انقطاع عمليات الشركة (التعريف المتحفظ) أو إذا تعذر الوصول إليها في الجولة الثانية للمسح (التعريف الموسَّع). وهكذا، تشير الشواهد على أحسن تقدير أنه حينما تخرج الشركات فليست الشركات الأقل إنتاجية هي التي تخرج، وهي إشارة إلى احتمال غياب الضغوط التنافسية.

استثمارات الشركات

قلة من شركات القطاع الخاص في المنطقة هي التي تستثمر في رأس المال المادي (الأصول الثابتة) وفي قوتها العاملة التي يمكنها تعزيز كفاءتها الإنتاجية. وتظهر بيانات مسوح البنك الدولي لمؤسسات الأعمال أن شركة واحدة من كل 4 شركات في المتوسط استثمرت في رأس المال المادي خلال السنة المالية السابقة للمسح في 2020/2019 (الشكل 3–5). وانخفضت أيضا النسبة المئوية للشركات التي استثمرت في الأصول الثابتة بين عامي 2012 و2019. وبالمثل، كانت نسبة الشركات التي تقدم تدريبا رسميا في منطقة الشرق الأوسط وشمال أفريقيا أقل من الوضع في نظائرها من حيث الدخل. والتدريب الرسمي تقدمه في الغالب الشركات الكبيرة في المنطقة. ويجعل عدم كفاية الاستثمارات الشركات أقل ديناميكية وقدرة على التوسع وخلق الوظائف التي يطمح إليها السكان في المنطقة. وهذه الاستثمارات غير الكافية هي أيضا من أعراض غياب الضغوط التنافسية التي من شأنها تحفيز الشركات على الابتكار والتوسع.

ومع أن نقص استثمارات الشركات هو أحد الجوانب، فإن نوع الاستثمار مهم أيضا. فالشركات التي تعمل في الاقتصادات التي يوجد فيها هيكل الحوافز الملائمة يزيد احتمال أن تُقدِم على تجريب أفكار جديدة ثم تنفيذها. والإنفاق على البحوث والتطوير متدنٍ في المنطقة (الشكل 3–6)، ويقل عن مستواه في البلدان النظيرة من حيث مستوى الدخل. علاوةً على ذلك، نسبة الشركات التي تنفق على البحوث التطوير انخفضت بين عامي

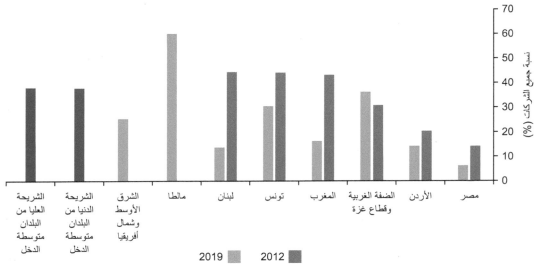

الشكل 3-5 نسبة الشركات التي تستثمر في رأس المال المادي منخفضة وآخذة في التراجع في الشرق الأوسط وشمال أفريقيا

المصدر: مسوح البنك الدولي المعنية بمؤسسات الأعمال.

إيضاح: تتألف متوسطات فئات الدخل من الاقتصادات التي شملتها المسوح بين عامي 2014 و2019.

2012 و2019. ولكن منشآت الأعمال التي تقودها النساء يزيد احتمال أن تنفق على البحوث التطوير (11.2%) عن إنفاق المنشآت التي يقودها الرجال (6.8%).

ويستلزم إحداث تحوُّل جوهري في اقتصادات الشرق الأوسط وشمال أفريقيا وجود الحوافز الملائمة والأوضاع المؤسسية اللازمة للتحول من القطاعات والوظائف الأقل إنتاجية إلى القطاعات والوظائف الأكثر إنتاجية. ومشروعات ريادة الأعمال التي تعتمد أفكارا ابتكارية يمكنها ممارسة ضغوط جديدة على منشآت الأعمال القائمة. ويمكن أن تؤدي هذه الضغوط التنافسية إلى تحسين الإنتاجية، لا سيما إذا حفَّز التهديد من الشركات الجديدة على الابتكار في الشركات القائمة.

وللاستفادة من الفرص الجديدة، يجب على منشآت الأعمال، لا سيما المنشآت الناشئة منها، التوسع والاستثمار، وهو ما يستلزم الحصول على التمويل. ولكن القطاع المالي في المنطقة يهيمن عليه قطاع مصرفي ضخم يقوم في الغالب بإقراض الحكومات وليس القطاع الخاص. وقد تكون نتيجة تركُّز القطاعات المصرفية في الشرق الأوسط وشمال أفريقيا هي تدنِّي مستويات تعامل القطاع الخاص مع القطاع المالي. وفي الواقع، نسبة الشركات التي لديها قرض مصرفي أو تسهيل ائتماني منخفضة: إذ تبلغ 26% من الشركات في المتوسط بالمنطقة. وازدادت أيضا نسبة الشركات التي تواجه قيودا في الحصول على الائتمان في معظم اقتصادات المنطقة.

بيد أنه على الرغم من أن الحصول على التمويل هو ثاني أكبر عقبة في طريق العمليات ذكرتها الشركات (بعد عدم الاستقرار السياسي)، فإن نسبة منخفضة من الشركات في الشرق الأوسط وشمال أفريقيا طلبت الحصول على قروض في 2019، وانخفضت هذه النسبة بين عامي 2012 و2019. ويلقي هذا النمط مزيدا من الضوء على انقطاع الصلة بين القطاع المالي والقطاع الخاص، وهو ما تم توثيقه بشكل جيد (البنك الأوروبي للإنشاء والتعمير، وبنك الاستثمار الأوروبي، ومجموعة البنك الدولي 2016). وقد يُفسِّر غياب المنافسة في القطاع المصرفي جزئيا انقطاع الصلة بين القطاع المالي والقطاع الخاص. وقد تحفز جائحة كورونا على تسريع خطى الخدمات المالية الرقمية في المنطقة التي قد تسد الفجوة في احتياجات التمويل. وفي الواقع، أظهر مسح لشركات التكنولوجيا المالية أن القطاع شهد نموا قويا أثناء الجائحة. وقد شهدت منطقة الشرق الأوسط وشمال أفريقيا أعلى معدل نمو (40%) في شركات التكنولوجيا المالية، وهو ما يتماشى مع نمط عام في الأسواق الناشئة والبلدان النامية التي تشهد نموا أسرع من الاقتصادات المتقدمة (البنك الدولي 2020).

الشكل 3-6 نسبة الشركات التي تنفق على البحوث والتطوير منخفضة وآخذة في التراجع في الشرق الأوسط وشمال أفريقيا

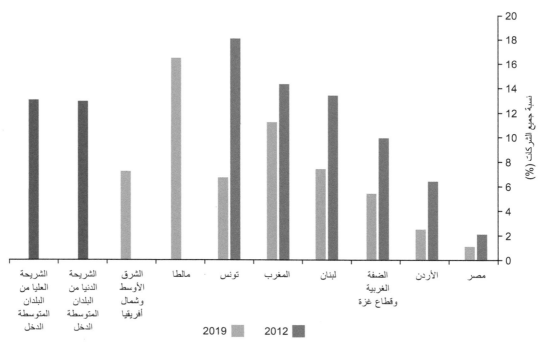

المصدر: مسوح البنك الدولي المعنية بمؤسسات الأعمال.
إيضاح: تتألَّف متوسطات فئات الدخل من الاقتصادات التي شملتها المسوح بين عامي 2014 و2019.

الارتباطات السياسية

الارتباطات السياسية هي إحدى السبل التي قد تؤدي إلى إضعاف تنافسية الأسواق. فالشركات التي تتمتع بعلاقات سياسية نافذة يمكنها الحصول على امتيازات تردع الشركات الجديدة عن دخول السوق، وتحول دون نمو الشركات التي لا تتمتع بمثل هذه الارتباطات. وعدد الوظائف التي توفّرها الشركات ذات الارتباطات السياسية محاباة لسياسيين في مقابل امتيازات اقتصادية من غير المحتمل أن يُعوّض عن فقدان الوظائف الأوسع نطاقاً من جراء إضعاف قوى المنافسة. علاوةً على ذلك، قد يكون وجود شركات ذات ارتباطات سياسية مؤشرا إلى أن هذه القطاعات تواجه عوائق أمام دخول السوق لأن تلك الشركات قد تختار بنفسها الدخول إلى القطاعات التي يمكنها ممارسة نفوذ فيها. علاوةً على ذلك، قد تكون الشركات ذات الارتباطات السياسية كثيفة الاستخدام لرأس المال بفضل ما تتمتع به من امتياز في الحصول على الائتمان. وهكذا، حينما تنمو فإنها قد تخلق عددا أقل من الوظائف لأنها تستعيض عن الأيدي العاملة برأس المال المادي.

ودرجة الارتباطات السياسية في القطاع الخاص مرتفعة في منطقة الشرق الأوسط وشمال أفريقيا. ففي عينة ضمت نحو 23 ألف شركة في أنحاء أوروبا وآسيا الوسطى ومنغوليا ومنطقة الشرق الأوسط وشمال أفريقيا كان السؤال المُوجَّه في مسوح منشآت الأعمال "هل للمالك أو الرئيس التنفيذي أو مدير رفيع أو أحد من أعضاء مجلس إدارة هذه الشركة وضع سياسي في هذا البلد؟" وهذه هي المرة الأولى التي استُخدِم فيها مقياس للارتباطات السياسية في طائفة واسعة من البلدان، وهو ما أتاح إجراء مقارنات فيما بين البلدان.

وأجاب نحو 8% من الشركات في منطقة الشرق الأوسط وشمال أفريقيا على هذا السؤال بنعم، مقارنة بنسب مئوية أقل كثيرا بين البلدان متوسطة الدخل. وكانت أعلى نسبة في تونس، إذ أجاب نحو 28% من الشركات بنعم، أمَّا أقل النسب فكانت في لبنان، حيث أجاب 1% فقط بنعم (الشكل 3–7، اللوحة أ). ويزداد احتمال أن تكون للشركات الكبيرة في المنطقة ارتباطات سياسية (الشكل 3–7، اللوحة ب).

وفي الوقت نفسه، الشركات التي شملها المسح في أوروبا وآسيا الوسطى ومنغوليا والشرق الأوسط وشمال أفريقيا ولها ارتباطات سياسية يقل احتمال أن تدعي أن لها منافسين كثيرين، ويزيد احتمال أن تكون جزءا من منظمة أعمال، ويزيد احتمال أن تستخدم مصادر تمويل خارجي. والشركات ذات الارتباطات السياسية في منطقة الشرق الأوسط وشمال أفريقيا يزيد أيضا احتمال أن تكون جزءا من منظمة أعمال وأن يتاح لها الحصول على تمويل خارجي وذلك بالمقارنة ببقية العينة.

وأثبتت دراسات بشأن المنطقة أن وجود الشركات ذات الارتباطات السياسية قد يضر جهود خلق الوظائف. ففي مصر، القطاعات التي شهدت دخول شركات ذات ارتباطات سياسية بين عامي 1996 و2006 سجَّلت نموا كليا للوظائف أقل من القطاعات التي لم تشهد ذلك. وكانت هذه الشركات ذات الارتباطات السياسية تتمتع بامتيازات مالية وتنظيمية بما في ذلك الحماية التجارية ودعم منتجات الطاقة. وأضعف وجودها المنافسة والاستثمار من جانب الشركات التي ليس لها ارتباطات سياسية (ديوان وكيفر وشيفبوير 2020). وفي لبنان، تظهر البيانات في الفترة من 2005 إلى 2010 أن الشركات ذات الارتباطات السياسية تخلق وظائف أكثر من الشركات التي ليس لها ارتباطات سياسية، لكن وجود الشركات التي تتمتع بارتباطات سياسية ارتبط بانخفاض المعدل الإجمالي لخلق الوظائف. ويشير هذا إلى أن الافتقار إلى التنافسية بسبب الشركات ذات الارتباطات السياسية يضر كثيرا بالشركات التي ليس لها مثل هذه الارتباطات إلى درجة تؤدي إلى خفض النمو الكلي للوظائف. وفي مقابل كل شركة إضافية ذات ارتباطات سياسية في قطاع ما، ينخفض صافي معدل خلق الوظائف بنسبة 9.4% (ديوان وحيدر 2020). وفي تونس، باستخدام بيانات الفترة بين عامي 2000 و2010، تبيَّن أن الشركات ذات الارتباطات السياسية أساءت استخدام لوائح دخول السوق لتحقيق مكاسب خاصة، ومن ثم أضعفت المنافسة (ريكرز وفروند ونوكيفورا 2017).

وزاد أيضاً احتمال أن تتفادى الشركات ذات الارتباطات السياسية دفع ضرائب في شكل تعريفات جمركية على الواردات (ريكرز وبغدادي ورابالاند 2017). وفي المغرب، تحصل القطاعات التي توجد بها شركات ذات ارتباطات سياسية على مستويات من الحماية غير الجمركية أعلى من القطاعات التي ليس بها شركات من هذا القبيل (روكتشلر ومالك وإيب 2019).

تأثير جائحة كورونا على الشركات

خلقت جائحة كورونا خطراً وجوديا على كثير من شركات القطاع الخاص في المنطقة. وتُظهر مسوح هاتفية أجريت في الجزائر والأردن والمغرب وتونس والضفة الغربية وقطاع غزة عقب ظهور الجائحة أن القطاع الخاص في الشرق الأوسط وشمال أفريقيا يتعرض لضغوط شديدة. وشهدت الشركات في منطقة الشرق الأوسط وشمال أفريقيا انخفاضاً للإيرادات أكبر مما شهدته المناطق الأخرى، رغم أنها تظل على الأرجح مفتوحة في المتوسط. وحدث أكبر انخفاض للإيرادات في الشركات الصغرى والصغيرة والأنشطة المتصلة بالسياحة ومنشآت الأعمال المملوكة للنساء (عبيدو أماه وآخرون 2020).

واختلفت استجابة منشآت الأعمال في الشرق الأوسط وشمال أفريقيا لانخفاض الإيرادات عن استجابة الشركات التي شملها المسح في مناطق أخرى. إذ شهدت الشركات في الشرق الأوسط وشمال أفريقيا أقل احتمال لتسريح العمال (12% من الشركات سرَّحت عمالا) مقارنةً بالبلدان النامية الأخرى (19%). وسجَّلت أيضا أكبر احتمال لخفض ساعات العمل/الأجور/منح العطلات (63% من الشركات) مقارنةً بالبلدان النامية الأخرى (48%). ولوحظ هذا النمط في الغالب بين الشركات الكبيرة في الشرق الأوسط وشمال أفريقيا مقارنة بالمناطق الأخرى. علاوةً على ذلك، تباين بدرجة كبيرة التكيف في الأمد الطويل مع الجائحة بحسب حجم الشركة. مقارنة بالبلدان النامية الأخرى، كانت الشركات الصغيرة في الشرق الأوسط وشمال أفريقيا أقل احتمالا بشكل غير متناسب أن تتبنَّى تقنيات رقمية، وأقل احتمالا أن تتلقى دعما حكوميا، وأكثر احتمالا أن تتخلف عن

الشكل 7-3 الشركات ذات الارتباطات السياسية أكبر وأكثر انتشارا في الشرق الأوسط وشمال أفريقيا من نظيراتها في البلدان متوسطة الدخل بوجه عام.

أ. نسبة الشركات ذات الارتباطات السياسية

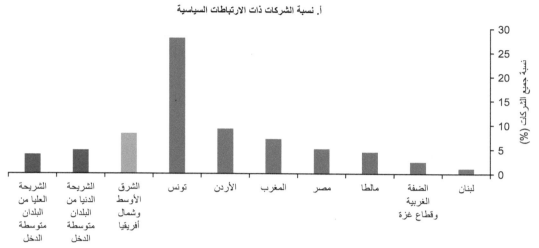

ب. نسبة الشركات ذات الارتباطات السياسية بحسب حجم الشركة

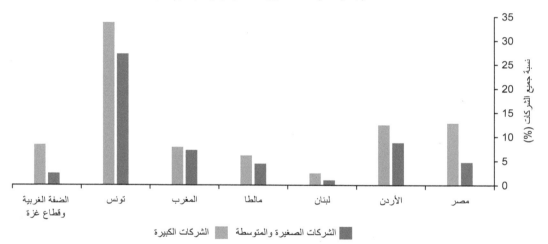

■ الشركات الصغيرة والمتوسطة   ■ الشركات الكبيرة

المصدر: مسوح البنك الدولي المعنية بمؤسسات الأعمال.

إيضاح: تضم العينة شركات في أوروبا وآسيا الوسطى ومنغوليا والشرق الأوسط وشمال أفريقيا شملها مسح أجري في عام 2019. كان السؤال عن الارتباطات السياسية هو «هل حدث من قبل أن المالك أو المدير التنفيذي أو مديرا رفيعا أو أحد أعضاء مجلس إدارة هذه الشركة انتُخب أو عُيّن في منصب سياسي في هذا البلد؟

سداد ديون متراكمة مقارنة بالشركات المتوسطة والصغيرة. وكان السبب الرئيسي وراء عدم حصول الشركات الصغيرة على الدعم هو الافتقار إلى المعلومات (40%).

وتشير النتائج الأولية للمسوح الهاتفية إلى تباين متنام بين الشركات الصغيرة والكبيرة في استيعاب آثار الجائحة. فالبرامج التي تهدف إلى مساعدة منشآت الأعمال ليست موجَّهة بالشكل الكافي وقد لا تصل إلى الشرائح الأكثر ضعفا من القطاع الخاص. وأخيرا، تشير الفجوة الرقمية بين الشركات الصغيرة والكبيرة إلى أن كثيرا من الشركات الصغيرة ربما كانت مواردها محدودة لا تكفي للتكيف مع تدابير الإغلاق الصارمة. وإذا أدت الجائحة إلى زيادة احتمال ازدهار الشركات القائمة ذات الارتباطات السياسية وتدهور الشركات الصغيرة التي لا تتمتع بمثل هذه الارتباطات فإن تنافسية الأسواق سوف تزداد تدهورا. ويجب على الحكومات أن تدرس تحسين آلية توجيه برامجها مع تمكين مزيد من الشركات من العمل من خلال شبكة الإنترنت. ولعل التأثير الكامل لتداعيات جائحة كورونا على القطاع الخاص لم يتحقق بعد. وكشفت جولات أحدث عهدا من المسوح الهاتفية في تونس أجريت في الفترة نوفمبر/تشرين الثاني-ديسمبر/كانون الأول 2021 أن 10.4% من منشآت الأعمال أغلقت إغلاقا دائما (مؤسسة التمويل الدولية 2021). ويعادل هذا تقريبا ضعفي الرقم البالغ 5.4% في الربع الثالث لعام 2020.

محنة رائدات الأعمال

القطاع الخاص في الشرق الأوسط وشمال أفريقيا شأنه شأن سوق العمل في المنطقة لا يراعي المساواة بين الجنسين. وتُظهر بيانات في الآونة الأخيرة بشأن مناصب الإدارة العليا أنه في المتوسط 6% من الشركات في اقتصادات الشرق الأوسط وشمال أفريقيا التي شملها مسح البنك الدولي لمؤسسات الأعمال لديها امرأة في منصب إداري رفيع (الشكل 3–8). ويقل هذا عن نصف المتوسط في الاقتصادات منخفضة الدخل وأقل من ثلث المتوسط في الاقتصادات مرتفعة الدخل. ولكن بالنسبة لمعظم اقتصادات الشرق الأوسط وشمال أفريقيا التي شملها المسح، فإن نسبة النساء في مناصب الإدارة العليا ارتفعت بين عامي 2012 و2019، وإن كان بوتيرة بطيئة.

الشركات التي تديرها النساء في المنطقة هي في الغالب شركات ناشئة تشتغل بأنشطة في قطاع تجارة التجزئة. نحو 9.5% من الشركات التي تديرها النساء هي شركات ناشئة (عمرها 5 أعوام أو أقل) مقابل 5.8% من الشركات التي يقودها الرجال. علاوةً على ذلك، نحو 21% من هذه الشركات تعمل في قطاع تجارة التجزئة مقابل 17% من الشركات التي يديرها رجال.

وتوجد بعض أوجه التشابه والاختلاف بين بيئة عمل الشركات التي يقودها الرجال والنساء في المنطقة. فالمجموعتان كلتاهما تعتبران عدم الاستقرار السياسي أكبر عقبة لتشغيل منشآتهما، لكن نسبة أكبر من الشركات التي تقودها النساء تعتبر الفساد معوقا كبيرا أو شديدا لإدارة أنشطة الأعمال. علاوة على ذلك، الشركات التي تقودها النساء يزيد احتمال أن تقوم بتوظيف عاملات عن الشركات التي يقودها الرجال. في المتوسط، 36.9% من العمال الدائمين هم من النساء في الشركات التي تقودها النساء مقابل 24.4% في الشركات التي يقودها الرجال.

بوجه عام، تفعل الشركات التي يقودها النساء الصواب. فيزداد احتمال أن تستثمر هذه الشركات في رأس المال المادي وأن تقوم بتدريب عمالها وأن تستثمر في البحوث والتطوير. ولكن إنتاجيتها تواجه أيضا تحديات. وتكشف رؤية متعمقة لبحوث سابقة على أساس بيانات 2012 أنه على الرغم من أن عددا أقل من الشركات في منطقة الشرق الأوسط وشمال أفريقيا لديها امرأة في منصب إداري رفيع، فإن إنتاجية هذه الشركات في العادة مماثلة لإنتاجية تلك الشركات التي يديرها نظراؤهن من الرجال (البنك الأوروبي للإنشاء والتعمير، وبنك الاستثمار الأوروبي، ومجموعة البنك الدولي 2016). ويُميِّز هذا المنطقة عن دراسات أخرى خلصت إلى أنه على مستوى العالم الشركات التي تديرها النساء أقل إنتاجية من الشركات التي يديرها الرجال (إسلام وآخرون 2020). لكن موجة مسوح مؤسسات الأعمال في 2019 تظهر فجوة بين الجنسين في إنتاجية الأيدي العاملة لم تكن موجودة في 2012. فإنتاجية الشركات التي تديرها النساء تقل بنسبة 23% تقريبا عن إنتاجية الشركات التي يديرها الرجال. ويبلغ هذا الرقم تقريبا ضعفي المستوى الذي خلص إليه إسلام وآخرون (2020) في عينة عالمية. ويُعزَى غياب فجوة إنتاجية الأيدي العاملة جزئيا في عام 2012 إلى حقيقة أنه كانت هناك درجة عالية من اختيار النساء في مناصب إدارية. بعبارة أخرى، عدد قليل من النساء حصلن على مناصب رفيعة المستوى في الشركات، لكن أولئك النساء لم يكن يُدِرْن شركات إنتاجيتها مماثلة لإنتاجية شركات يديرها نظراؤهن من الرجال. بيد أن فجوة الإنتاجية التي ظهرت في 2019 تشير إلى عدم تكافؤ الفرص الذي تتعرض له النساء في القطاع الخاص. وتُعزَى فجوة الإنتاجية هذه إلى حد كبير إلى عوامل على مستوى كل بلد مثل تحديات القيود القانونية، وأحكام رعاية الطفل، والأعراف الاجتماعية، وعوامل لم تفسرها البيانات.

الشكل 3-8 قلة من الشركات في الشرق الأوسط وشمال أفريقيا لديها امرأة في منصب إداري رفيع

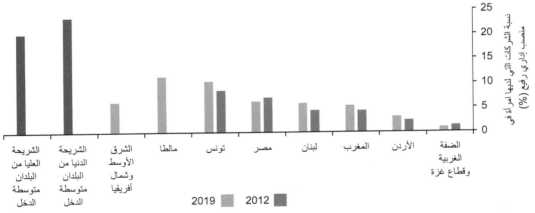

المصدر: مسوح البنك الدولي المعنية بمؤسسات الأعمال.
إيضاح: تتألَّف متوسطات فئات الدخل من الاقتصادات التي شملتها المسوح بين عامي 2014 و2019.

محدودية النمو الاقتصادي العام

بين عامي 2000 و2019، بلغ معدل النمو الحقيقي لمتوسط نصيب الفرد من إجمالي الناتج المحلي في منطقة الشرق الأوسط وشمال أفريقيا 37%، ما يعادل متوسط معدل نمو سنوي مُركّب قدره نحو 1.7% (ومتوسط بسيط قدره 1.9% سنويا). ويفوق هذا النمو نظيره في منطقة أمريكا اللاتينية والبحر الكاريبي فقط، ولكنه يقل عن جميع المناطق النامية الأخرى.

ولأن النمو يعتمد في الغالب على حالة التنمية الاقتصادية، من الواضح أيضاً أنه بصرف النظر عن مستوى دخل بلدان المنطقة، فإنها تتخلف بدرجة ملحوظة عن البلدان النظيرة من حيث الدخل في أنحاء العالم (الشكل 3–9). وبالنسبة للشريحة الدنيا من البلدان متوسطة الدخل في المنطقة التي تشمل الجزائر ومصر والمغرب وتونس والضفة الغربية وقطاع غزة (البيانات محدودة بالنسبة لجيبوتي)، فإن معدل النمو السنوي لنصيب الفرد من إجمالي الناتج المحلي الحقيقي بلغ 2.6% خلال فترة العقدين من 2000 إلى 2019 مقارنة بمعدل أعلى كثيرا قدره 6.8% في البلدان خارج منطقة الشرق الأوسط وشمال أفريقيا. وبالنسبة للشريحة العليا من البلدان متوسطة الدخل في المنطقة التي تشمل إيران والعراق والأردن ولبنان وليبيا، كان معدل النمو أقل، إذ بلغ 1.8% مقابل 12.2% للبلدان خارج الشرق الأوسط وشمال أفريقيا (وإن كان عامله الرئيسي النمو الصيني). وأخيرا، شهدت البلدان مرتفعة الدخل في المنطقة أقل معدل للنمو، إذ بلغ 0.2% فقط، مع انكماش في دول مجلس التعاون الخليجي نسبته 0.1-% مقارنة بمعدل أعلى كثيرا قدره 1.6% في البلدان النظيرة المرتفعة الدخل في أنحاء العالم.[3] ويعكس ضعف نواتج الاقتصاد الكلي هذه حقائق سوق العمل والقطاع الخاص في المنطقة.

وكان أيضا معدل نمو إنتاجية الأيدي العاملة الذي يقاس بمقدار القيمة المضافة الحقيقية للعامل الواحد بوجه عام محدوداً، ولا سيما في البلدان مرتفعة الدخل. وغالبا ما تعتمد آفاق النمو للبلدان النامية على القدرة على زيادة إنتاجية الاقتصاد. فالاقتصادات الأكثر إنتاجية يمكنها إنتاج المزيد بالموارد التي تمتلكها، ومن ثم تُحقِّق دخلاً أعلى لسكانها ومزيدا من النمو والرخاء.

بين عامي 2007 و2018، بلغ متوسط النمو السنوي لإنتاجية الأيدي العاملة للشريحة الدنيا من البلدان متوسطة الدخل في منطقة الشرق الأوسط وشمال أفريقيا نحو 3%، وهو ما يقل كثيرا عن المتوسط الذي سجّلته البلدان النظيرة خارج المنطقة وقدره 5.3%. بالنسبة للشريحة العليا من البلدان متوسطة الدخل في منطقة الشرق الأوسط وشمال أفريقيا، بلغ معدل النمو 2.4% سنوياً مقارنة بالمعدل البالغ 10.2% للبلدان خارج المنطقة (والذي كان العامل الرئيسي في ارتفاعه النمو في الصين). ومن ناحية أخرى، بالنسبة للبلدان مرتفعة الدخل في المنطقة، انكمش معدل إنتاجية الأيدي العاملة في المتوسط بنسبة 1.1% سنوياً على النقيض من البلدان النظيرة خارج الشرق الأوسط وشمال أفريقيا التي ظل فيها معدل نمو الإنتاجية بقيمة مُوجَبة وبلغ 1%.

ويعود جزء كبير من هذا النمو لإنتاجية الأيدي العاملة إلى النمو داخل القطاعات مقارنة بالنمو بين القطاعات (التغير الهيكلي). بالنسبة للشريحة الدنيا من البلدان متوسطة الدخل في منطقة الشرق الأوسط وشمال أفريقيا، يرجع 80% من النمو لإنتاجية الأيدي العاملة إلى حقيقة أن القطاعات زادت إنتاجيتها خلال هذه الفترة، أمّا العشرون في المائة الباقية فأتت من إعادة تخصيص العمال من القطاعات الأقل إنتاجية إلى القطاعات الأكثر إنتاجية.[4] ويضاهي هذا الوضع في البلدان النظيرة الأخرى من خارج الشرق الأوسط وشمال أفريقيا.

ولكن بالنسبة للشريحة العليا من البلدان متوسطة الدخل في المنطقة، حدث تغير هيكلي سلبي، بمعنى أنه أعيد تخصيص العمال إلى القطاعات الأقل إنتاجية. ولا يساند هذا الاتجاه لانتقال الأيدي العاملة تعزيز التنمية، إنما هو النقيض لتجربة البلدان النظيرة في مستوى الدخل في أنحاء العالم، التي شهدت مع ذلك نموا للإنتاجية داخل القطاعات (أسهم بنسبة 81% من النمو الكلي) وتغيرا هيكليا أسهم بنسبة 19%. ويأتي التركيز على التغير الهيكلي من إدراك أهمية تركيبة ناتج النشاط الاقتصادي والقطاعات التي يجري فيها توظيف العمال. والاقتصادات التي تستطيع إعادة تخصيص العمال للقطاعات الأعلى إنتاجية يمكنها النمو بوتيرة أسرع من الاقتصادات التي لا يزال معظم العمال فيها يعملون في القطاعات الأقل إنتاجية.

وأخيرا، بالنسبة للبلدان مرتفعة الدخل في المنطقة التي شهدت نموا سلبيا لإنتاجية الأيدي العاملة كما ذكرنا آنفا، فإن جانبا كبيرا من هذا الوضع يُعزَى إلى تناقص الإنتاجية داخل القطاعات، وهو اتجاه آخر مثير للقلق. وشهدت قطاعات الزراعة والصناعة تناقص القيمة المضافة لإنتاجية العامل الواحد خلال هذه الفترة. وهذا أيضا على النقيض من تجربة البلدان النظيرة من حيث مستوى الدخل في أنحاء العالم التي شهدت مع ذلك نمو إنتاجية الأيدي العاملة داخل القطاعات.

وحتى عند النظر إلى مستوى القيمة المضافة للعامل الواحد في عام 2018 للقطاعات الثلاثة العريضة: الزراعة والصناعة والخدمات بحسب كل فئة من فئات الدخل، يتضح أن الشريحة العليا للبلدان متوسطة الدخل والبلدان مرتفعة الدخل في المنطقة لم يكن أداؤها جيدا، لا سيما في قطاع الخدمات. ولبنان وحده، على سبيل المثال، يبدو أنه سجَّل أداء جيدا نسبيا بالمقارنة بأداء البلدان النظيرة له من حيث القيمة المضافة للعامل الواحد في قطاع الخدمات (لكنه تخلف بدرجة ملحوظة في قطاع الصناعة)، وهو الوضع الذي تأثَّر الآن بشكل سلبي على الأرجح حيث ترزح البلاد تحت وطأة أزمة اقتصادية وسياسية طاحنة. وتتخلف جميع البلدان مرتفعة الدخل عن البلدان النظيرة وبدرجة ملحوظة. وعندما يؤخذ في الحسبان أن البلدان مرتفعة الدخل وبعض البلدان متوسطة الدخل مثل الجزائر والعراق هي من كبار منتجي النفط، وهو ما قد يرفع القيمة المضافة لإنتاجية العامل الواحد في قطاعها الصناعي، يتبيَّن أن أداءها يقل بدرجة ملحوظة عن التوقعات.

وتُسلِّط هذه النتائج الضوء على حقيقة مفادها أن ما تواجهه منطقة الشرق الأوسط وشمال أفريقيا من تحديات لا يتعلق بمسألة النمو فحسب، وإنما أيضا بمستوى الإنتاجية نفسها.

وعلى النقيض من النمو الاقتصادي وإنتاجية الأيدي العاملة، استطاعت بلدان المنطقة اجتذاب تدفقات رأس المال خلال العقدين الماضيين. وتراوحت تدفقات إجمالي تكوين رأس المال الثابت في المنطقة حول 20% إلى 25% من إجمالي الناتج المحلي. وفي عام 2018، كانت هذه

الشكل 3-9 معدل النمو السنوي لمتوسط نصيب الفرد من إجمالي الناتج المحلي في بلدان الشرق الأوسط وشمال أفريقيا تخلَّف عن المعدل في البلدان النظيرة في مستوى الدخل في العالم بين 2000 و2019

أ. الشريحة الدنيا من البلدان متوسطة الدخل
ب. الشريحة العليا من البلدان متوسطة الدخل
ج. البلدان مرتفعة الدخل

المصدر: البنك الدولي، مؤشرات التنمية العالمية.
إيضاح: المتوسطات الإقليمية هي متوسطات مُرجَّحة يكون فيها الوزن الترجيحي نسبة حجم السكان في المجموعة.

التدفقات أعلى من مثيلاتها في أوروبا وآسيا الوسطى، وأفريقيا جنوب الصحراء، وأمريكا اللاتينية والبحر الكاريبي على الرغم من أنها أقل بدرجة ملحوظة من شرق آسيا والمحيط الهادي، وجنوب آسيا (الشكل 3–10). وحتى عند النظر إلى هذه التدفقات بحسب مستوى دخل البلدان، فإن حصة الشرق الأوسط وشمال أفريقيا كانت مماثلة في البلدان النظيرة من حيث مستوى الدخل في أنحاء العالم.

وعلى الرغم من أن متوسط نصيب الفرد من رصيد رأس المال في بلدان الشرق الأوسط وشمال أفريقيا يماثل بوجه عام المستوى السائد في البلدان النظيرة من حيث الدخل، فإن معدل نمو نصيب الفرد من رأس المال كان أقل بدرجة ملحوظة خلال العقدين الماضيين، وهو ما يُبرز حقيقة أن البلدان الأخرى في أنحاء العالم تحاول اللحاق بالركب. في عام 2017، كان متوسط قيمة رأس المال في الشريحة الدنيا للبلدان متوسطة الدخل في المنطقة يُقدَّر بنحو 19,601 دولار للفرد مقابل مستوى أقل قليلا 17,329 دولارا للفرد في البلدان النظيرة خارج المنطقة (الشكل 3–11).

الشكل 3-10 إجمالي تكوين رأس المال الثابت كنسبة من إجمالي الناتج المحلي في منتصف التوزيع مقارنة بالمناطق الأخرى، وآخذ في التراجع

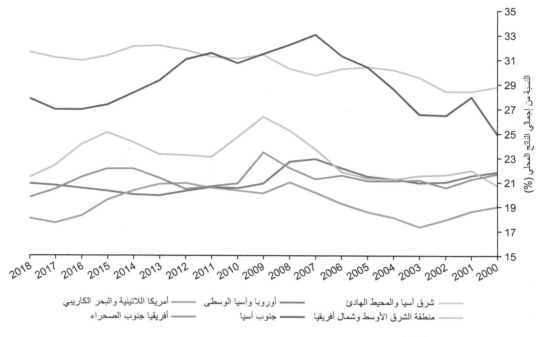

المصدر: البنك الدولي، مؤشرات التنمية العالمية.

ولكن معدل نمو نصيب الفرد من رأس المال كان في الواقع سلبيا للمنطقة، إذ انكمش بنسبة 35% بين عامي 2000 و2017، بينما كان معدل النمو ملحوظا بدرجة أكبر في البلدان الأخرى النظيرة من حيث الدخل. ومن ناحية أخرى، بالنسبة للشريحة العليا من البلدان متوسطة الدخل في المنطقة، يُقدَّر نصيب الفرد من رصيد رأس المال بأنه بلغ 35,485 دولارا في 2017 وأقل بدرجة ملموسة من المستوى البالغ 46,076 دولارا في البلدان النظيرة خارج المنطقة. وكما هو الحال في الشريحة الدنيا من البلدان متوسطة الدخل، تحاول البلدان النظيرة في مستوى الدخل اللحاق بالركب سريعاً من حيث معدل النمو. وأخيرا، بالنسبة للبلدان مرتفعة الدخل في المنطقة، بلغ المتوسط التقديري لنصيب الفرد من رأس المال 125,793 دولارا أي أعلى قليلا من المستوى التقديري في البلدان النظيرة خارج المنطقة والبالغ 123,494 دولارا. ولكن كما هو الحال في فئات الدخل الأخرى في المنطقة، تخلَّف معدل نمو نصيب الفرد من رأس المال أيضا عن البلدان النظيرة من حيث الدخل، إذ انكمش بنسبة 6%، بينما زاد بنسبة 21% في البلدان النظيرة من حيث الدخل على الرغم من ارتفاع مستويات رأس المال التي حقَّقتها بالفعل.

هذه الاتجاهات متماثلة بوجه عام عند النظر إلى متوسط نصيب الفرد من رأس المال في شريحة السكان في سن العمل 15–64 عاما. ولكن الجدير بالملاحظة أنه عند النظر إلى متوسط نصيب العامل من رأس المال (أي من العمال الموظفين فقط) فإن أداء منطقة الشرق الأوسط وشمال أفريقيا يفوق البلدان النظيرة بوجه عام. ويرجع هذا في الغالب إلى أن كثيرا من السكان إمَّا أنهم صغار السن أو مستبعدون من القوى العاملة كليةً بسبب البطالة أو التوظيف المنقوص أو مشاركة النساء في القوى العاملة. بيد أن رأس المال ذو أهمية للاقتصاد برمته، بما في ذلك وظيفته كسلعة ذات نفع عام لمن هم خارج دائرة القوى العاملة.

ويتضح دور الدولة في هذا التراكم لرأس المال. ففي المتوسط، فإن نسبة رصيد رأس المال العام في الإجمالي المُقدَّر لرصيد رأس المال في بلدان الشرق الأوسط وشمال أفريقيا تفوق في العادة البلدان النظيرة من حيث الدخل بصرف النظر عن مستوى الدخل (الشكل 3–12). والفرق ليس كبيرا بالنسبة للشريحتين الدنيا والعليا من البلدان متوسطة الدخل. فقد شهدت الشريحة الدنيا من البلدان متوسطة الدخل في المنطقة انخفاض نسبة رأس المال العام، مع الأخذ في الاعتبار إرث القطاع العام من القرن العشرين. ولكن بالنسبة للبلدان مرتفعة الدخل في المنطقة، زادت نسبة رأس المال العام بمرور الزمن (سواء من حيث تدفقات راس المال أو من حيث الرصيد). ويصدق هذا تماما على السعودية والإمارات.

وقد تُؤثِّر النسبة المرتفعة لرأس المال العام في إجمالي تراكم رأس المال في الشرق الأوسط وشمال أفريقيا تأثيرا سلبيا على كفاءة استخدام رأس المال هذا والتنمية عموما. وتشير بعض البحوث والدراسات إلى أن الاستثمارات العامة في البلدان النامية قد تُستخدَم في مشروعات غير إنتاجية لا تؤدي بالضرورة إلى تحسين ناتج النشاط الاقتصادي (بريتشيت 1996). ويعتمد تأثير رأس المال العام على الإنتاجية والنمو أيضا على نوع رأس المال المادي الذي يقوم بتوريده القطاع العام. وأظهرت بعض الشواهد على سبيل المثال أن تأثير الكهرباء والطرق على النمو أكبر من تأثير الأنواع الأخرى للاستثمارات العامة (كانِنج وبيناثان 2000).

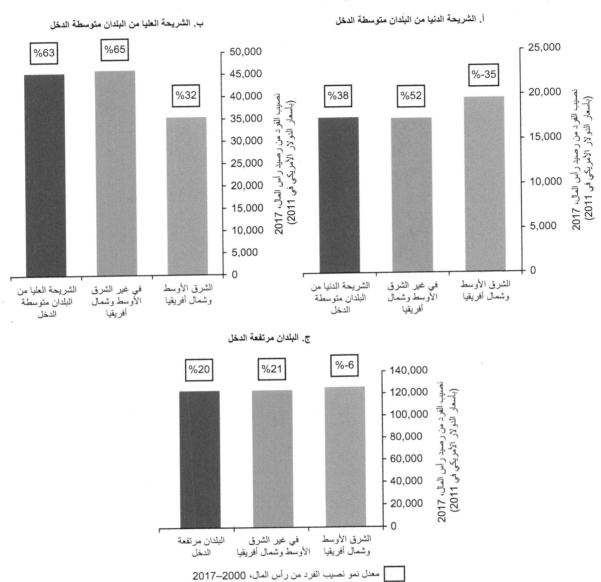

الشكل 3-11 نصيب الفرد من رصيد رأس المال في الشرق الأوسط وشمال أفريقيا مماثل لمستواه في البلدان النظيرة من حيث الدخل في أنحاء العالم لكن البلدان النظيرة تحاول اللحاق بالركب

أ. الشريحة الدنيا من البلدان متوسطة الدخل
0
الشريحة الدنيا من البلدان متوسطة الدخل
ب. الشريحة العليا من البلدان متوسطة الدخل
0
الشريحة العليا من البلدان متوسطة الدخل
ج. البلدان مرتفعة الدخل
%20
120,000
0
البلدان مرتفعة الدخل
معدل نمو نصيب الفرد من رأس المال، 2000–2017

المصدر: إعداد فريق العمل المعني بإعداد التقرير الرئيسي على أساس قاعدة بيانات صندوق النقد الدولي للاستثمار ورصيد رأس المال.
إيضاح: الأرقام مُحتسبة كمتوسطات مُرجّحة لنصيب الفرد من رصيد رأس المال للبلدان، على أساس أن الوزن الترجيحي هو نسبة رأس مال البلد المعني في الفئة التي ينتمي إليها. وينطوي ارتفاع مستويات رأس المال في العادة على معدلات نمو أقل.

علاوةً على ذلك، قد يكون تأثير رأس المال العام على النمو الاقتصادي إيجابيا (رومب ودي هان 2005)، لكن يوجد دائما احتمال أن يزاحم الاستثمار الخاص، لا سيما إذا كان ينافس في قطاعات مربحة، وإذا كان يجري تمويله من خلال الأسواق المحلية التي تُقيَّد حينئذ قدرتها على إقراض أصحاب المصلحة من القطاع الخاص. ولقد أظهرت دراسة عن مصر في التسعينيات أن الاستثمارات العامة زاحمت الاستثمار الخاص عند احتساب التأثير على أسواق الائتمان لكنه تقدّم في استثمارات البنية التحتية (شفيق 1992). وكشفت دراسة في وقت لاحق عن تأثير المزاحمة في بلدان مصدرة للنفط في المنطقة، وتأثير محتمل لتأثير التعبئة والاستقطاب للبلدان المستوردة للنفط (دومالي 2000). وتظهر دراسة عن تأثير الاستثمارات العامة في البنية التحتية على الاستثمارات الخاصة في مصر والأردن وتونس أنه على الرغم من أن الاستثمارات العامة في البنية التحتية لها بعض

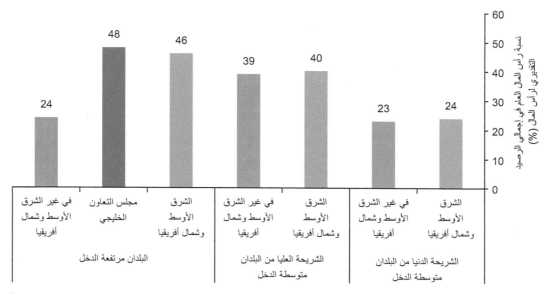

الشكل 3-12 مازال رأس المال العام يؤدي دورا مهما في الرصيد الكلي لرأس المال في الشرق الأوسط وشمال أفريقيا

المصدر: قاعدة بيانات صندوق النقد الدولي للاستثمار ورصيد رأس المال.
إيضاح: يشمل رأس المال العام هنا التقديرات لرأس المال الحكومي وكذلك الشراكات بين القطاعين العام والخاص. ولكن نسبة هذه الشراكات في أنحاء العالم صغيرة في كل البلدان تقريبا.

الآثار الإيجابية على تدفقات ورصيد الاستثمارات الخاصة، فإنها فيما يبدو صغيرة وقصيرة الأمد، الأمر الذي يبرز مشكلات تتعلق ببيئة أنشطة الأعمال غير المواتية بوصفها معوقا رئيسيا لتحقيق مزيد من النمو للاستثمارات الرأسمالية طويلة الأجل (أجينور ونبيل ويوسف 2005). مهما يكن من أمر، فإنه يلزم إجراء المزيد والمزيد من البحوث في هذا المجال بالنظر إلى أن التحليلات القائمة عفا عليه الزمن وذات طبيعة محدودة.

أصابت تداعيات جائحة كورونا على الاقتصاد الكلي منطقة الشرق الأوسط وشمال أفريقيا بطريقتين رئيسيتين. الأولى بطء أنشطة الأعمال بسبب حالات الإغلاق، وتقليص الانتقال، وغير ذلك من القيود التي كان لها آثار مباشرة على الناتج المحلي والواردات والصادرات. وأدَّى هذا البطء الاقتصادي بشكل مباشر إلى تقليص الوظائف، ومن ثم دخل الأسر واستهلاكها. والثانية هي انخفاض أسعار النفط الذي خلق ضغوطا مباشرة على البلدان المصدرة للنفط في المنطقة التي تشمل الدول المرتفعة الدخل في مجلس التعاون الخليجي وكذلك البلدان متوسطة الدخل مثل الجزائر وإيران والعراق وليبيا. ويُقدَّر أن إجمالي الناتج المحلي انكمش بنسبة 5% في 2020، وكان الانكماش بمعدل أكبر بلغ 5.7% في البلدان المصدرة للنفط، أمّا إجمالي الناتج المحلي للبلدان المستوردة للنفط فيُقدَّر أنه انكمش بنسبة 2.2% (البنك الدولي 2021). وكان لبطء النشاط الاقتصادي تداعيات سلبية على الحيز المتاح للإنفاق في إطار المالية العام لبلدان الشرق الأوسط وشمال أفريقيا. ففي عام 2020، يُقدَّر أن المنطقة شهدت عجزا في المالية العامة يعادل نحو 10% من إجمالي الناتج المحلي، وقفز الدين الحكومي أكثر من 7 نقاط مئوية من 49% في عام 2019 إلى 56% في عام 2020 (صندوق النقد الدولي 2021).

وظهرت بالفعل بعض المؤشرات على التعافي في 2021، من ذلك ارتفاع أسعار النفط وعودة بطيئة إلى حد ما للنشاط الاقتصادي، مع توقعات بأن يبلغ معدل نمو الناتج الاقتصادي 2.4% في عام 2021 (البنك الدولي 2021). لكن أوضاع الهشاشة السياسية ظلت قائمة في عدد من البلدان منها لبنان وليبيا وتونس، واستمر الصراع في سوريا والضفة الغربية وقطاع غزة واليمن. ويُنذِر انتشار متحورات الفيروس كورونا المختلفة بمزيد من العقبات التي قد تفسد توقعات التعافي، لا سيما أن معدلات التطعيم للوقاية من الفيروس مازالت ضعيفة في كثير من البلدان.

إيضاحات

1. يعتمد هذا على مرونة الطلب السعرية للمنتجات.

2. استخدام مسوح مؤسسات الأعمال في توثيق التحولات في حجم الشركات أبعد ما يكون عن المستوى المثالي، ويظهر تعذر الوصول إلى بيانات تعداد المنشآت وعدم إتاحتها. وتستند المعلومات إلى البيانات التي تم تجميعها، وعليه فإن البيانات بشأن الحجم تكون متاحة وقت إجراء مسح مؤسسات الأعمال (2019)، وقبل ذلك بسنتين ماليتين سابقتين (2016)، وعند تأسيس منشآت الأعمال (تختلف بحسب الشركة). ونظرا لأن هذا يستند فقط على المعلومات التي تم تجميعها، فإنه لا يتم احتساب الشركات الجديدة التي دخلت السوق أو خرجت منه في خلال هذه الفترة. علاوةً على ذلك، الشركات الصغرى (أقل من خمسة

موظفين)، وكذلك القطاعات التي لا تغطيها مسوح مؤسسات الأعمال مستبعدة. بيد أن النتائج تؤكّد إلى حد كبير ما توصلت إليه دراسات سابقة استخدمت بيانات تعداد المنشآت حيثما كانت متاحة.

3. تشمل البلدان مرتفعة الدخل في المنطقة الدول الستة الأعضاء في مجلس التعاون الخليجي (البحرين والكويت وعُمان وقطر والسعودية والإمارات) بالإضافة إلى إسرائيل ومالطا.

4. لتحليل إنتاجية الأيدي العاملة في التغير الهيكلي والإنتاجية داخل القطاعات، استخدم هذا التقرير المعادلة التالية من دراسة ماكميلان ورودريك وسيبولفيدا (2017)

$$\Delta P_t = \sum_{i=1}^{n} \theta_{i,t-k}\, \Delta p_{i\,t} + \sum_{i=1}^{n} p_{i\,t}\ \Delta\theta_{i\,t}$$

حيث تشير P إلى الإنتاجية الكلية للأيدي العاملة في الاقتصاد، وتشير p إلى مستويات الإنتاجية القطاعية للأيدي العاملة، وتمثل θ نسبة الوظائف في القطاع i في الفترة الزمنية t. ويشير الرمز Δ إلى التغير في نسب الإنتاجية أو الوظائف بين التاريخ $(t-k)$ والتاريخ (t)، حيث تمثل k الفترة الزمنية للتحليل. وما تشير إليه هذه المعادلة هو أن نمو إنتاجية الأيدي العاملة على مستوى الاقتصاد عموما يمكن تحليله في مصدرين: (1) نمو الإنتاجية "داخل القطاع" الذي يُرصد من خلال المصطلح الأول في الجانب الأيمن للمعادلة والذي يُعبَّر عنه بالتغير في الإنتاجية داخل القطاع مضروبا في نسبة القطاع من الوظائف في بداية الفترة محل الدراسة؛ و(2) التغير الهيكلي الذي يؤثّر على إنتاجية الأيدي العاملة والذي يُرصد من خلال المصطلح الثاني الذي يُعبَّر عنه بالتغير في نسبة الوظائف في القطاع مضروباً في الإنتاجية في بداية الفترة محل الدراسة.

المراجع

Adelino, Manuel, Song Ma, and David Robinson. 2017. "Firm Age, Investment Opportunities, and Job Creation." *Journal of Finance* 72: 999–1038.

Agénor, Pierre-Richard, Mustapha K. Nabli, and Tarik M. Yousef. 2005. "Public Infrastructure and Private Investment in the Middle East and North Africa." Policy Research Working Paper 3661, World Bank, Washington, DC.

Aghion, Philippe, Nick Bloom, Richard Blundell, Rachel Griffith, and Peter Howitt. 2005. "Competition and Innovation: An Inverted-U Relationship." *Quarterly Journal of Economics* 120 (2): 701–28.

Amable, B., and D. Gatti. 2001. "The Impact of Product Market Competition on Employment and Wages." IZA Discussion Paper 276, Institute of Labor Economics (IZA), Bonn.

Anand, Rahul, and Purva Khera. 2016. "Macroeconomic Impact of Product and Labor Market Reforms on Informality and Unemployment in India." IMF Working Paper 16/47, International Monetary Fund, Washington, DC.

Apedo-Amah, Marie Christine, Besart Avdiu, Xavier Cirera, Marcio Cruz, Elwyn Davies, Arti Grover, Leonardo Iacovone, Umut Kilinc, Denis Medvedev, Franklin Okechukwu Maduko, Stavros Poupakis, Jesica Torres, and Trang Thu Tran. 2020. "Unmasking the Impact of COVID-19 on Businesses: Firm Level Evidence from across the World." Policy Research Working Paper 9434, World Bank, Washington, DC.

Ashenfelter, Orley, and Timothy Hannan. 1986. "Sex Discrimination and Product Market Competition: The Case of the Banking Industry." *Quarterly Journal of Economics* 101 (1): 149–74.

Assaad, Ragui, Caroline Krafft, Khandkher Wahedur Rahman, and Irene Selwaness. 2019. "Job Creation in Egypt: A Sectoral and Geographical Analysis Focusing on Private Establishments, 1996–2017." Economic Research Forum Policy Paper, Economic Research Forum, Dokki, Giza, Egypt.

Assaad, Ragui, Caroline Krafft, and Shaimaa Yassin. 2020. "Job Creation or Labor Absorption? An Analysis of Private Sector Job Growth in Egypt." *Middle East Development Journal* 12 (2): 177–207.

Baduel, Bénédicte, Carolin Geginat, and Gaëlle Pierre. 2019. "Private Sector Job Creation in MENA: Prioritizing the Reform Agenda." IMF Working Paper WP/19/206, International Monetary Fund, Washington, DC.

Belfield, Clive, and John S. Heywood. 2006. "Product Market Structure and Gender Discrimination in the United Kingdom." In *Product Market Structure and Labor Market Discrimination*, edited by John S. Heywood and James H. Peoples. Albany, NY: State University of New York Press.

Blanchard, Olivier, and Francesco Giavazzi. 2003. "Macroeconomic Effects of Regulation and Deregulation in Goods and Labor Markets." *Quarterly Journal of Economics* 118 (3): 879–907.

Boeri, Tito, Giuseppe Nicoletti, and Stefano Scarpetta. 2000. "Regulation and Labour Market Performance." CEPR Discussion Papers 2420, Center for Economic and Policy Research, Washington, DC.

Bouis, Romain, Orsetta Causa, Lilas Demmou, Romain Duval, and Aleksandra Zdzienicka. 2012. "The Short-Term Effects of Structural Reforms: An Empirical Analysis." OECD Economics Department Working Paper 949, Organisation for Economic Co-operation and Development, Paris.

Bouis, Romain, Romain A. Duval, and Johannes Eugster. 2016. "Product Market Deregulation and Growth: New Country-Industry-Level Evidence." IMF Working Paper 16/114, International Monetary Fund, Washington, DC.

Canning, David, and Esra Bennathan. 2000. "The Social Rate of Return on Infrastructure Investments." Policy Research Working Paper 2390, World Bank, Washington, DC.

Charlot, Olivier, Franck Malherbet, and Cristina Terra. 2015. "Informality in Developing Economies: Regulation and Fiscal Policies." *Journal of Economic Dynamics and Control* 51 (February): 1–27.

Cusolito, Ana P., and William F. Maloney. 2018. *Productivity Revisited: Shifting Paradigms in Analysis and Policy.* Washington, DC: World Bank.

Dauda, Seidu. 2020. "The Effects of Competition on Jobs and Economic Transformation." Equitable Growth, Finance & Institutions Insight—Trade, Investment and Competitiveness. World Bank, Washington, DC.

Dauda, Seidu, Graciela Miralles Murciego, Georgiana Pop, and Azza Raslan. Forthcoming. "Restrictive Regulation as a Challenge for Competition, Productivity, and Jobs in the MENA Region: Closing the Gap." Background paper for *Jobs Undone: Reshaping the Role of Governments toward Markets and Workers in the Middle East and North Africa.* World Bank, Washington, DC.

Dhumale, Rahul. 2000. "Public Investment in the Middle East and North Africa: Towards Fiscal Efficiency." *Development Policy Review* 18 (3): 307–24.

Diwan, Ishac, and Jamal Ibrahim Haidar. 2020. "Political Connections Reduce Job Creation: Firm-Level Evidence from Lebanon." *Journal of Development Studies* 57 (8): 1373–96.

Diwan, Ishac, Philip Keefer, and Marc Schiffbauer. 2020. "Pyramid Capitalism: Political Connections, Regulation, and Firm Productivity in Egypt." *Review of International Organizations* 15 (1): 211–46.

Ebell, Monique, and Christian Haefke. 2003. "Product Market Deregulation and Labor Market Outcomes." Economics Working Paper, Department of Economics and Business, Universitat Pompeu Fabra, Barcelona.

EBRD (European Bank for Reconstruction and Development), EIB (European Investment Bank), and World Bank Group. 2016. "What's Holding Back the Private Sector in MENA? Lessons from the MENA Enterprise Survey." EBRD, London; EIB, Luxembourg; and World Bank, Washington, DC.

Eslava, Marcela, John C. Haltiwanger, Adriana D. Kugler, and Maurice Kugler. 2013. "Trade and Market Selection: Evidence from Manufacturing Plants in Colombia." *Review of Economic Dynamics* 16 (1): 135–58.

Geroski, Paul A. 1990. "Innovation, Technological Opportunity, and Market Structure." *Oxford Economic Papers* 42 (3): 586–602.

Goodwin, Tanja, and Martha Denisse Pierola. 2015. "Export Competitiveness: Why Domestic Market Competition Matters." Viewpoint No. 348, World Bank, Washington, DC.

Heyman, Fredrik, Pehr-Johan Norback, and Lars Persson. 2018. "Who Creates Jobs and Who Creates Productivity? Small versus Large versus Young versus Old." *Economics Letters* 164 (C): 50–57.

Huber, Peter, Harald Oberhofer, and Michael Pfaffermayr. 2017. "Who Creates Jobs? Econometric Modeling and Evidence for Austrian Firm Level Data." *European Economic Review* 91 (C): 57–71.

IFC (International Finance Corporation). 2021. "Impact of the COVID-19 Crisis on the Private Sector in Tunisia," Business Pulse Survey Tunisia. https://www.ifc.org/wps/wcm/connect/9d414d73-a5c9-4517-ac8d-5fd685e87ade/Tunisia+BPS_Third+wave_Executive+Summary.pdf?MOD=AJPERES&CVID=nuQ.iEG.

IMF (International Monetary Fund). 2021. *Fiscal Monitor April 2021: A Fair Shot*. Washington, DC: IMF.

Islam, Asif M., Isis Gaddis, Amparo Palacios Lopez, and Mohammad Amin. 2020. "The Labor Productivity Gap between Formal Businesses Run by Women and Men." *Feminist Economics* 26 (4): 228–58.

Jovanovic, Boyan. 1982. "Selection and the Evolution of Industry." *Econometrica* 50 (3): 649–70.

Kitzmuller, Markus, and Martha M. Licetti. 2012. "Competition Policy: Encouraging Thriving Markets for Development." Viewpoint Note 331, World Bank, Washington, DC.

Krafft, Caroline. 2016. "Understanding the Dynamics of Household Enterprises in Egypt: Birth, Death, Growth and Transformation." Economic Research Forum Working Paper 983, Economic Research Forum, Dokki, Giza, Egypt.

Krueger, Alan B., and Jorn-Steffen Pischke. 1997. "Observations and Conjectures on the U.S. Employment Miracle." NBER Working Paper 6146, National Bureau of Economic Research, Cambridge, MA.

McMillan, Margaret S., Dani Rodrik, and Claudia Sepúlveda, eds. 2017. *Structural Change, Fundamentals, and Growth: A Framework and Case Studies*. Washington, DC: International Food Policy Research Institute (IFPRI).

Nickell, Stephen J. 1996. "Competition and Corporate Performance." *Journal of Political Economy* 104 (4): 724–46.

Nickell, Stephen, and Richard Layard. 1999. "Labor Market Institutions and Economic Performance." Chapter 46 in *Handbook of Labor Economics*, edited by Orley C. Ashenfelter and David Card, Vol. 3, Part C, 3029–84. Elsevier.

Nicoletti, Giuseppe, Andrea Bassanini, Ekkehard Ernst, Sébastien Jean, Paulo Santiago, and Paul Swaim. 2001. "Product and Labour Market Interactions in OECD Countries." OECD Economics Department Working Paper No. 312, OECD Publishing, Paris.

Nicoletti, Giuseppe, and Stefano Scarpetta. 2003. "Regulation, Productivity and Growth: OECD Evidence." *Economic Policy* 18 (36): 9–72. https://doi.org/10.1111/1468-0327.00102.

Nicoletti, Giuseppe, and Stefano Scarpetta. 2005. "Product Market Reforms and Employment in OECD Countries." OECD Economics Department Working Paper No. 472, OECD Publishing, Paris. https://doi.org/10.1787/463767160680.

Pissarides, Christopher. 2001. "Employment Protection." *Labour Economics* 8 (2): 131–59.

Pritchett, Lant. 1996. "Mind Your P's and Q's: The Cost of Public Investment Is *Not* the Value of Public Capital." Policy Research Working Paper 1660, World Bank, Washington, DC.

Rijkers, Bob, Hassen Arouri, Caroline Freund, and Antonia Nucifora. 2014. "Which Firms Create the Most Jobs in Developing Countries? Evidence from Tunisia." *Labour Economics* 31 (C): 84–102.

Rijkers, Bob, Leila Baghdadi, and Gael Raballand. 2017. "Political Connections and Tariff Evasion: Evidence from Tunisia." *World Bank Economic Review* 31: 459–82.

Rijkers, Bob, Caroline Freund, and Antonnio Nucifora. 2017. "All in the Family: State Capture in Tunisia." *Journal of Development Economics* 124 (C): 41–59.

Romp, Ward E., and Jakob de Haan. 2005. "Public Capital and Economic Growth: A Critical Survey." *EIB Papers* 10 (1): 41–70.

Ruckteschler, Christian, Adeel Malik, and Ferdinand Eib. 2019. "The Politics of Trade Protection: Evidence from an EU-Mandated Tari Liberalization in Morocco." CSAE Working Paper 2019-12, Centre for the Study of African Economies, University of Oxford.

Sekkat, Khalid. 2009. "Does Competition Improve Productivity in Developing Countries?" *Journal of Economic Policy Reform* 12 (2): 145–62.

Shafik, Nemat. 1992. "Modeling Private Investment in Egypt." *Journal of Development Economics* 39 (2): 263–77.

Spector, David. 2004. "Competition and the Capital-Labor Conflict." *European Economic Review* 48 (1): 25–38.

Vives, Xavier. 2008. "Innovation and Competitive Pressure." *Journal of Industrial Economics* 56 (3): 419–69

World Bank. 2013. *Jobs for Shared Prosperity: Time for Action in the Middle East and North Africa.* Washington, DC: World Bank.

World Bank. 2015. *Jobs or Privileges: Unleashing the Employment Potential of the Middle East and North Africa.* Washington, DC: World Bank.

World Bank. 2020. "Fintech Market Reports Rapid Growth during COVID-19 Pandemic." Press release, December 3, 2020. https://www.worldbank.org/en/news/press-release/2020/12/03/fintech-market-reports-rapid-growth -during-covid-19-pandemic.

World Bank. 2021. *Global Economic Prospects, January 2021.* Washington, DC: World Bank.

أصوات رواد الأعمال الشباب في منطقة الشرق الأوسط وشمال أفريقيا

الضفة الغربية: مصنع لتجهيز المواد الغذائية يسهم في تمكين النساء

حنين هي المُؤسِّسة والمديرة التنفيذية لمصنع لتجهيز المواد الغذائية. وقد تخرجت حنين من جامعة بيت لحم بدرجة البكالوريوس في علم النفس لكنها لاقت صعوبات في العثور على الوظيفة المناسبة في تخصصها. وقبلت وظيفة متواضعة في شركة محلية للاتصالات لكنها شعرت بأنها تؤدي عملا غير مثمر في قطاع ستتبدَّد فيه مهاراتها. ثم بدأت حنين تدرس فكرة إنشاء مصنع لإنتاج منتجات عضوية محلية الصنع عالية الجودة. في البداية، كانت تبيع منتجاتها لأفراد عائلتها وأصدقائها وجيرانها. ولم يمض وقت طويل حتى بدأت تتوسع لتشمل مبيعاتها المهرجانات والمعارض وعددا قليلا من الأسواق المحلية الصغيرة. وبهذه الخطوات الصغيرة انطلق مشروع أعمال حنين.

في كل عام ينتج مصنع حنين نحو 1500 نوع مختلف من الباذنجان المحشو المُعبَّأ في برطمانات، و1500 عبوة من اللبنة (الزبادي الممزوجة بزيت الزيتون)، و1800 عبوة من الشطة، و1000 عبوة من الزيتون المحشو. وتتعمد حنين شراء ما يلزمها من مواد خام من نساء مُورِّدات وفلاحات يعملن في أرياف الضفة الغربية. وهي تعمل مع شبكة تضم نحو 100 امرأة من المُورِّدات والفلاحات اللاتي يعملن في القطاع غير الرسمي. ومن خلال هذه العلاقات، تتيح حنين للمُوردين الذين تتعامل معهم الأمن المالي. وهي توظِّف 15 شخصا في المصنع وهم خليط من عمال بدوام جزئي وآخرين بدوام كامل معظمهم نساء أعمارهن بين 18 و45 عاما. تبيع حنين منتجاتها من خلال شبكة من تجار التجزئة في أنحاء الضفة الغربية وبدأت في الآونة الأخيرة التصدير إلى الدوحة في قطر من خلال ممثلين محليين.

وتشير حنين إلى عدة تحديات صادفتها في مسيرتها على درب ريادة الأعمال. فإلى جانب الوضع السياسي، هناك تكاليف كثيرة تتعلق بتسجيل منشأة أعمال واستصدار رخصة صحية لآلات تجهيز المواد الغذائية. وتقول حنين إن إجراءات الطلب والحصول على ترخيص مزاولة الأعمال مطولة ومعقدة وتتطلب تعاملات مع العديد من الوزارات مثل الصحة والاقتصاد والزراعة. وحدَّدت الافتقار إلى التمويل بوصفه معوقاً رئيسيا لنمو المشروعات الصغيرة والمتوسطة الحجم في الضفة الغربية. تعتقد حنين بأنه يمكن للسلطة الفلسطينية أن تساعد على استقدام خبراء من الخارج لتزويد الشركات الصغيرة بالتدريب على ضمان الجودة وغيره من المعارف، والأدوات، والموارد، وأيضا لتسهيل قدرات التصدير إلى الخليج (الكويت وقطر والسعودية والإمارات).

وعلى مر السنين، كان كثير من الرجال يشككون في القدرات والمهارات الشخصية لحنين كرائدة أعمال لا لشيء إلا لأنها امرأة. ونصيحتها لرائدات الأعمال الأخريات في المنطقة واضحة جلية: "لا توجد طريقة سحرية للتغلب على التحديات في فلسطين. ويجب على رائدات الأعمال الابتكار والصمود. فليس سهلاً أن تصبحي من رواد الأعمال في فلسطين، لا سيما إذا كنت امرأة، لكنه أمر ممكن".

أصوات رواد الأعمال الشباب في منطقة الشرق الأوسط وشمال أفريقيا

تونس: مصنع للمشروبات يقدم الشاي سريع التحضير ونكهات جديدة في أسواق جديدة

طارق الذي يبلغ من العمر 36 عاما هو المدير التنفيذي والمؤسِّس المشارك لشركة لصناعة المشروبات الخفيفة. وُلِد طارق لأبوين من تونس وتربَّى في فرنسا، ودرس إدارة الأعمال في فرنسا حيث حصل على درجة الماجستير في إدارة الأعمال. وبعد أن أتم تعليمه، ذهب للعمل في شركة لاستشارات الأعمال في فرنسا كاستشاري لشؤون الإستراتيجية والتنظيم لمدة ثلاث سنوات وثلاث سنوات كمساعد للمدير التنفيذي لشركة فرنسية في المغرب. وهناك اكتسب خبرته الأولى كمحترف في مجال إدارة الأعمال. ثم قرر الانتقال إلى تونس حيث شعر أنه يمكنه تقديم الدعم للاقتصاد التونسي بفضل تعليمه ومعرفته التي اكتسبها في فرنسا.

أقنع طارق بادئ الأمر شريك أعماله المدير التنفيذي لشركة زراعية ولإصلاح الأشجار في تونس بتعبئة تمويل معه لإنشاء مصنع لإنتاج ألواح الطاقة. ولكن بعد مزيد من بحوث السوق اقتنعا بأن الشاي سريع التحضير ينطوي على إمكانات عالمية أكبر.

تصنع شركة طارق المشروبات الساخنة باستخدام مكونات محلية مثل أوراق النعناع المُجهَّز بآلات خاصة. وتم تدشين الشركة رسميا في 2013 بمساعدة مستثمرين محليين وانطلقت في 2017 بعد وصول طارق. وعمل طارق وشريكه (فريق كيوفي) جاهدين لتصميم خط الإنتاج في المصنع بالتعاقد مع مهندسين محليين. واستغرق إتمام إجراءات التعاقد والتصميم والبناء نحو سنتين، ويحوز المؤسِّسان الآن كل حقوق الملكية لماكينات مصنعهما. وتصدِّر الشركة منتجاتها بالتعاقد مع مُوزِّع واحد أو اثنين تم اختيارهما بعناية لكل بلد في تونس والمغرب وفرنسا وكندا. واستطاع طارق دخول سوق أمريكا الشمالية في 2019 بعد أن صادق وأقنع مُوزِّعا كنديا ببيع المنتجات في كندا. يأمل طارق الآن تصدير منتجاته ونكهات مشروباته إلى الولايات المتحدة. وبلغ معدل النمو السنوي لإيرادات الشركة 300% سنويا خلال السنوات الثلاث الماضية. ويقول طارق إن الإيرادات كان يمكن أن تكون أكبر من ذلك لولا أن الجائحة عرقلت عملية الإنتاج وقلصت المبيعات. مهما يكن من أمر، فإن طارق باع في 2019 مليون عبوة من الشاي وفي 2020 باع ثلاثة ملايين أخرى. ويعمل في الشركة في تونس حاليا 39 موظفا، وقد تم توظيفهم جميعا منذ أوائل 2019.

ويقر طارق بأن رواد الأعمال في المنطقة يواجهون عدة تحديات. فمن الصعب الحصول على التمويل. ويُرجِع طارق لشريكه الفضل في الحصول على التمويل ولخبرته الواسعة في مجال ريادة الأعمال. يعتقد طارق أن رواد الأعمال في تونس يمكنهم الاستفادة من القوانين واللوائح التنظيمية التقدمية. قضى طارق يومين لاستكمال الإجراءات الورقية

لتسجيل شركة في فرنسا. واستغرق شهرا واحدا لإتمام نفس إجراءات التسجيل في تونس. والبنية التحتية الرقمية والتدريب على أنشطة الأعمال هما السبيل الذي يعتقد طارق أنه يمكن للحكومة من خلاله تقديم العون. ولاحظ طارق أيضا أنه من السهل الوصول إلى مهندسين موهوبين في تونس، لكن الموظفين يفتقرون إلى المهارات الناعمة، وهي المهارات التي اكتسبها هو من خلال خبرته في فرنسا.

الفصل الرابع

أمور يُشتبه بأنها تحد من تنافسية الأسواق وخلق الوظائف

مقدمة

يُمكِن لتنافسية الأسواق أن تساعد على تحويل بلدان الشرق الأوسط وشمال أفريقيا إلى دول حديثة تزدهر فيها الشركات المُبتكِرة وتُخصّص مواردها لأفضل استخدام لها. ولكن الحكومات في أنحاء المنطقة شجّعت، من خلال ذراعها التنظيمية، عدم تكافؤ الفرص، مما عرقل المنافسة بطرق متعددة. ويفحص هذا القسم الدور التنظيمي للدولة من خلال ثلاثة أبعاد، هي كالتالي: (1) اللوائح المُنظِّمة لأسواق المنتجات والمؤسسات المملوكة للدولة؛ (2) اللوائح المُنظِّمة لسوق العمل والضرائب المتصلة بها؛ (3) القوانين القائمة على النوع الاجتماعي. ولطريقة معالجة هذه الأبعاد الثلاثة درجة عالية من التأثير في إتاحة فرصة عادلة لمنشآت الأعمال الخاصة للنجاح، وتزويد العمال بمزيد من الوظائف وتحسين نوعيتها حتى يمكنهم العيش والازدهار.

اللوائح المُنظِّمة لأسواق المنتجات والمؤسسات المملوكة للدولة

إن فهم السياسات واللوائح التنظيمية التي قد تعوق تنافسية الأسواق في منطقة الشرق الأوسط وشمال أفريقيا عامل أساسي لنجاح الإصلاحات. وللوائح المُنظِّمة لأسواق المنتجات أهمية كبيرة في هذا السياق، لأنها تُؤثِّر على التكاليف التي تتحملها الشركات عندما تدخل السوق، وعلى درجة المنافسة بين الشركات الموجودة بالفعل في هذه السوق (إيبيل وهيفكه 2003؛ وجريفيث وهاريسون 2004؛ ونيكوليتي وإسكاربيتا 2005). ويُؤثِّر جمود هذه اللوائح أو مرونتها تأثيرا مباشرا على عدد الشركات التي تعمل، وعلى نموها، وقدرتها على خلق الوظائف.

بين عامي 2020 و2021، ساند هذا التقرير جهدا مُوسَّعا لجمع البيانات وما يرتبط به من تحليل أجراه البنك الدولي للخصائص الرئيسية للوائح المُنظِّمة لأسواق المنتجات في ثمانية من البلدان المتوسطة والمرتفعة الدخل في منطقة الشرق الأوسط وشمال أفريقيا: مصر، والأردن، والكويت، والمغرب، والسعودية، وتونس، والإمارات، والضفة الغربية وقطاع غزة. واستند هذا التحليل إلى منهجية مؤشرات منظمة التعاون والتنمية الاقتصادية للوائح المُنظِّمة لأسواق المنتجات (انظر الملحق (أ)).[1]

أتاحت البيانات التي جُمِعت إجراء مقارنة للمرة الأولى لعدة مؤشرات ترصد التشوهات على صعيد الاقتصاد كله التي حفَّز عليها وجود الدولة في أسواق المنتجات مقابل مجموعتين من بلدان المقارنة: 37 بلدا مرتفع الدخل، و14 بلدا في الشريحة العليا للبلدان متوسطة الدخل تضمَّنتها قاعدة بيانات اللوائح المُنظِّمة لأسواق المنتجات في 2018.[2]

ومن بين المجالات التي شملتها المقارنة نطاق المؤسسات المملوكة للدولة (أي الملكية والسيطرة والحوكمة في هذه المؤسسات) (جداول الملحق من أ-1 حتى أ-4)؛ والحياد التنافسي (جدول الملحق أ-5)؛ والمشتريات العامة (جدول الملحق أ-6)؛ وتدخل الحكومة في أنشطة الأعمال من خلال

ضوابط الأسعار (جدولا الملحق أ-7 وأ-8)؛ وتبسيط وتقييم اللوائح التنظيمية المتصلة بالتنافسية (أي تقييم التأثير على المنافسة وتعقيد الإجراءات التنظيمية) (جدول الملحق أ-9) [3] ويستكشف جدولا الملحق أ-10، وأ-11 الحواجز التي تعوق التجارة والاستثمار. ويعرض جدولا المُلحق أ-12 وأ-13 الحواجز في صناعات الشبكات والخدمات المهنية.

تُظهِر نتائج تحليل اللوائح المُنظِّمة لأسواق المنتجات ثلاثة جوانب تُضعِف القطاع الخاص، وتحد من تنافسية الأسواق في معظم بلدان منطقة الشرق الأوسط وشمال أفريقيا. أولاً، حضور الدولة مازال واضحاً وكبيراً حتى في القطاعات التي ليس لوجودها فيها مبرر اقتصادي واضح. ثانياً، لا يوجد حياد تنافسي يُذكر من شأنه أن يكفل تكافؤ الفرص بين هذه المؤسسات المملوكة للدولة ونظائرها في القطاع الخاص. ثالثا، ضوابط الأسعار لا تزال منتشرة، وغالبا ما يُنظَر إليها على أنها ركيزة من ركائز دولة الرفاهة، مما يُضعف الحوافز لزيادة الإنتاجية والكفاءة، في حين أن آليات تقييم الآثار السلبية للوائح التنظيمية محدودة (داودا وآخرون، سيصدر قريبا). ويتضمَّن الملحق ألف بيانات مُفصَّلة بشأن اللوائح المُنظِّمة لأسواق المنتجات في كل اقتصاد.

انتشار تواجد الدولة في أسواق المنتجات

تؤدِّي المؤسسات المملوكة للدولة في الشرق الأوسط وشمال أفريقيا دورا مهيمنا في قطاعات كثيرة منها تلك التي يخدمها في العادة القطاع الخاص في البلدان الأخرى في أنحاء العالم. ففي مصر، تسيطر الحكومة على مؤسسة واحدة على الأقل مملوكة للدولة في كل قطاع من القطاعات التسعة والعشرين التي شملها التحليل. وتسيطر الدولة على مؤسسة واحدة على الأقل في 23 قطاعا في السعودية، و22 قطاعا في الإمارات، و18 قطاعا في المغرب. ويفوق هذا بدرجة كبيرة المتوسط في البلدان مرتفعة الدخل (12 قطاعا)، وفي الشريحة العليا للبلدان متوسطة الدخل (15 قطاعا). ومما يسترعي الانتباه أنه في اقتصادات الشرق الأوسط وشمال أفريقيا التي شملها التحليل يوجد حضور غير عادي للمؤسسات المملوكة للدولة في قطاعات فرعية يمكن أن تعود عليها مشاركة القطاع الخاص بنفع أكبر، مثل الصناعات التحويلية، والإسكان، والتجارة، وحتى الإنشاءات (الشكل 4-1).

علاوةً على ذلك، مازالت الأجهزة الحكومية تُؤثِّر تأثيرا كبيرا على عملية صنع القرارات في المؤسسات المملوكة للدولة في معظم اقتصادات الشرق الأوسط وشمال أفريقيا التي شملها التحليل. وممارسة حقوق الملكية تُنفَّذه في العادة هيئات متخصصة ليست بعيدة عن الحكومة. وغالبا ما تقوم السلطات العامة في المنطقة بتعيين القائمين على تنظيم القطاع والمديرين التنفيذيين في مقابل قيام مجالس الإدارة بتعيينهم في معظم البلدان مرتفعة الدخل. ويشير هذا ضمنا إلى سيطرة أكبر على صنع القرارات، وينطوي على مخاطر أكبر لاحتمال تضارب المصالح. ففي مصر، يخضع الجهاز القومي لتنظيم الاتصالات لسلطة وزارة الاتصالات وتكنولوجيا المعلومات التي تمتلك 80% من الشركة المصرية للاتصالات. وتخلق هياكل الإدارة والملكية هذه حوافز لمحاباة المؤسسات المملوكة للدولة على حساب منافسيها في القطاع الخاص. وفي مصر والكويت، تسيطر الحكومة على شركات الطيران الوطنية التي تستفيد من المعاملة التفضيلية في شكل تخصيص المقاطع الزمنية للمطارات في مصر وأسعار الوقود (الكيروسين) في الكويت. [4] وثمة توصية مهمة للحكومات في المنطقة هي التركيز على تحسين أداء المؤسسات المملوكة للدولة والإشراف عليها، واعتماد ضوابط تكفل المعاملة المتساوية مع شركات القطاع الخاص حيثما تشارك.

الافتقار إلى الحياد التنافسي

يساعد وجود إطار للحياد التنافسي على تحقيق تكافؤ الفرص بين المشروعات الخاصة ومنشآت الأعمال التي تديرها الحكومة. والحياد التنافسي مبدأً يجب بمقتضاه أن تخضع جميع المنشآت —عامة أو خاصة، ومحلية أو أجنبية— لمجموعة القواعد نفسها. ويجب ألا تكون اتصالات الحكومة أو ملكيتها أو انخراطها في السوق بالممارسة العملية أو بحكم القانون سبباً في منح أي طرف فعلي أو محتمل مشارك في السوق ميزة تنافسية لا يستحقها. والتنفيذ الفعَّال لهذا المبدأ ذو أهمية بالغة للحد من خطر السلوكيات المناهضة للمنافسة والتشوهات الاقتصادية بسبب مشاركة مؤسسات مملوكة للدولة في الأسواق.

وتتخلَّف معظم بلدان الشرق الأوسط وشمال أفريقيا في أدائها بشأن المكونات الرئيسية التي يمكن أن تساعد في تحقيق الحياد التنافسي (الشكل 4-2 وجدول الملحق أ-5). فهي تفتقر إلى فصل (وتحديد/تخصيص) النفقات المتصلة بالأنشطة التجارية وغير التجارية للمؤسسات المملوكة للدولة. وللمؤسسات المملوكة للدولة في هذه البلدان هياكل تنظيمية مُعقَّدة ومرهقة. وتقدم البلدان الدعم (والقروض) لمساندة تقديم الخدمات العامة التي تؤدي إلى منح مزايا للأنشطة التجارية للمؤسسات المملوكة للدولة، وتُخلِّف آثاراً متتابعة على الأطراف الخاصة المشاركة في تلك الأسواق. علاوةً على ذلك، تُطبَّق هذه البلدان لوائح تنظيمية تُسهِّل تشغيل المؤسسات المملوكة للدولة مثل الاحتكارات القانونية، والإعفاءات من قانون المنافسة، والمعاملة التفضيلية في المشتريات العامة—وهي جميعا أمور تُشوِّه تكافؤ الفرص، وتُؤثِّر في قدرة الشركات الخاصة على الحفاظ على قابليتها للمنافسة والتوسع.

يؤدي قرب هذه المؤسسات المملوكة للدولة من الحكومة إلى المحسوبية والإعفاءات. وفي السعودية، لا تدخل المؤسسات المملوكة للدولة في نطاق تطبيق قانون المنافسة. أما مصر والكويت وتونس والإمارات فجميعها لديها أُطُر تنظيمية للمنافسة تضم عدة إعفاءات تمنح تسهيلات للمؤسسات المملوكة للدولة: (1) إعفاءات مُوجَّهة في مصر وتونس على أساس تقييمات لكل حالة على حدة فيما يتصل بآثار السوق؛ [5] (2) إعفاءات ممنوحة لفئات مُعيَّنة من المؤسسات المملوكة للدولة مثل تلك التي تقدم خدمات المرافق في مصر والكويت وتونس؛ (3) إعفاءات لقطاعات مُعيَّنة بأكملها، مثل قطاعات الاتصالات، والخدمات المالية، والنفط والغاز، على سبيل المثال لا الحصر، في الإمارات (الجدول 4-1). [6] وتعفي قوانين الإفلاس في الكويت أيضا المؤسسات المملوكة للدولة لكنها تُطبَّق على نظائرها. وتعوق هذه الإعفاءات بشدة الحياد التنافسي وتفسد مجال العمل المتكافئ بين المؤسسات المملوكة للدولة ونظائرها في نفس القطاعات ونفس السوق.

الشكل 4-1 المؤسسات المملوكة للدولة التي تعمل في مختلف القطاعات بمنطقة الشرق الأوسط وشمال أفريقيا أكثر مما تشهده البلدان النظيرة من حيث الدخل

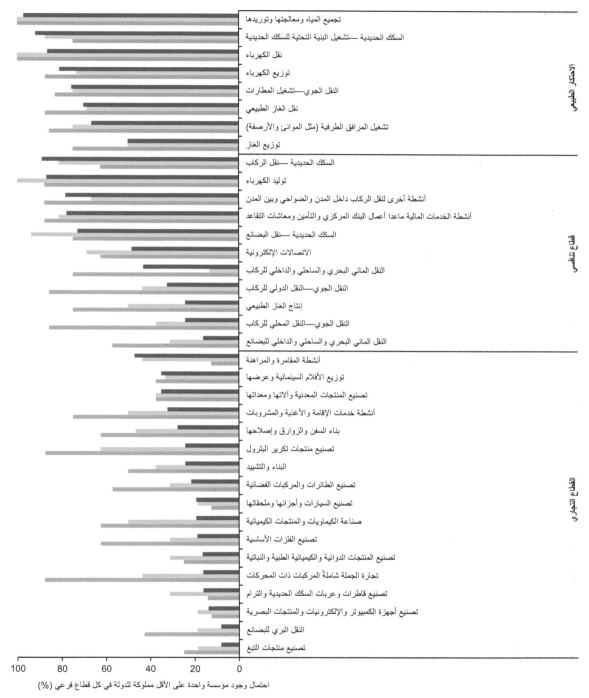

احتمال وجود مؤسسة واحدة على الأقل مملوكة للدولة في كل قطاع فرعي (%)

■ الشرق الأوسط وشمال أفريقيا (8)   ▨ الشريحة العليا من البلدان المتوسطة الدخل (14)   ■ البلدان المرتفعة الدخل (37)

المصادر: إعداد فريق العمل المعني بإعداد التقرير الرئيسي على أساس قاعدة بيانات منظمة التعاون والتنمية الاقتصادية-مجموعة البنك الدولي لتنظيم أسواق المنتجات 2018-2020، وبيانات تنظيم أسواق المنتجات لمصر والتي جمعت في 2017، وللكويت في 2018، ولتونس في 2017.

إيضاح: في مفتاح الجدول، تشير الأرقام بين أقواس إلى عدد الملاحظات المتاحة لكل فئة دخل أو مجموعة بلدان. قام فريق العمل المكلف بإعداد التقرير الرئيسي بتجميع البيانات لبلدان الشرق الأوسط وشمال أفريقيا مستخدما منهجية منظمة التعاون والتنمية الاقتصادية بشأن اللوائح المنظمة لأسواق المنتجات.

الشكل 2-4 تتخلف معظم اقتصادات الشرق الأوسط وشمال أفريقيا في المكونات الرئيسية التي تساعد على تحقيق الحياد التنافسي

تحليل فجوات الحياد التنافسي

	ترشيد الشكل التشغيلي للأنشطة الحكومية	تحديد تكلفة أي وظيفة مُعيّنة	تحقيق معدل العائد التجاري
الشرق الأوسط وشمال أفريقيا	الافتقار إلى الطابع التجاري في بعض القطاعات/البلدان (مثل السكك الحديدية في مصر ، ومؤسسة الموانئ في الكويت) لا تمييز بين الأنشطة التجارية وغير التجارية	غياب فصل الحسابات/تخصيص التكاليف فيما يتصل بالأنشطة التجارية وغير التجارية	لا يوجد اشتراط صريح بتحقيق معدل عائد تجاري غياب الالتزام على المؤسسات المملوكة للدولة بتغطية التكاليف المباشرة باستخدام إيرادات متأتية من مصادر داخلية لا قواعد ملزمة تقضي بتقييم معاملات المؤسسات المملوكة للدولة ومقارنتها بالمعاملات المماثلة للشركات الخاصة

المبادئ على مستوى الشركات: الفصل بين الأنشطة التجارية وغير التجارية للمؤسسات المملوكة للدولة

	الحياد التنظيمي	المشتريات العامة	الحياد الضريبي	حيادية الدين وأنظمة الدعم
الشرق الأوسط وشمال أفريقيا	استثناءات وإعفاءات موجهة من قوانين المنافسة (مثل المرافق العامة، وشركات النفط، وصناعات الشبكات) استثناءات وإعفاءات من القوانين التجارية (قوانين الشركات أو الإفلاس) توجد امتيازات تنظيمية قطاعية في بعض بلدان الشرق الأوسط وشمال أفريقيا (مثل صناعات الشبكات)	استثناءات وإعفاءات للمؤسسات المملوكة للدولة تمييز صريح في إمكانية الوصول للموارد لمصلحة الشركات المحلية واشتراط صريح بتضمين العقد المكون المحلي	على الرغم من أن المؤسسات المملوكة للدولة في الشرق الأوسط وشمال أفريقيا تخضع من حيث المبدأ لنفس النظام الضريبي المرجعي، سواء ضريبة الدخل أو المبيعات، الذي يخضع له القطاع الخاص، فإن استثناءات مختلفة لا تزال متفشية (مثل الإعفاء من ضريبة الدخل أو الشركات).	الأفضلية في الحصول على التمويل من خلال البنوك المملوكة للدولة في معظم اقتصادات الشرق الأوسط وشمال أفريقيا تقديم دعم لبعض القطاعات في كل الاقتصادات تقريبا في الشرق الأوسط وشمال أفريقيا لا قواعد بشأن تصميم الدعم للحد من تشوهات المنافسة

المبادئ الواردة في الإطار التنظيمي والسياسات القطاعية الشاملة

يتطلب الإطار القانوني للدعم الحكومي تحسينات للحد من المجال لنواتج مناهضة للمنافسة

تكافؤ الفرص بين المؤسسات المملوكة للدولة والكيانات المملوكة ملكية خاصة

المصدر: إعداد فريق العمل المعني بإعداد التقرير الرئيسي.
إيضاح: يُطبّق الشكل إطار الحياد التنافسي على منطقة الشرق الأوسط وشمال أفريقيا، ويُحدّد أوجه النقص والقصور. الاقتصادات الثمانية في المنطقة هي: مصر، والأردن، والكويت، والمغرب، والسعودية، وتونس، والإمارات ، والضفة الغربية وقطاع غزة.

ثمة عامل آخر يضعف الحياد التنافسي وهو أن الكثير من بلدان الشرق الأوسط وشمال أفريقيا تقوم فيها أيضا بعض المؤسسات بدور المُنظِّم والمُشغِّل في آن واحد. وماعدا الضفة الغربية وقطاع غزة، تعمل المؤسسات المملوكة للدولة في المنطقة في جميع القطاعات الفرعية للنقل، وتحوز أيضا في بعض الأحيان سلطات تنظيمية في الوقت نفسه. وفي بعض القطاعات، تتمتع المؤسسات المملوكة للدولة باحتكارات قانونية كما في حالة عمليات الموانئ في الكويت والنقل الجوي في مصر. وفي المغرب، تدير المؤسسات المملوكة للدولة مرافق البنية التحتية في الموانئ، والنقل البري، والمطارات (البنك الدولي 2020). على سبيل المثال، المؤسسة المملوكة للدولة المسؤولة عن تطوير وإدارة الطرق البرية السريعة تضطلع أيضا بأدوار ومسؤوليات كمالك ومشرف ومدير ومُورِّد في وقت واحد. وفي الإمارات ، تتولّى مؤسسة مملوكة ملكية عامة تقديم خدمات توليد الكهرباء ونقلها وتوزيعها، ويمكنها أيضا تحديد الأسعار ورسوم توصيلات الكهرباء.

الجدول 4-1 إعفاءات من قانون المنافسة في ثمانية اقتصادات في الشرق الأوسط وشمال أفريقيا

الإعفاءات	مصر	الأردن	الكويت	المغرب	السعودية	تونس	الإمارات	الضفة الغربية وقطاع غزة
المؤسسات المملوكة للدولة	X		X			X	X	غير منطبق
إجراء تطلبه أو تجيزه سلطة حكومية أخرى	X	X		X	X	X	X	
قطاعات مُعيَّنة في الاقتصاد			X	X		X	X	
الاحتكارات القانونية			X	X		X		
سلع أو خدمات مُعيَّنة	X	X	X	X		X		
هيئات حكومية أخرى	X		X					

المصادر: استعراض فريق إعداد التقرير الرئيسي لقوانين المنافسة الوطنية، محمود وسليمان 2018، ص.ص 77–89.

علاوةً على ذلك، يجب أن تتسم سياسات المشتريات العامة بالشفافية وألا تنطوي على تمييز أو إجحاف لتسهيل الضغوط التنافسية سواء الخارجية أو المحلية وألا تمنح أفضلية للمؤسسات المملوكة للدولة. ومع أن قوانين المشتريات العامة في بلدان الشرق الأوسط وشمال أفريقيا تتسم بالشفافية وتجعل البت في العطاءات أو العروض على أساس معايير موضوعية، فلا تزال توجد بعض الإعفاءات أو الأفضليات (جدول الملحق أ-6). ففي مصر، على سبيل المثال، لا تزال التعاقدات فيما بين المؤسسات الحكومية ممكنة. وللمؤسسات المملوكة للدولة في الأردن قواعد خاصة تتعلق بالمشتريات. علاوةً على ذلك، تشتمل قوانين المشتريات على طائفة واسعة من الأحكام التي تحابي الشركات المحلية وقد تؤثِّر على الطبيعة التنافسية للمناقصات. على سبيل المثال، تقضي القوانين في مصر والكويت وتونس والضفة الغربية وقطاع غزة بحفظ حصة من العقد للشركات المحلية، وتطلب معظم اقتصادات المنطقة التي شملها التحليل أن يتضمن العقد محتوى محليا (أفرادا و/أو سلعا). علاوة على ذلك، معظم بلدان الشرق الأوسط وشمال أفريقيا عدا الكويت والمغرب تجيز صراحةً التمييز في إمكانية الوصول لصالح الشركات المحلية.

ولا تزال توجد إعفاءات ضريبية تحابي المؤسسات المملوكة للدولة. ومع أن هذه المؤسسات تخضع من الناحية النظرية لنفس النظام الضريبي الذي تخضع له الشركات الخاصة في مصر والأردن والكويت والسعودية وتونس، فإنه توجد بعض الإعفاءات من ضرائب دخل الشركات. ففي مصر والكويت، تُعفَى من الضريبة العمليات الحكومية غير المؤسَّسة[7] على سبيل المثال حينما تعرض الدولة خدمات بشكل مباشر من خلال إحدى الوزارات. وفي المغرب، مع أن المؤسسات المملوكة للدولة تخضع لضريبة القيمة المضافة، فإن بعضها لا يخضع لضريبة الشركات وقد يتمتع بإيرادات رسوم شبه ضريبية[8] فرضت من أجل منفعتها.[9]

تتجلَّى أيضا المزايا التي تجنيها المؤسسات المملوكة للدولة من قربها من الحكومة في شكل أفضلية في الحصول على التمويل والدعم. ففي مصر، تُقدَّم ضمانات صريحة لبعض المؤسسات المملوكة للدولة أو الهيئة العامة المنخرطة في نشاط تجاري.[10] وفي الأردن، تقدم الحكومة دعما لشركة الكهرباء الوطنية وسلطة المياه، وتضمن سندات الشركات منذ عام 2011.[11] وفي الإمارات، التي يمكن فيها ضمان ديون المؤسسات المملوكة ملكية كاملة للحكومة، [12] تظهر التقارير أن بعضها يجري ضخ رؤوس أموال فيها وتتلقى معاملة تفضيلية من الحكومة مثل شركة الطيران الوطنية التي استفادت من دفعات أولية من رؤوس الأموال وقروض منتظمة بشروط ميسرة (منظمة التعاون والتنمية الاقتصادية 2012). وفي الكويت، [13]، والمغرب[14]، وتونس[15] تقدم الدولة التمويل أو تضمن ديون المؤسسات المملوكة للدولة. وفي السعودية، ينص قانون الموازنة على أنه يجوز للمؤسسات الحكومية التي تكون موازناتها مرتبطة بالموازنة العامة للدولة أن تقترض أو تصدر أي نوع من أدوات الدين بموافقة وزير المالية.[16] وفي الوقت نفسه، لا يلزم أي بلد من بلدان الشرق الأوسط وشمال أفريقيا محل الدراسة المؤسسات المملوكة للدولة بإظهار معدل عائد إيجابي، سواء احتُسِب من حيث صافي القيمة الحالية أو معدل العائد الداخلي.[17] يمكن الاطلاع على المزيد عن وجود المؤسسات المملوكة للدولة واللوائح التنظيمية في قطاعات الشبكات في الإطار 4-1.

ضوابط الأسعار وآليات محدودة لتقييم التأثير السلبي للوائح التنظيمية

لا تزال ضوابط الرقابة على أسعار التجزئة منتشرة في كثير من اقتصادات الشرق الأوسط وشمال أفريقيا. على سبيل المثال، تتحكم كل اقتصادات الشرق الأوسط وشمال أفريقيا محل الدراسة في أسعار مواد غذائية أساسية (مثل الحليب والخبز) وغاز البترول المسال. وهي جميعا تقريبا تتحكم في

الشكل 4-3 بلدان الشرق الأوسط وشمال أفريقيا تفرض ضوابط ولوائح تنظيمية لأسعار التجزئة أكثر مما تشهده البلدان النظيرة من حيث الدخل

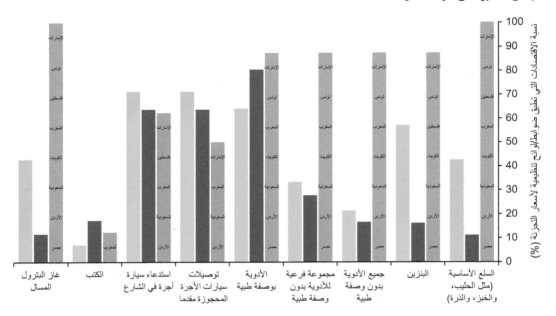

الشرق الأوسط وشمال أفريقيا
البلدان مرتفعة الدخل
الشريحة العليا من البلدان متوسطة الدخل

المصادر: إعداد فريق العمل المعني بإعداد التقرير الرئيسي على أساس قاعدة بيانات منظمة التعاون والتنمية الاقتصادية ومجموعة البنك الدولي للوائح المنظمة لأسواق المنتجات 2018-2020، وبيانات مُجمّعة بشأن جوانب مختارة من اللوائح المنظمة لأسواق المنتجات في ثمانية من اقتصادات الشرق الأوسط وشمال أفريقيا للسنوات 2018-2020. بيانات اللوائح المنظمة لأسواق المنتجات لمصر جمعت في 2017، وللكويت في 2018، ولتونس في 2017.
إيضاح: الاقتصادات الثمانية في الشرق الأوسط وشمال أفريقيا هي مصر والأردن والكويت والمغرب والسعودية وتونس والإمارات والضفة الغربية وقطاع غزة. تشير البلدان المذكورة في مجموعة الشرق الأوسط وشمال أفريقيا إلى الاقتصادات التي يجري فيه تطبيق ضوابط أسعار التجزئة.

أسعار البنزين والأدوية (الشكل 4-3 وجدول الملحق أ-7). وهذه أعلى كثيرا من نسبة البلدان التي تفعل ذلك في الشريحة العليا من البلدان متوسطة الدخل والبلدان مرتفعة الدخل. ومع أن هذه الأسعار قد تساعد في توفير المواد الغذائية التي تشتد الحاجة إليها للفقراء والضعفاء، فإنها ليست مُوجَّهة إليهم وحدهم دون غيرهم. ولطالما استخدمت اقتصادات الشرق الأوسط وشمال أفريقيا ضوابط الأسعار هذه وأنظمة دعمها كركيزة من ركائز دولة الرفاهة، لا سيما في غياب برامج دقيقة للمساعدات الاجتماعية الموجهة إلى أولئك الذين هم في أشد الحاجة إليها. ويُؤكِّد تقرير للبنك الدولي سيصدر قريبا عن مستقبل الحماية الاجتماعية في المنطقة على أهمية ترشيد وتوجيه الدعم للفقراء والضعفاء الأولى بالرعاية. ومن ناحية أخرى، بالنسبة لمُشغِّلي الخدمات الرقمية في أنشطة سيارات الأجرة، لا تحوز اقتصادات الشرق الأوسط وشمال أفريقيا قدراً من السيطرة والتحكم يضاهي نظائرها في الشريحة العليا من البلدان متوسطة الدخل والبلدان مرتفعة الدخل. ففي الأردن على سبيل المثال، شركات تشارُك الركوب ملزمة بتحديد أسعار أعلى بنسبة 15% عن أسعار سيارات الأجرة.[18]

علاوةً على ذلك، لم تُعتَمد بعد تقييمات منهجية للآثار التنظيمية، لا سيما فيما يتعلق بتأثير السياسات واللوائح التنظيمية على المنافسة (جدول الملحق أ-9). وقد اعتمدت أغلبية البلدان مرتفعة الدخل (95%) ونصف الشريحة العليا من البلدان متوسطة الدخل أُطُر تقييمات الآثار التنظيمية، إذ إنها تعمل كمُرشِّح لتقييم التكاليف والمنافع المتأتية من اللوائح التنظيمية والسياسات الجديدة (الشكل 4-4، اللوحة أ). ويُشكِّل التأثير على المنافسة جانبا مهما ينبغي تغطيته في تقييمات الآثار التنظيمية. وقد اعتمد المغرب والإمارات أُطُرا عامة لتقييمات الآثار التنظيمية،[19] لكن لا يقوم أي بلد آخر محل الدراسة في الشرق الأوسط وشمال أفريقيا حاليا بتحليل آثار اللوائح التنظيمية على المنافسة (الشكل 4-4، اللوحة ب). وينطوي هذا الإغفال على مخاطر أكبر على الاقتصادات التي ليس لديها وكالة مستقلة مُكلَّفة بالدفاع عن المنافسة، ومنها الأردن والإمارات والضفة الغربية وقطاع غزة.

اللوائح المُنظِّمة لسوق العمل والضرائب المتصلة بها

تُمثِّل اللوائح المنظمة لسوق العمل العوامل الرئيسية المحددة لتخصيص الموارد والإنتاجية. وهي تحمي حقوق العمال، وتعزِّز الأمن الوظيفي، وتُحسِّن ظروف العمل. وفي الوقت نفسه، لو كانت هذه اللوائح شديدة الصرامة، فإنها قد تصبح عائقا للعمل الرسمي، وتفسد الديناميكية فتفرض تكلفة عالية على الشركات وتستبعد بعض العمال، لا سيما الشباب وذوي المهارات المحدودة (باكارد وآخرون 2019، البنك الدولي 2013 و2019).

الإطار 4-1 لوائح تنظيمية تقييدية لقطاعات مُحدَّدة في صناعات الشبكات والخدمات المهنية في اقتصادات الشرق الأوسط وشمال أفريقيا

كشفت بيانات اللوائح المُنظِّمة لأسواق المنتجات أن الاقتصادات الثمانية في الشرق الأوسط وشمال أفريقيا محل الدراسة تُطبِّق عددا من القيود التنظيمية لقطاعات مُحدَّدة في صناعات الشبكات مثل نقل الكهرباء والغاز. وترتبط هذه القيود بالحضور البارز للمؤسسات المملوكة للدولة في قطاعاتٍ من السوق تعد المنافسة فيها حيوية، وكذلك التكامل الرأسي دون الفصل بين المكونات التنافسية لقطاعات السوق (شكل الإطار 4-1-1)، وضعف اللوائح المُنظِّمة للوصول لتيسير الدخول إلى تلك القطاعات وفرض ضوابط الأسعار. ويؤدي هذا إلى نواتج دون المستوى الأمثل لأداء السوق قد تُشكِّل عائقا أمام الاقتصاد بأسره.

وفي الخدمات المهنية التي تخضع للوائح تنظيمية، لا تزال القيود في البلدان محل الدراسة في مستوى متوسط مقارنة بالوضع في مجموعات بلدان المقارنة لا سيما فيما يتعلق بسياسات التسعير. بيد أنه في جميع البلدان محل الدراسة، توجد قيود على شكل النشاط مثل الغرض منه والمساهمات فيه في المغرب وتونس أو على أساس الجنسية في بلدان مجلس التعاون الخليجي، للمهن الأربع التي شملها المسح (المحاسبون والمحامون والمهندسون المعماريون والمهندسون)، ماعدا في السعودية بالنسبة للمحاسبين والمحامين، والسعودية والأردن بالنسبة للمهندسين المعماريين والمهندسين. ولا تزال اللوائح التنظيمية المتعلقة بالإعلان عن الخدمات المهنية المُنظَّمة في البلدان محل الدراسة أكثر تقييدا من المتوسطات السائدة في البلدان مرتفعة الدخل والشريحة العليا من البلدان متوسطة الدخل، وتواجه مهنة المحاماة أشد القيود سيراً على نفس الاتجاه الذي تشهده البلدان مرتفعة الدخل والشريحة العليا من البلدان متوسطة الدخل. ويُمكِن أن تساعد قدرة الشركات على الإعلان في تحسين جودة الخدمات، والتغلب على تضارب المعلومات الكامن في هذه الصناعات، لكن حظر الإعلان يُقيِّد الخيارات التنافسية للشركات الجديدة ويزيد من صعوبة تحديها ومنافستها للشركات القائمة.

وقد يعزل الافتقار إلى الفصل الهيكلي وإمكانية وصول طرف ثالث المؤسسات العامة القائمة عن المنافسة (شكل الإطار 4-1-2). وفي قطاع الطاقة، توجد في الكويت والمغرب والسعودية وتونس مؤسسات مملوكة للدولة تتسم بتكامل رأسي دون الفصل بين قطاعات السوق. أمّا مصر والإمارات فإنهما تشهدان أوضاعا مماثلة لأغلب البلدان مرتفعة الدخل والشريحة العليا من البلدان متوسطة الدخل، حيث يوجد فصل قانوني بين المؤسسات المملوكة للدولة التي لها وجود في قطاعات المنافسة فيها ممكنة (التوليد والتوزيع)، والمؤسسات المملوكة للدولة المسؤولة عن قطاعات النقل والتي تُشكِّل احتكارات طبيعية. وفي الأردن، يوجد فصل قانوني في قطاع التوليد/الإنتاج في مجال الطاقة، وفي الكويت في قطاعات الغاز. ومع ذلك، معظم البلدان التي شملها التحليل لا تضع قواعد كافية تكفل إمكانية وصول طرف ثالث على عكس نموذج اللوائح التنظيمية السائد في البلدان المرتفعة الدخل والشريحة العليا من البلدان متوسطة الدخل. وفي قطاع الاتصالات، يجري على نطاق واسع اعتماد نظام يفرض إمكانية الوصول إلى الشبكات وتشارك خدمات البنية التحتية مع تدابير تساند انتقال العملاء، ولكن التنفيذ لا تزال تشوبه تحديات في بعض البلدان مثل المغرب.

شكل الإطار 4-1-1 التكامل الرأسي مع فصل المكونات التنافسية لقطاعات السوق محدود في الشرق الأوسط وشمال أفريقيا

الشرق الأوسط وشمال أفريقيا

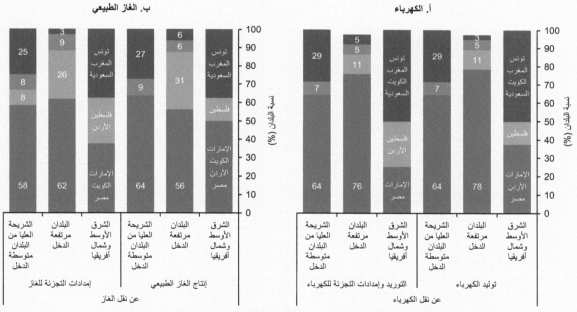

المصدر: إعداد فريق العمل المعني بإعداد التقرير الرئيسي على أساس بيانات اللوائح المنظمة لأسواق المنتجات.
إيضاح: تشير البلدان المذكورة في مجموعة الشرق الأوسط وشمال أفريقيا إلى الاقتصادات التي تُطبِّق ترتيبات مُحدَّدة لفصل المكونات التنافسية. الاقتصادات الثمانية في الشرق الأوسط وشمال أفريقيا هي مصر والأردن والكويت والمغرب والسعودية وتونس والإمارات والضفة الغربية وقطاع غزة.

(يتبع)

الإطار 1-4 لوائح تنظيمية تقييدية لقطاعات مُحدَّدة في صناعات الشبكات والخدمات المهنية في اقتصادات الشرق الأوسط وشمال أفريقيا (تابع)

شكل الإطار 4-1-2 إمكانية وصول طرف ثالث إلى شبكة نقل الطاقة نادر في الشرق الأوسط وشمال أفريقيا

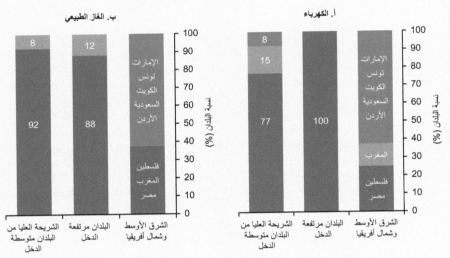

المصدر: إعداد فريق العمل المعني بإعداد التقرير الرئيسي على أساس بيانات اللوائح المنظمة لأسواق المنتجات.
إيضاح: تشير البلدان المذكورة في مجموعة الشرق الأوسط وشمال أفريقيا إلى الاقتصادات التي تُطبّق ترتيبات مُختلفة لإمكانية وصول طرف ثالث. الاقتصادات الثمانية في الشرق الأوسط وشمال أفريقيا هي مصر والأردن والكويت والمغرب والسعودية وتونس والإمارات والضفة الغربية وقطاع غزة.

المصادر: قاعدة بيانات منظمة التعاون والتنمية الاقتصادية ومجموعة البنك الدولي للوائح المنظمة لأسواق المنتجات 2018-2020، وبيانات مُجمّعة بشأن جوانب مختارة من اللوائح المنظمة لأسواق المنتجات في ثمانية من اقتصادات الشرق الأوسط وشمال أفريقيا للسنوات 2018-2020، وبيانات اللوائح المنظمة لأسواق المنتجات لمصر جمعت في 2017، وللكويت في 2018، ولتونس في 2017. انظر أيضا داودا وآخرين، سيصدر قريبا.
إيضاح: الاقتصادات الثمانية في المنطقة هي: مصر، والأردن، والكويت، والمغرب، والسعودية، وتونس، والإمارات، والضفة الغربية وقطاع غزة.
أ. قطاعات الشبكات هي قطاعات للخدمات الأولية مهمة للشركات في قطاعات الأنشطة النهائية، مثل الصناعات التحويلية. تشمل قطاعات الشبكات (الصناعات بين أقواس) التي شملتها نسخة 2018 من اللوائح المُنظّمة لأسواق المنتجات الطاقة (الكهرباء والغاز الطبيعي) والنقل (بالسكك الحديدية، والجوي، والبري، والمائي) والاتصالات (السلكية واللاسلكية الثابتة والمتنقلة).

على سبيل المثال، مع أن قواعد حماية العاملين مهمة لتخفيف الآثار السلبية لفقدان الدخل على العمال، فإنها قد تحد أيضا من انتقال العمال من الوظائف منخفضة الإنتاجية إلى الوظائف ذات الإنتاجية المرتفعة، وتفضي إلى موجات أطول من البطالة (بيتشرمان 2014).

علاوةً على ذلك، أظهرت بعض الشواهد أن تشديد اللوائح المُنظمة لسوق العمل، وتحديدا من خلال إجراءات العزل المرهقة، يرتبط بتدني مستوى اعتماد مبتكرات التكنولوجيا (بارتلسمان، وجوتيير- ودي ويند 2016؛ وباكارد ومونتنجرو 2017)، وكذلك انخفاض دخول الشركات وخروجها، لا سيما الشركات الصغيرة، في الصناعات التي تشهد مستويات مرتفعة من إعادة توزيع العمال (بوتاسو وكونتي وسوليس 2017). وهذه مسألة بالغة الأهمية في الوقت الحالي حيث تتعافى البلدان ببطء من تداعيات الجائحة، وأصبحت انتقالات العمال ضرورية.

والمبدأ الأساسي الذي ينبغي لواضعي السياسات اتباعه عند وضع اللوائح المُنظّمة لسوق العمل هو تفادي الإفراط والمغالاة. وتوخي "موقف وسط" بين الإفراط والتفريط أو بين التشدد والتهاون لهو مبدأ مقنع وفعال يجب اعتماده كمبدأ من مبادئ السياسة لتوجيه تصميم اللوائح المنظمة لسوق العمل (البنك الدولي 2013). ولكن لم يتم بعد تطويره بشكل كاف لقياسه كميا من أجل التوجيه الفعال للسياسات. ويمكن أيضا القول باطمئنان إن الخصائص التي تُحدّد "الموقف الوسط" قد تختلف اختلافا كبيرا وفقا لمستوى التنمية الاقتصادية والمؤسسية للبلدان (باكارد وآخرون 2019).

ومع أخذ هذه التأملات في الاعتبار، يُحلّل هذا القسم ويقارن بين اللوائح المنظمة لسوق العمل في 19 من بلدان الشرق الأوسط وشمال أفريقيا في أربعة مجالات مهمة لتسهيل انتقال العمال وفي الوقت نفسه عدم زيادة الأعباء الملقاة على كاهل الشركات: (1) قواعد التسريح وإعانات البطالة؛ (2) ضرائب العمل؛ (3) مرونة ترتيبات العمل؛ (4) الحد الأدنى للأجور (هاتاياما 2021).[20] وتظهر النتائج أن بعض اقتصادات المنطقة تعتمد لوائح تنظيمية مُقيّدة للعمل، بما في ذلك مكافآت مرتفعة نسبيا عن نهاية الخدمة (تعويض نهاية الخدمة) لفئات مُعيَّنة من العمال. بيد أن الأنظمة

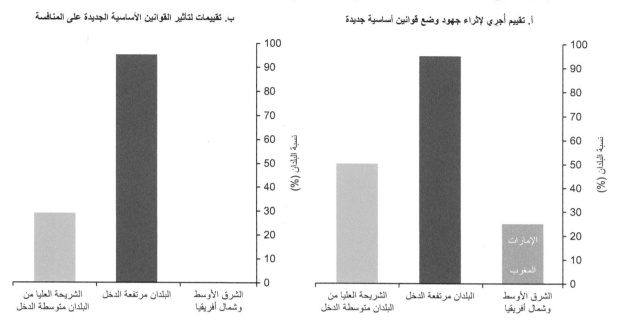

الشكل 4-4 **بلدان الشرق الأوسط وشمال أفريقيا لا تقوم بشكل منهجي بتحليل آثار لوائحها التنظيمية على المنافسة**

أ. تقييم أجري لإثراء جهود وضع قوانين أساسية جديدة
ب. تقييمات لتأثير القوانين الأساسية الجديدة على المنافسة

المصادر: إعداد فريق العمل المعني بإعداد التقرير الرئيسي على أساس قاعدة بيانات منظمة التعاون والتنمية الاقتصادية ومجموعة البنك الدولي للوائح المنظمة لأسواق المنتجات 2018-2020، وبيانات مُجمَّعة بشأن جوانب مختارة من اللوائح المنظمة لأسواق المنتجات في ثمانية من اقتصادات الشرق الأوسط وشمال أفريقيا للسنوات 2018-2020. بيانات اللوائح المنظمة لأسواق المنتجات لمصر جمعت في 2017، وللكويت في 2018، ولتونس في 2017.

إيضاح: الاقتصادات الثمانية في المنطقة هي: مصر، والأردن، والكويت، والمغرب، والسعودية، وتونس، والإمارات، والضفة الغربية وقطاع غزة. تشير البلدان المذكورة في مجموعة الشرق الأوسط وشمال أفريقيا إلى الاقتصادات التي يجري فيه تطبيق تقييمات الآثار التنظيمية.

العامة لإعانات البطالة التي تغطي عددا أكبر من العمال قليلة. وتشكل ضرائب العمل نسبة لا يستهان بها من التزامات ضريبية أكبر على الشركات ودخول العمال في بعض البلدان، ولكن استخدام العقود المحددة المدة التي قد تُشجِّع على التوظيف لا سيما للشباب من العمال من خلال مرونة شروط التعيين يعتبر مُقيَّدا في بعض الأحيان. ونطاق الحد الأدنى للأجور محدود أيضا في بعض البلدان، وفي بلدان أخرى لا وجود على الإطلاق للحد الأدنى للأجور.

قواعد الفصل من العمل وإعانات البطالة

تستخدم اللوائح المُنظِمة للعمل أنواعا مختلفة من أحكام الفصل لحماية العمال. ففي البلدان المتوسطة والمنخفضة الدخل، تعد مكافأة نهاية الخدمة هي الوسيلة الأكثر شيوعا لحماية العمال عندما يتم تسريحهم ويدخلون دائرة البطالة. ولكن مع أن هذه الوسيلة تتيح قدرا من حماية الدخل للعمال، فإنها تزيد من تكلفة فصل العمال، وتجمّع المخاطر على مستوى الشركة، حيث من المحتمل أن تعجز عن حماية العمال عندما تواجه الشركات صعوبات في السيولة ولا تستطيع السداد أو يكون امتثالها محدودا (كودو وروبالينو وويبر 2015). علاوةً على ذلك، فإن ارتفاع تكلفة الفصل من العمل واللوائح الصارمة للأمان الوظيفي قد تضعف النمو الكلي للوظائف والإنتاجية، وتزيد التفاوت بين العمال (بسانيني ونونزياتا وفين 2009؛ وهاراستي 2004؛ وكوجلر وسانت بول 2004).

وفي مواجهة القوانين الصارمة لحماية العمال، قد تجد الشركات حافزا لتعيين العمال بشكل غير رسمي. وثمة علاقة سلبية بين تكلفة الفصل من العمل والتوظيف في القطاع الرسمي تُقاس بنسبة المشتركين النشطين في أنظمة معاشات التقاعد من مجموع القوى العاملة (الشكل 4-5، اللوحة أ). علاوةً على ذلك، يرتبط ارتفاع تكلفة الفصل من العمل أيضا بكبر عدد المشتغلين بالأعمال الحرة الذين هم عاملون بدون أجر وينخرطون في الغالب في القطاع غير الرسمي في معظم البلدان في أنحاء العالم (الشكل 4-5، اللوحة ب). ومع أن هذه العلاقات ليست سببية فإنها تؤكد دراسات عملية سابقة تظهر أن صرامة اللوائح المُنظِّمة للعمل، بما في ذلك ارتفاع تكلفة التسريح قد تقلل من التشغيل وتدفقات العمال (بوتيرو وآخرون 2004؛ كوجلر وبيكا 2008؛ كوجلر وسانت بول 2004).

وتظهر نتائج دراسات من منطقة الشرق الأوسط وشمال أفريقيا أن تكلفة الفصل من العمل مرتفعة نسبيا، وأن قواعد التسريح مُعقَّدة بعض الشيء في كثير من البلدان. إذ يُلزم 14 بلدا في الشرق الأوسط وشمال أفريقيا أرباب العمل بإخطار الطرف الثالث والحصول على موافقة ذلك الطرف

الشكل 4-5 يرتبط ارتفاع تكلفة الفصل من العمل بكبر عدد العمال غير الرسميين والمشتغلين بالأعمال الحرة في الشرق الأوسط وشمال أفريقيا

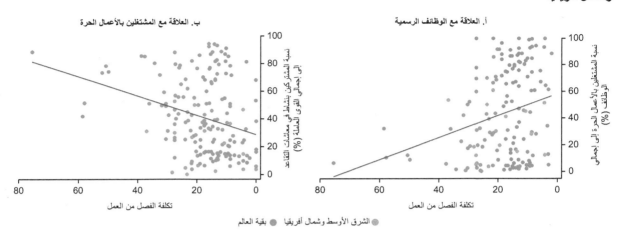

أ. العلاقة مع الوظائف الرسمية
ب. العلاقة مع المشتغلين بالأعمال الحرة
نسبة المشتغلين بالأعمال الحرة إلى إجمالي الوظائف (%)
الشرق الأوسط وشمال أفريقيا
بقية العالم

المصادر: قاعدة بيانات البنك الدولي لتوظيف العمال لعام 2020. للوحة أ، قاعدة البيانات العالمية للحماية الاجتماعية التابعة لمنظمة العمل الدولية على أساس مسوح الضمان الاجتماعي. للوحة ب، قاعدة بيانات إحصاءات منظمة العمل الدولية.

إيضاح: تكلفة الفصل من العمل هي مبلغ مكافأة نهاية الخدمة وفترة الإخطار المسبق كأسابيع من الراتب. عدد المشتركين بنشاط هو عدد من يدفعون اشتراكات في الأنظمة الوطنية القائمة لمعاشات التقاعد المستندة إلى الاشتراكات. هذا العدد الإجمالي للمشتركين بنشاط يتحدد بعدئذ بالنسبة إلى حجم القوى العاملة. في كل بلد، تتعلق البيانات بأحدث سنة متاحة (2003-2015).

الشكل 4-6 مكافأة نهاية الخدمة في الشرق الأوسط وشمال أفريقيا هي الأكثر سخاء في العالم

الشرق الأوسط وشمال أفريقيا
بقية العالم

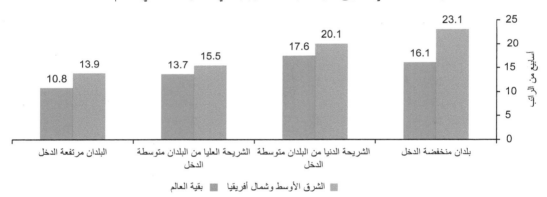

المصدر: قاعدة بيانات البنك الدولي لتوظيف العمال لعام 2020.

إيضاح: تشمل البلدان المنخفضة الدخل سوريا واليمن. تشمل الشريحة الدنيا من البلدان المتوسطة الدخل الجزائر وجيبوتي ومصر وإيران والمغرب وتونس والضفة الغربية وقطاع غزة. تشمل الشريحة العليا من البلدان المتوسطة الدخل العراق والأردن ولبنان وليبيا. تشمل البلدان المرتفعة الدخل البحرين والكويت وعُمان وقطر والسعودية والإمارات.

الثالث كي يستطيع رب العمل تسريح عامل أو إصدار أوامر فصل جماعية (اعتبار مجموعة من تسعة عمال أو أكثر عمالة زائدة عن الحاجة).[21] ويوجب نصف البلدان الأربعة عشر أيضا الحصول على الموافقة من الطرف الثالث.[22]

علاوة على ذلك، تشهد المنطقة ارتفاع مكافآت نهاية الخدمة مقارنة بالمعايير الدولية. إذ تبلغ مكافأة نهاية الخدمة في الشرق الأوسط وشمال أفريقيا في المتوسط ما يعادل راتب 17 أسبوعا، وهي أعلى من المتوسط العالمي لمكافأة نهاية الخدمة والبالغ 14.7 أسبوعا. وتبلغ مكافأة نهاية الخدمة في البلدان غير الأعضاء في مجلس التعاون الخليجي في المتوسط ما يعادل راتب 18.4 أسبوعا، ولكن المتوسط لدول مجلس التعاون أقل إذ يصل إلى 13.9 أسبوعا. وتعتمد كل مجموعات الدخل في الشرق الأوسط وشمال أفريقيا أنظمة أكثر سخاء لمدفوعات نهاية الخدمة مقارنة بمستواها في مجموعات المقارنة في بقية العالم (الشكل 4-6).

في البلدان التي تكون فيها قواعد الفصل من العمل أقل صرامة وتكلفة يمكن أن تساعد أنظمة جيدة التصميم لإعانات البطالة في توفير حماية كافية للعمال أثناء انتقالهم من وظيفة لأخرى. يمكن أن تكون أنظمة الحماية من البطالة خيارات أكثر موثوقية لتقديم دعم للدخل للعمال لأنها تساند العمال عند انتقالهم من وظيفة لأخرى أو العمال العاطلين لفترات طويلة. في الواقع، تبيَّن أن وجود مستويات معقولة من الحماية الاجتماعية بما في

ذلك إعانات بطالة جيدة التصميم يساعد على الحد من الفقر والضعف (ريناهي وآخرون 2018). في منطقة الشرق الأوسط وشمال أفريقيا، يندر تطبيق برامج للتأمينات الاجتماعية ضد البطالة، فلا توجد هذه البرامج إلا في تسعة من بلدان المنطقة.[23] ويؤدي هذا إلى اعتماد حماية الدخل من خلال القواعد التي يفرضها القانون لمدفوعات نهاية الخدمة وقواعد الفصل من العمل.

وحتى عندما توجد أنظمة التأمينات الاجتماعية من البطالة (لا سيما تلك التي تقوم على اشتراكات المستفيدين)، فإن أغلبية السكان لا يحق لهم الحصول على المنافع ذات الصلة. إذ تقل نسبة الأفراد العاطلين الذين يتلقون تأمينات اجتماعية من البطالة عن 10%. ويبلغ معدل تغطية هذه التأمينات 8.8% في الجزائر، و9.8% في البحرين، و0.1% في مصر.[24] وربما يرجع تدنِّي مستوى استخدام التأمينات من البطالة إلى صرامة شروط الأهلية، وصعوبة توثيق قرار الفصل من العمل، وقلة مخاطر تسريح الموظفين الدائمين المُؤمَّن عليهم، بالإضافة إلى نقص الوعي لدى العامة (أنجيل أوردينولا وكودو 2010). وتتجلَّى محدودية إعانات البطالة بوضوح عند النظر إلى مستويات البطالة، والبطالة الجزئية، والعمل غير الرسمي في المنطقة.

ضرائب العمل

يُقصَد بضرائب العمل اشتراكات الضمان الاجتماعي التي يتحملها أرباب العمل والموظفون، وكذلك ضرائب الدخل الشخصي التي تُفرض على الموظفين. وتخلق ضرائب العمل عائقا ضريبيا، وهو الفرق بين تكاليف العمل على رب العمل وما يكسبه العامل. وقد يؤدي ارتفاع العائق الضريبي إلى زيادة تكاليف العمل على أرباب العمل والحد من الطلب على الأيدي العاملة. وقد يُحفِّز أيضا أرباب العمل على تعيين عمال بشكل غير رسمي على أساس مؤقت أو تقليص وقت/ساعات العمل. علاوة على ذلك، قد تعمد بعض الشركات من أجل تخفيف الأعباء الضريبية إلى تسجيل الأجور بأقل من قيمتها الفعلية أو تفادي متطلبات التسجيل أو الاشتراكات الإلزامية، مما يؤدي إلى زيادة حجم القطاع غير الرسمي. وإذا كانت الاشتراكات التي يدفعها الموظفون تفوق المنافع، فقد يدفع هذا العمال أيضا إلى العمل بشكل غير رسمي لتفادي دفع الاشتراكات. وأكَّدت بالفعل مجموعة كبيرة من البحوث العملية أن ضرائب العمل المرتفعة قد تحد من الطلب على الأيدي العاملة وتزيد معدلات البطالة وتؤثر على مستويات التوظيف والعمل غير الرسمي (أنطون 2014، وكوجلر وكوجلر 2009؛ وليمان ومورافييف 2012؛ والبنك الدولي 2009).

ومعدلات الاشتراك في الضمان الاجتماعي التي يفرضها القانون مرتفعة نسبيا مقارنة بالمعايير الدولية. على سبيل المثال، المعدل المتوسط للبلدان خارج مجلس التعاون الخليجي يبلغ نحو 22%، وفي مصر أعلى معدل للعمال المؤمَّن عليهم، وكذلك أعلى معدلات لاشتراك أرباب العمل في منطقة الشرق الأوسط وشمال أفريقيا (40%) تليها الجزائر (34%). ويزيد هذا بدرجة كبيرة على المتوسط العالمي الذي يبلغ نحو 20% (الشكل 4-7). وفيما يتعلق بالضرائب التي تدفعها بالفعل الشركة، تُقدَّر ضرائب العمل في البلدان خارج مجلس التعاون الخليجي بنحو 18.8% من أرباح الشركات مقارنةً بالمتوسط العالمي البالغ نحو 16%. وتكلفة العمل مرتفعة جدا في الجزائر وإيران ومصر وتونس ولبنان والمغرب، ويُنفَق نحو ربع أرباح الشركات على ضرائب العمل واشتراكات الضمان الاجتماعي. وعلى النقيض من ذلك، معدلات ضرائب العمل متدنية في دول مجلس التعاون الخليجي التي تعتمد اعتمادا شديدا على صادرات النفط. ويبلغ معدل ضريبة العمل في دول مجلس التعاون في المتوسط نحو

الشكل 4-7 معدلات الاشتراك في الضمان الاجتماعي الذي يفرضه القانون مرتفعة نسبيا في الشرق الأوسط وشمال أفريقيا

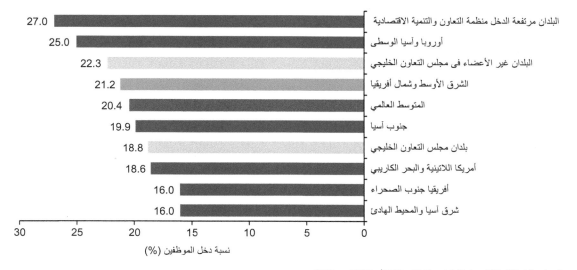

المصادر: الرابطة الدولية للضمان الاجتماعي 2018، و2019أ، و2019ب، و2020.

إيضاح: يستبعد الشكل البلدان التي تخلو من معدلات الاشتراك في الضمان الاجتماعي التي يفرضها القانون على أرباب العمل أو/و الموظفين. تغطي البيانات فترة 2018-2019. معدلات الاشتراك في الضمان الاجتماعي هي إجمالي الاشتراكات بالنسبة للشخص المُؤمَّن عليه ورب العمل في بلد ما ومتوسطها في كل منطقة. معدلات الاشتراك في الضمان الاجتماعي غير قابلة للمقارنة بشكل مباشر بين مختلف البرامج والبلدان، وقد يختلف تعريف الدخل المستخدم في حساب الاشتراكات. المصادر المفصلة والمذكرات والتعريفات بحسب البلد متاحة في الرابطة الدولية للضمان الاجتماعي 2018، و2019أ، و2019ب، و2020.

13% من أرباح الشركات، وهو مستوى منخفض نسبيا مقارنة بالوضع في البلدان غير الأعضاء في المجلس. علاوة على ذلك، تفرض دول مجلس التعاون بوجه عام ضرائب ضئيلة على أرباح الشركات. ويعني هذا بدوره أن نسبة ضرائب العمل إلى إجمالي الضرائب مرتفعة جدا في هذه الدول. وحقيقة أن بعض دول مجلس التعاون الخليجي قد بدأت أيضا تفرض بعض الضرائب الأخرى مثل ضريبة القيمة المضافة في البحرين والسعودية قد تُؤذِن أيضا بتغيرات في المستقبل في النظام الضريبي على الشركات والعمال، لا سيما مع تقلص الحيز المتاح للإنفاق في إطار المالية العامة.

مرونة ترتيبات العمل

قد يكون لترتيبات العمل المرنة التي تشمل ساعات العمل المرنة والعمل بدوام جزئي والعقود محددة المدة وغيرها من الترتيبات عدد من المزايا والمنافع. فهي قد تتيح فرصا للعمال للالتحاق بالقطاع الرسمي والاستفادة من أشكال توظيف جديدة. وقد تتيح لأرباب العمل أيضا مرونة قد يحتاجون إليها لتعديل مستويات التوظيف استجابة للتغيرات في طلب السوق دون تحمُّل التكاليف المفرطة للفصل من العمل. وتستطيع الشركات استخدام هذه الترتيبات التعاقدية لتنفيذ مشروعات جديدة أو قصيرة الأجل وتكملة الموظفين الدائمين الذين هم في عطلة أو عطلة وضع (منظمة العمل الدولية 2016أ). ويمكن أن يصبح استخدام العقود محددة المدة محطة انتقال إلى الوظائف الدائمة، وقد يكون مفيدا للعمال، لا سيما الداخلين الجدد إلى سوق العمل والعمال الشباب لاكتساب خبرة العمل والمهارات (منظمة العمل الدولية 2016أ). وبالنسبة للنساء، قد تتيح هذه العقود أيضا فرصة لمعالجة احتياجات العمل وتقديم الرعاية بمرونة أكبر، لا سيما في المجتمعات التي تؤدي فيها المرأة في الغالب خدمات الرعاية. وزاد التقدم التكنولوجي أيضا أهمية المرونة للشركات في إدارة الموارد البشرية، وعزز الاقتصاد الرقمي دور العمل الحر والعقود محددة المدة.

يُطبِّق الكثير من بلدان الشرق الأوسط وشمال أفريقيا ترتيبات عمل مرنة، لكن بعض البلدان لا تفعل ذلك. بالنسبة لبلدان كالجزائر وجيبوتي والعراق والمغرب، تُفرَض قيود على العقود محددة المدة منها حظر العقود محددة المدة لأداء مهام دائمة. علاوة على ذلك، الحد الأقصى للمدة التراكمية للعقود المحددة المدة قصير (أقل من 24 شهرا) في بعض البلدان، ويخضع تجديدها لمزيد من القيود. بالنسبة للوائح التي تؤثر على ساعات العمل، تسمح معظم بلدان الشرق الأوسط وشمال أفريقيا بترتيبات العمل الإضافي بعد الدوام الرسمي للعمال. مع أن عدد ساعات العمل القانونية يتبع الممارسات الدولية في معظم بلدان المنطقة، فإن عدة بلدان تطبق قواعد مُقيِّدة على العمل الإضافي مثل إخطار السلطة المختصة أو فرض قيود على عدد ساعات العمل. تفرض جيبوتي والأردن والكويت ولبنان وعُمان وقطر هذه القيود.

تجدر ملاحظة أنه على الرغم من أهمية ترتيبات العمل المرنة في الوقت الحالي، فإنها قد تنطوي على مخاطر عدم الأمان بالنسبة للعمال (منظمة العمل الدولية 2013أ). يعاني العمال المؤقتون، ولا سيما الشباب وذوي المهارات المحدودة، من محدودية إمكانية الحصول على مزايا الضمان الاجتماعي مثل معاشات التقاعد والتأمين الصحي وإعانات البطالة. فهم يحصلون على أجور أقل، ويتلقون تدريبا أقل وتتاح لهم قدرة أقل في التفاوض الجماعي (منظمة العمل الدولية 2016أ). ولذلك، يجب أن يلقى استخدام العقود محددة المدة دعما من سلامة الإنفاذ والحماية الاجتماعية الشاملة لتفادي إساءة استخدامها. وإذا كان لدى الاقتصاد تدابير للحماية الاجتماعية للوظائف المؤقتة، فإنه يمكن تحقيق المرونة من خلال عقود توظيف وترتيبات عمل أكثر مرونة، وفي الوقت نفسه تسهيل انتقال العمال إلى الوظائف المنتجة وإتاحة المرونة التي يحتاج إليها العمال.

الحد الأدنى للأجور الذي يفرضه القانون

تضع الحكومات الحد الأدنى للأجور بقصد توفير دخل كاف للعمال، لا سيما العمال ذوي الأجور المتدنية، وكذلك للحد من شقة التفاوت وعدم المساواة (منظمة العمل الدولية 1971؛ وكودو وروبالينو وويبر 2015). وتبرز أيضا أهمية الحد الأدنى للأجور حينما تحتكر شركات مُعيَّنة أسواقا محلية، ولا تترك للعمال قوة تفاوضية تُذكر. وفي التطبيق العملي، تظهر الدراسات أن الحد الأدنى من الأجور يُؤثِّر تأثيرا إيجابيا على إنتاجية العمال، ويحد في الوقت نفسه من تبدُّل الموظفين (انظر على سبيل المثال، بروتشو وجرين 2011). ولكن حينما يفوق الحد الأدنى للأجور الإنتاجية الحدية للعامل، فإنه يصبح قيدا للشركات بزيادة تكلفة الأيدي العاملة، لا سيما للعمال ذوي المهارات المحدودة (جاتي وآخرون 2014)، وقد يؤدي بالتالي إلى تقليص الطلب على العمال الرسميين، وزيادة مستويات البطالة والعمل غير الرسمي، لا سيما للعمال ذوي الأجور المتدنية (بتشرمان 2014؛ ومالوني ومنديز 2004). وينبغي أن يحمي الحد الأدنى للأجور الذي يفرضه القانون جميع العمال، وأن يتم تعديله بشكل منتظم ليراعي التغيرات في ظروف الاقتصاد المحلي والتغيرات في الإنتاجية (منظمة العمل الدولية 2016ب).

تضع بعض الاقتصادات في منطقة الشرق الأوسط وشمال أفريقيا مستوى مرتفعا للحد الأدنى للأجور مقارنة بالقيمة المضافة للعامل الواحد. ومع أن المتوسط الإقليمي لنسبة الحد الأدنى للأجور إلى القيمة المضافة للعامل الواحد مماثل للمتوسط العالمي عند 0.45، فإن هناك تباينات كبيرة في هذا الشأن فيما بين الاقتصادات. وسجَّلت الضفة الغربية وقطاع غزة، وجيبوتي، والمغرب مستويات مرتفعة لهذه النسبة بلغت 0.75، و0.71، و0.68 على الترتيب.

والأهم من ذلك، أن الحد الأدنى للأجور في المنطقة فيما يبدو ثابتا ولا يجري تعديله وفقا للظروف السائدة. ومن بين 14 اقتصادا توجد فيها حدود دنيا للأجور لعمال القطاع الخاص، ستة اقتصادات فحسب عدَّلت الحد الأدنى للأجور منذ 2014 (الجدول 4-2). وكانت إيران وحدها هي التي تجري تعديلا للحد الأدنى للأجور كل عام. وفي الوقت نفسه، بعض الاقتصادات لم تعتمد الحد الأدنى للأجور الذي يفرضه القانون إلا منذ وقت قريب. وفي أكتوبر/تشرين الأول 2012، على سبيل المثال، استحدثت الضفة الغربية وقطاع غزة حدا أدنى للأجور قدره 1450 شيقلا جديدا شهريا (منظمة العمل الدولية 2013ب). وفي عهد أقرب، عدَّلت جيبوتي قانون العمل لعام 2006 في يناير/كانون الثاني 2018 الذي وضع حدا أدنى للأجور في القطاع الخاص. وتعني التعديلات الطفيفة لمستويات الحد الأدنى للأجور أنها لا تراعي التغيرات في تكلفة المعيشة والظروف الاقتصادية، مما قد يضعف القدرة الشرائية للعمال ويعوق وجود هيكل منصف للأجور (منظمة العملة الدولية 1971، و2016ب). وتوصي منظمة العمل الدولية بتعديلات سنوية في فترات التضخم المنخفض أو المعتدل، وهو ما يتيح للعمال وأرباب العمل إجراء تعديلات على نحو سلس وإمكانية التنبؤ.

الجدول 2-4 الحد الأدنى للأجور في بلدان مختارة في الشرق الأوسط وشمال أفريقيا 2014-2019

المبلغ الشهري (بالعملة المحلية)

الاقتصاد	2015/2014	2016/2015	2017/2016	2018/2017	2019/2018	العملة المحلية
الجزائر	دينار جزائري 18,000	دينار جزائري 18,000	دينار جزائري 18,000	دينار جزائري 18,000	دينار جزائري 18,000	دينار جزائري
جيبوتي	0	0	0	0	فرنك جيبوتي 35,000	فرنك جيبوتي
إيران	ريال إيراني 7,124,250	ريال إيراني 8,121,660	ريال إيراني 9,299,310	ريال إيراني 11,112,691	ريال إيراني 15,168,810	ريال إيراني
العراق	دينار عراقي 120,000	دينار عراقي 120,000	دينار عراقي 120,000	دينار عراقي 350,000	دينار عراقي 350,000	دينار عراقي
الأردن	دينار أردني 190	دينار أردني 190	دينار أردني 220	دينار أردني 220	دينار أردني 220	دينار أردني
الكويت	دينار كويتي 60	دينار كويتي 60	دينار كويتي 60	دينار كويتي 75	دينار كويتي 75	دينار كويتي
لبنان	ليرة لبنانية 675,000	ليرة لبنانية 675,000	ليرة لبنانية 675,000	ليرة لبنانية 675,000	ليرة لبنانية 675,000	ليرة لبنانية
ليبيا	دينار ليبي 450	دينار ليبي 450	دينار ليبي 450	دينار ليبي 450	دينار ليبي 450	دينار ليبي
المغرب	درهم مغربي 2,450	درهم مغربي 2,566	درهم مغربي 2,566	درهم مغربي 2,566	درهم مغربي 2,566	درهم مغربي
عُمان	ريال عماني 325	ريال عماني 325	ريال عماني 325	ريال عماني 325	ريال عماني 325	ريال عماني
سوريا	ليرة سورية 13,670	ليرة سورية 16,175	ليرة سورية 16,175	ليرة سورية 16,175	ليرة سورية 16,175	ليرة سورية
تونس	دينار تونسي 476	دينار تونسي 476	دينار تونسي 502	دينار تونسي 595	دينار تونسي 634	دينار تونسي
الضفة الغربية وقطاع غزة	شيقل إسرائيلي جديد 1,450	شيقل إسرائيلي جديد 1,450	شيقل إسرائيلي جديد 1,450	شيقل إسرائيلي جديد 1,450	شيقل إسرائيلي جديد 1,450	شيقل إسرائيلي جديد
اليمن	ريال يمني 20,000	ريال يمني 20,000	ريال يمني 20,000	ريال يمني 20,000	ريال يمني 20,000	ريال يمني

المصدر: قاعدة بيانات البنك الدولي لتوظيف العمال لعام 2020.
إيضاح: جُمِعت المعلومات عن الحد الأدنى للأجور في الفترة من مايو/أيار في عام إلى مايو/أيار في العام التالي.

ويجب على الحكومات تحديد مستوى مناسب للحد الأدنى للأجور، لكن هذا الحد الأدنى يجب أن يحمي جميع العمال بصرف النظر عن جنسيتهم ونوع عملهم. وربع بلدان المنطقة ليس لديها حد أدنى وطني للأجور لعمال القطاع الخاص، وفي البلدان التي لديها هذا الحد الأدنى كثير من العمال مستبعدون أو الحد الأدنى للأجور يختلف بين المواطنين وغير المواطنين (الجدول 4-3). يصدق هذا تماما على المشتغلين بالخدمة المنزلية الذين يؤلفون نسبة لا يستهان بها من الأيدي العاملة في المنطقة، لا سيما في بلدان مجلس التعاون الخليجي.

القوانين القائمة على النوع الاجتماعي

تُضعِف القوانين واللوائح التنظيمية التي تُميِّز في المعاملة على أساس نوع الجنس مشاركة النساء في سوق العمل (أمين وإسلام 2015؛ وهولوورد-دريمير وجايجو 2015؛ وإسلام وموزي وأمين 2019)، وتؤدي إلى فجوات في الأجور بين الرجال والنساء (البنك الدولي 2015). علاوة على ذلك، يرتبط تعزيز المعاملة القانونية المتساوية بالحد من فجوة الأجور، وتقليل التمييز المهني بين الرجال والنساء (هايلاند، وديانكوف، وجولدبرج 2020). تُظهر الشواهد أنه من الضروري إزالة أشكال التمييز في المعاملة القانونية لتعزيز تمكين المرأة. ويذكر تقرير المرأة وأنشطة الأعمال والقانون لعام 2021 أن المنطقة تحل في المتوسط في أدنى المراكز على مؤشر المرأة وأنشطة الأعمال والقانون من حيث المساواة القانونية (الشكل 4-8)[25]. ومع أن العديد من بلدان الشرق الأوسط وشمال أفريقيا أجرت بعض الإصلاحات الملموسة في الآونة الأخيرة، فإن النساء في المنطقة يتعرضن لقوانين غير منصفة تحول دون تمكينهن اقتصاديا (انظر الملحق (ج)).

الجدول 4-3 قابلية تطبيق الحد الأدنى للأجور في اقتصادات مختارة في الشرق الأوسط وشمال أفريقيا

الاقتصاد/الاقتصادات	مدى انطباق الحد الأدنى للأجور
الكويت، قطر	الحد الأدنى للأجور ينطبق على عمال الخدمة المنزلية
السعودية، الإمارات	لا يوجد حد أدنى للأجور
البحرين، مصر	الحد الأدنى للأجور في القطاع العام فحسب
الأردن	الحد الأدنى للأجور يختلف بين العمال الوافدين والعمال الوطنيين

المصادر: منظمة العمل الدولية؛ قاعدة بيانات البنك الدولي لتوظيف العمال لعام 2020.

الشكل 4-8 منطقة الشرق الأوسط وشمال أفريقيا تحتل أدنى مركز في العالم على مؤشر المرأة وأنشطة الأعمال والقانون

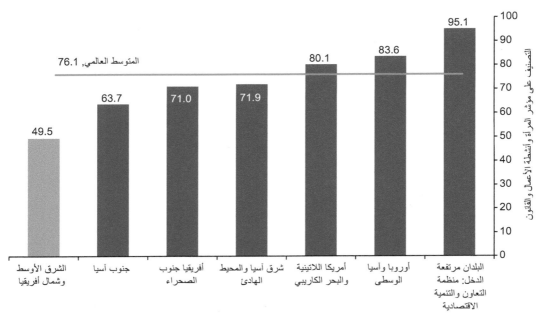

المصدر: تقرير المرأة وأنشطة الأعمال والقانون 2021.

وتواجه النساء في المنطقة عدة مستويات من القيود القانونية وعدم المساواة في الدخول والمشاركة في سوق العمل. وتحظر عشرة اقتصادات (البحرين وجيبوتي ومصر والأردن والكويت ولبنان والمغرب وسوريا وتونس والضفة الغربية وقطاع غزة) على النساء العمل في صناعات مُعيّنة. على سبيل المثال، في لبنان لا يُسمح للنساء بقيادة الآليات ذات المحركات الكبيرة. علاوة على ذلك، تربط تسعة بلدان في المنطقة عمل المرأة بموافقة زوجها أو إذن ولي أمرها بشكل أو بآخر، وتسمح بالتبعات القانونية في حالة عدم منحها هذا الإذن. وعلى المستوى العالمي، تواجه النساء هذه القيود على الإذن بالعمل في 19 بلدا، منها تسعة في منطقة الشرق الأوسط وشمال أفريقيا، وعشرة في منطقة أفريقيا جنوب الصحراء (الجدول 4-4).

وحينما تدخل النساء سوق العمل، يواجهن قيودا إضافية في مكان العمل. وتشهد منطقة الشرق الأوسط وشمال أفريقيا أعلى نسبة من البلدان التي تُفرض فيها قيود على عمل المرأة ليلا (الشكل 4-9). والقيود على ساعات العمل ليلا للنساء الحوامل أو المرضعات أكثر انتشارا في منطقة الشرق الأوسط وشمال أفريقيا مقارنة بالبلدان الأخرى. وعلى المستوى العالمي، 12% من البلدان فحسب تشهد هذه الأوضاع. علاوة على ذلك، لا يعتمد أي من دول مجلس التعاون الخليجي قانونا يمنح الأمهات العاملات عطلة مدفوعة الأجر تلبي المعايير الدولية. وتوصي معاهدة حماية الأمومة لمنظمة العمل الدولية (2000) بمنح المرأة العاملة عند الضرورة عطلة وضع مدفوعة الأجر مدتها 14 أسبوعا. وعلى المستوى العالمي، يسمح 117 بلدا من بين 190 بلدا للأمهات بالحصول على عطلة مدفوعة الأجر مدتها 14 أسبوعا على الأقل (عطلة الوضع أو عطلة الوالدين أو مزيج من الاثنين). وفي منطقة الشرق الأوسط وشمال أفريقيا، تقدم سبعة بلدان فحسب عطلة مدفوعة الأجر تزيد على 14 أسبوعا. وحينما تكون عطلة

الجدول 4-4 الاقتصادات التي تحتاج فيها المرأة لإذن زوجها كي تعمل

الشرق الأوسط وشمال أفريقيا	أفريقيا جنوب الصحراء
البحرين	الكاميرون
مصر	تشاد
إيران	جزر القمر
الأردن	غابون
الكويت	غينيا-بيساو
قطر	غينيا الاستوائية
سوريا	إسواتيني
الضفة الغربية وقطاع غزة	موريتانيا
اليمن	النيجر
	السودان

المصدر: البنك الدولي، تقرير المرأة وأنشطة الأعمال والقانون 2021.

الشكل 4-9 منطقة الشرق الأوسط وشمال أفريقيا تشهد قيودا على عمل المرأة ليلا أكثر من كل منطقة أخرى في العالم تقريبا

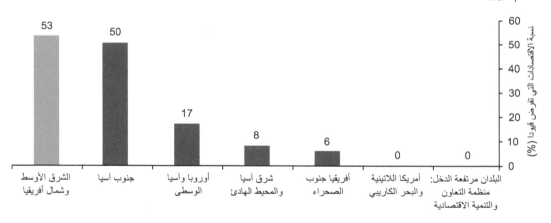

المصدر: البنك الدولي، تقرير المرأة وأنشطة الأعمال والقانون 2021.

الوضع المدفوعة الأجر متاحة، غالبا ما يتحمل تكلفتها أرباب العمل، وهو ما قد يدفعهم إلى التمييز ضد الموظفات، لا سيما النساء في سن الحمل بسبب ما يصاحب ذلك من التكاليف المباشرة وغير المباشرة لعطلة الوضع. وتتحمَّل الحكومة 100% من تكاليف مزايا عطلة الوضع في خمسة بلدان فحسب (الجزائر وإيران والأردن والمغرب وتونس). وعلى النقيض من ذلك، تغطي الحكومات مزايا عطلة الوضع في نحو 90% من بلدان منظمة التعاون والتنمية الاقتصادية ومنطقة أوروبا وآسيا الوسطى.

القوانين التي تحمي المرأة من التمييز ترفع مشاركة النساء في القوى العاملة (الشكل 4-10). وضع الكثير من الحكومات قوانين لتعزيز المساواة بين الجنسين في مكان العمل، مثل القوانين التي تحظر التمييز في التوظيف على أساس نوع الجنس، والتي تفرض المساواة في الأجر عن العمل ذي القيمة المتساوية، والتي تحظر فصل العاملات الحوامل. ولكن في منطقة الشرق الأوسط وشمال أفريقيا، الجزائر وإيران والأردن والكويت وعُمان وقطر ليس لديها حتى الآن قوانين تحظر التمييز في التوظيف على أساس نوع الجنس. علاوة على ذلك، أقل من نصف اقتصادات الشرق الأوسط وشمال أفريقيا لديها تشريعات تفرض المساواة في الأجر عن العمل ذي القيمة المتساوية. ويمكن أن يتيح إرساء قوانين عدم التمييز إطارا قانونيا للعمل من أجل حقوق النساء، وهو خطوة ضرورية نحو الحد من التفاوت بين الجنسين في سوق العمل.

وفي بعض بلدان المنطقة، تحقَّق بعض التقدم نحو المساواة بين الجنسين. على سبيل المثال، في 2020، ألغت السعودية كل القيود على عمل المرأة في قطاعات تعتبر غير مأمونة مثل التعدين، ووضعت الرجال والنساء على قدم المساواة في اختيار فرص العمل. وفي 2019، عدلت أيضا

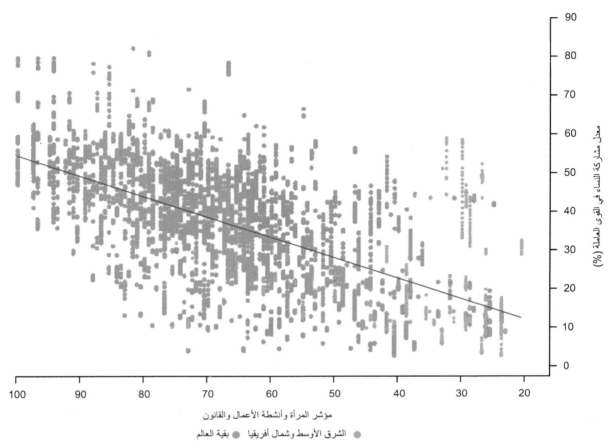

الشكل 4-10 ثمة علاقة إيجابية بين تمكين النساء ومشاركتهن في القوى العاملة

المصادر: البنك الدولي، تقرير المرأة وأنشطة الأعمال والقانون 1970-2019؛ ومنظمة العمل الدولية.
إيضاح: يُغطّي الشكل 190 بلدا على مدى 50 عاما.

القوانين التي تنطوي على تمييز ضد المرأة في التوظيف، بما في ذلك إعلانات الوظائف والتعيين، وحظرت على أرباب العمل فصل امرأة أثناء حملها وعطلة وضعها. وفي 2005، أنشأت الإمارات هيئة اتحادية هي مجلس التوازن بين الجنسين لتعزيز الجهود الرامية إلى إزالة الحواجز القانونية أمام عمل المرأة. وفي 2019، ألغت الحكومة كل القيود على توظيف النساء، وأصبح يُسمح للنساء العمل نفس الساعات وفي نفس الوظائف والصناعات التي يسمح بها للرجال. وفي 2020، استحدثت الإمارات عطلة الوالدين خمسة أيام لتصبح البلد الأول والوحيد في المنطقة الذي يمنح عطلة الوالدين مدفوعة الأجر.

قد يستغرق إدراك التأثير الإيجابي لهذه المبادرات على النساء وعالم العمل وقتا أطول. ولكن إمكانيات النساء في المنطقة كبيرة وستظل كبيرة. ويتضح هذا بجلاء لا في الزيادة العامة للتحصيل العلمي للنساء حيث يتفوقن على أقرانهن من الرجال في الاختبارات الدولية فحسب، وإنما أيضا في طريقة إدارتهن وتشغيلهن لمشروعاتهن. ومع أن عددا قليلا من النساء يقود شركات في المنطقة، فإن الشركات التي تقودها نساء كما اتضح في الفصل الثالث تستثمر في العادة أكثر في رأس المال المادي وفي تدريب العمال، وفي البحث والتطوير. علاوة على ذلك، الشركات التي تقودها نساء حققت خلال السنوات القليلة الماضية نموا في الوظائف أكبر مما حققته تلك التي يقودها رجال، ويزيد احتمال أن تقوم هذه الشركات بتوظيف نساء عاملات. وأخيرا، الشركات التي يقودها نساء يزيد احتمال أن تتمتع بالربط الرقمي عن الشركات التي يقودها رجال والذي يتحدد من خلال امتلاك الشركة موقعا إلكترونيا خاصا بها، الأمر الذي يسلط الضوء على الإمكانيات والفرص التي تستطيع المنطقة اغتنامها من أجل إحداث التغيير.

إيضاحات

1. https://www.oecd.org/economy/reform/indicators-of-product-market-regulation/.

2. تستند البيانات التي استُخدِمت وجُمعت من أجل بلدان المقارنة هذه إلى منهجية اللوائح المُنظِّمة لأسواق المنتجات 2018. ويستخدم هذا القسم فئات الدخل التالية: البلدان مرتفعة الدخل: أستراليا، والنمسا، وبلجيكا، وكندا، وشيلي، وكرواتيا، وقبرص، وجمهورية التشيك، والدانمرك، وإستونيا، وفنلندا، وفرنسا، وألمانيا، واليونان، والمجر، وآيسلندا، وأيرلندا، وإسرائيل، وإيطاليا، واليابان، والجمهورية الكورية، ولاتفيا، وليتوانيا، ولوكسمبورج، ومالطا، وهولندا، ونيوزيلندا، والنرويج، وبولندا، والبرتغال، ورومانيا، والجمهورية السلوفاكية، وسلوفينيا، وإسبانيا، والسويد، وسويسرا، والمملكة المتحدة. تتألف الشريحة العليا من البلدان متوسطة الدخل من: ألبانيا، والأرجنتين، والبرازيل، وبلغاريا، وكولومبيا، وكوستاريكا، وإندونيسيا، وكازاخستان، والمكسيك، وبيرو، والاتحاد الروسي، وصربيا، وجنوب أفريقيا، وتركيا. وتُصنَّف اقتصادات منطقة الشرق الأوسط وشمال أفريقيا إلى البلدان مرتفعة الدخل (الكويت والسعودية والإمارات)، والشريحة العليا من البلدان متوسطة الدخل (مصر والأردن والمغرب وتونس)؛ والشريحة الدنيا للبلدان متوسطة الدخل (الضفة الغربية وغزة).

3. يمكن الاطلاع على مزيد من التفاصيل عن منهجية جمع بيانات اللوائح المنظمة لأسواق المنتجات في الملحق (أ). وجُمعت بيانات إضافية وتم تحليلها، ولكن لم تُعرَض في هذا التقرير، بما في ذلك الأعباء الإدارية (الترخيص)، والعوائق في قطاعات الخدمات والشبكات، والعوائق أمام التجارة والاستثمار (العوائق أمام الاستثمار الأجنبي المباشر، والحواجز الجمركية، والمعاملة التفضيلية للموردين الأجانب، والعوائق أمام تسهيل التجارة) والتحليل القطاعي الذي يغطي قطاع الطاقة، وقطاع الاتصالات (مع التركيز على الاستثمارات الحكومية في القطاع، والتكامل الرأسي، وإمكانية وصول الغير، وسياسة التسعير)، والقطاعات الخدمية في المجالات القانونية، والمحاسبية، والهندسية، والمعمارية (مع التركيز على اللوائح المنظمة للسلوك)، وخدمات تجارة التجزئة (مع التركيز على لوائح تنظيم الأسعار). تقدم الدراسة المرجعية "القواعد المُقيِّدة كتحد للمنافسة والإنتاجية والوظائف في منطقة الشرق الأوسط وشمال أفريقيا: سد الفجوة" (داودا وآخرون، ستصدر قريبا) تحليلا كاملا لبيانات اللوائح المنظمة لأسواق المنتجات.

4. في الكويت، ينص الباب 25 من موازنة 2020-2021 على الدعم للمؤسسات العامة، والمؤسسات العامة غير المالية، والمساندة لمنتجات التكرير وغاز البترول المسال الذي يتم تسويقه محليا، ودعم الوقود لشركة الخطوط الجوية الكويتية. متاح على هذا الموقع، (https://www.mof.gov.kw/MofBudget/PDF/Budget20-19eng.pdf (last accessed February 10, 2021). بالنسبة لمصر، انظر القرار 2001/934 الذي ينص على ألا يتم تشغيل الرحلات الجوية المنتظمة المحلية أو الدولية في نفس وقت تشغيل طائرات مؤسسة مصر للطيران.

5. بالنسبة لمصر يشير هذا إلى التكتلات الكبيرة حيث يمكن إصدار إعفاء إذا تبيَّن أن الاتفاق المشار إليه لتحقيق كفاءة اقتصادية من شأنه أن يحقق للمستهلك فائدة واضحة تفوق آثار الحد من المنافسة (المادة 6 من قانون حماية المنافسة رقم 3 لسنة 2005)، وبالنسبة لتونس، حيث يجوز للوزير المختص تحديد الأسعار في تدابير مؤقتة لا تتجاوز ستة أشهر لمعالجة اختلالات السوق، مثل الزيادة المفرطة المفاجئة أو انهيار الأسعار (المواد 2-4 من القانون 36 لسنة 2015).

6. المادة 4 من القانون الاتحادي رقم 4 لسنة 2012.

7. تشير العمليات غير المؤسَّسة إلى تعهدات أنشطة الأعمال المقدمة من كيانات لا تتشكَّل في هيئة مؤسسة ذات كيان قانوني ومن ثم تفتقر إلى الوضع الاعتباري.

8. الرسوم شبه الضريبية هي في الأساس رسوم تفرضها الدولة دون أن تقدم بالضرورة خدمة في مقابلها. وهي تشمل بعض الرسوم غير الضرائب.

9. تعفي المادة 6 من قانون الضرائب العام مؤسسات معينة مملوكة للدولة من ضريبة الدخل.

10. وفقا لتقرير صدر عن وزارة المالية المصرية في 2019، فإن الدعم المُقدَّم للقطاع العام (شاملا دعم الكهرباء) بلغ 32,178.9 مليون جنيه، والقروض بلغت 73.8 مليون جنيه، والمشاركة في المؤسسات المملوكة للدولة بلغت 2,633.9 مليون جنيه (بإجمالي قدره 34,886.5 مليون جنيه) للسنة المالية 2018/2017. وكشف التقرير أيضا عن مبالغ ضمانات القروض الخارجية الممنوحة من وزارة المالية وتسهيلات إعادة التمويل/إعادة الهيكلة المقدمة من خلال الوزارة للمؤسسات المملوكة للدولة. وزارة المالية، العلاقات المالية بين المؤسسات المملوكة للدولة والحكومة، متاح على هذا الموقع:

    http://www.mof.gov.eg/MOFGallerySource/Arabic/Financial-Egypt-report2018/Relationship_between_companies_treasury.pdf (تم الاطلاع عليه آخر مرة في 2 سبتمبر/أيلول 2019)

11. وزارة الخارجية الأمريكية، بيانات مناخ الاستثمار 2020: الأردن"/ متاح على هذا الموقع:

    https://www.state.gov/reports/2020-investment-climate-statements/jordan/

    (تم الاطلاع عليه آخر مرة في 5 ديسمبر/كانون الأول 2021).

12. تتناول المادة 77 من القانون 26 لسنة 2019 متطلبات إصدار ضمانات حكومية لكيانات اتحادية والتي يبدو أن تعريفها لا يتضمن المؤسسات المملوكة للدولة (المادة 3). بيد أن المادة 11 من القانون 9 لسنة 2018 فيما يتعلق بالدين العام تشمل المؤسسات المملوكة ملكية كاملة للحكومة وفق تعريف الكيانات الحكومية التي يجوز ضمان الديون لها.

13. انظر "الكويت—المنافسة من المؤسسات المملوكة للدولة"، متاح على هذا الموقع:

    https://www.export.gov/article?id=Kuwait-Competition-from-State-Owned-Enterprises

    (تم الاطلاع عليه آخر مرة في 18 فبراير/شباط 2021).

14. بلغ إجمالي الدعم المُقدَّم للكيانات والمؤسسات العامة المغربية 30.792 مليون درهم بنهاية 2018، 44% منه للاستثمار (رأس المال والمعدات)، و56% لمصاريف التشغيل. وحصلت الكيانات والمؤسسات العامة ذات الطبيعة التجارية على دعم قدره 2.988 مليون درهم. واستفاد قطاع النقل والطاقة بأكثر من 900 مليون درهم. انظر تقرير وزارة المالية حول المؤسسات العمومية و المقاولات العمومية 2020، "تقرير حول قطاع المؤسسات العمومية والمقاولات العمومية المرفق بمشروع قانون المالية لسنة 2020"، متاح على هذا الموقع:

    https://www.finances.gov.ma/en/Pages/finance-act-2020.aspx

    (تم الاطلاع عليه آخر مرة في 18 فبراير/شباط 2021).

15. يجوز أن تحصل الشركات التي تسيطر عليها الدولة على تمويل مضمون من الدولة. ويتحدَّد مبلغ الضمان الذي تقدمه الدولة كل عام في قانون المالية (كما هو منصوص عليه في المادة 9 من قانون المالية لسنة 2013).

16. المادة 4 ج، موازنة الدولة 1441-1442 هجرية (2020) متاح على هذا الموقع:
https://www.mof.gov.sa/financialreport/budget2020/Pages/default.aspx
(تم الاطلاع عليه آخر مرة في 18 فبراير/شباط 2021).

17. للاطلاع على شرح مُفصَّل لصافي القيمة الحالية ومعدل العائد الداخلي، انظر مفوضية الاتحاد الأوروبي: "Guide to Cost-Benefit Analysis of Investment Projects: Structural Funds, Cohesion Fund and Instrument for Pre-Accession, 2008,"، https://ec.europa.eu/regional_policy/en/information/publications/evaluations-guidance-documents/2008/guide-to-cost-benefit-analysis-of-investment-projects

18. المادة 10 من اللوائح المُنظِّمة لخدمات النقل باستخدام تطبيقات الهاتف الذكي.

19. المادة 19 من القانون 13-065 فيما يتعلق بتنظيم وإدارة الشؤون الحكومية والوضع القانوني لأعضائها. "على مستوى العالم يقوم 25 اقتصادا بما في ذلك الاتحاد الأوروبي والإمارات العربية المتحدة وتايوان (الصين) بقياس كل هذه الآثار [طائفة واسعة من الآثار التي تُغطيها تقييمات الآثار التنظيمية]". البنك الدولي، المؤشرات العالمية لأنظمة الإدارة العامة والحوكمة: ممارسات تقييم الآثار التنظيمية على الصعيد العالمي، متاح على هذا الموقع: Assessments, available at https://documents.worldbank.org/en/publication/documents-reports/documentdetail/905611520284525814/global-indicators-of-regulato-ry-governance-worldwide-practices-of-regulatory-impact-assessments.pdf.

20. تشمل منطقة الشرق الأوسط وشمال أفريقيا في هذا التحليل: الجزائر، والبحرين، وجيبوتي، ومصر ، وإيران ، والعراق، والأردن، والكويت، ولبنان، وليبيا، والمغرب، وعُمان، وقطر، والسعودية، وسوريا، وتونس، والإمارات، والضفة الغربية وقطاع غزة، واليمن.

21. الاقتصادات الأربعة عشر هي: الجزائر والبحرين وجيبوتي ومصر وإيران والعراق والأردن ولبنان وليبيا والمغرب وسوريا وتونس والضفة الغربية وقطاع غزة واليمن.

22. البلدان السبعة هي: مصر وإيران والعراق والأردن والمغرب وسوريا وتونس.

23. البلدان التسعة هي: الجزائر والبحرين ومصر وإيران والأردن والكويت والمغرب والسعودية وتونس.

24. تشير البيانات التي تخص الجزائر والبحرين ومصر إلى السنوات 2003 و2010 و2015 على الترتيب. قاعدة بيانات الضمان الاجتماعي لمنظمة العمل الدولية.

25. تشمل منطقة الشرق الأوسط وشمال أفريقيا لهذا التحليل 19 اقتصادا: الجزائر، والبحرين، وجيبوتي، ومصر، وإيران ، والعراق، والأردن، والكويت، ولبنان، وليبيا، والمغرب، وعُمان، وقطر، والسعودية، وسوريا، وتونس، والإمارات ، والضفة الغربية وقطاع غزة، واليمن.

المراجع

Amin, Mohammed, and Asif Islam. 2015. "Does Mandating Nondiscrimination in Hiring Practices Affect Female Employment? Evidence Using Firm-Level Data." *Feminist Economics* 12 (1&2).

Angel-Urdinola, Diego F., and Arvo Kuddo. 2010. "Key Characteristics of Employment Regulation in the Middle East and North Africa." Social Protection Discussion Paper 1006, World Bank, Washington, DC.

Antón, Arturo. 2014. "The Effect of Payroll Taxes on Employment and Wages under High Labor Informality." *IZA Journal of Labor Development* 3 (20). https://doi.org/10.1186/2193-9020-3-20.

Bartelsman, Eric J., Pieter A. Gautier, and Joris de Wind. 2016. "Employment Protection, Technology Choice, and Worker Allocation." *International Economic Review* 57 (3): 787–826.

Bassanini, Andrea, Luca Nunziata, and Danielle Venn. 2009. "Job Protection and Productivity Growth in OECD Countries." *Economic Policy* 24 (58): 349–402.

Betcherman, Gordon. 2014. "Labor Market Regulations: What Do We Know about Their Impacts in Developing Countries?" Policy Research Working Paper 6819, World Bank, Washington, DC.

Botero, Juan C., Simeon Djankov, Rafael La Porta, Florencio Lopez-de-Silanes, and Andrei Shleifer. 2004. "The Regulation of Labor." *Quarterly Journal of Economics* 119 (4): 1339–82.

Bottasso, Anna, Maurizio Conti, and Giovanni Sulis. 2017. "Firm Dynamics and Employment Protection: Evidence from Sectoral Data." *Labour Economics* 48 (October): 35–53.

Brochu, Pierre, and David A. Green. 2011. "The Impact of Minimum Wages on Quit, Layoff and Hiring Rates." IFS Working Paper 06/11, Institute for Fiscal Studies, London.

Dauda, Seidu, Graciela Miralles Murciego, Georgiana Pop, and Azza Raslan. Forthcoming. "Restrictive Regulation as a Challenge for Competition, Productivity, and Jobs in the MENA Region: Closing the Gap." Background paper for *Jobs Undone: Reshaping the Role of Governments toward Markets and Workers in the Middle East and North Africa.* World Bank, Washington, DC.

Ebell, Monique, and Christian Haefke. 2003. "Product Market Deregulation and Labor Market Outcomes." Economics Working Paper, Department of Economics and Business, Universitat Pompeu Fabra, Barcelona.

Gatti, Roberta, Diego F. Angel-Urdinola, Joana Silva, and Andras Bodor, eds. 2014. *Striving for Better Jobs: The Challenge of Informality in the Middle East and North Africa.* Directions in Development: Human Development. Washington, DC: World Bank.

Griffith, Rachel, and Rupert Harrison. 2004. "The Link between Product Market Reform and Macro-economic Performance." Economic Paper 209, European Commission, Brussels.

Hallward-Driemeier, Mary, and Ousman Gajigo. 2015. "Strengthening Economic Rights and Women's Occupational Choice: The Impact of Reforming Ethiopia's Family Law." *World Development* 70: 260–73.

Harasty, Claire. 2004. "Successful Employment and Labour Market Policies in Europe and Asia and the Pacific." Employment Strategy Paper 2004/4, International Labour Organization, Geneva.

Hatayama, Maho. 2021. "Revisiting Labor Market Regulations in the Middle East and North Africa." Jobs Working Paper 64, World Bank, Washington, DC. https://openknowledge.worldbank.org/handle/10986/36887.

Hyland, Marie, Simeon Djankov, and Pinelopi Koujianou Goldberg. 2020. "Gendered Laws and Women in the Workforce." *American Economics Review: Insights* 2 (4): 475–490.

ILO (International Labour Organization). 1971. Minimum Wage Fixing Convention, 1971 (No. 131).

ILO (International Labour Organization). 2013a. "Labour Inspection and Employment Relationship." Working Document No. 28, ILO, Geneva.

ILO (International Labour Organization). 2013b. "The Situation of Workers of the Occupied Arab Territories." International Labour Conference, 102nd Session, 2013.

ILO (International Labour Organization). 2016a. *Non-standard Employment around the World: Understanding Challenges, Shaping Prospects.* Geneva: ILO.

ILO (International Labour Organization). 2016b. *Minimum Wage Policy Guide: Full Chapters.* Geneva: ILO.

ILO (International Labour Organization). 2020. Maternity Protection Convention, 2000 (No. 183).

Islam, Asif M., Silvia Muzi, and Mohammad Amin. 2019. "Unequal Laws and the Disempowerment of Women in the Labour Market: Evidence from Firm-Level Data." *Journal of Development Studies* 55 (5): 822–44.

ISSA (International Social Security Association). 2018. *Social Security Programs throughout the World: Europe, 2018.* Geneva: ISSA.

ISSA (International Social Security Association). 2019a. *Social Security Programs throughout the World: Africa, 2019.* Geneva: ISSA.

ISSA (International Social Security Association). 2019b. *Social Security Programs throughout the World: Asia and the Pacific, 2018.* Geneva: ISSA.

ISSA (International Social Security Association). 2020. *Social Security Programs throughout the World: The Americas, 2019.* Geneva: ISSA.

Kuddo, Arvo, David Robalino, and Michael Weber. 2015. *Balancing Regulations to Promote Jobs: From Employment Contracts to Unemployment Benefits.* Washington, DC: World Bank.

Kugler, Adriana, and Maurice Kugler. 2009. "Labor Market Effects of Payroll Taxes in Developing Countries: Evidence from Colombia." *Economic Development and Cultural Change* 57 (2): 335–58.

Kugler, Adriana, and Giovanni Pica. 2008. "Effects of Employment Protection on Worker and Job Flows: Evidence from the 1990 Italian Reform." *Labour Economics* 15 (1): 78–95.

Kugler, Adriana, and G. Saint-Paul. 2004. "How Do Firing Costs Affect Worker Flows in a World with Adverse Selection?" *Journal of Labor Economics* 22: 553–84.

Lehmann, Hartmut, and Alexander Muravyev. 2012. "Labor Market Institutions and Informality in Transition and Latin American Countries." IZA Discussion Paper 7035, Institute of Labor Economics, Bonn.

Mahmood, Syed Akhtar, and Meriem Ait Ali Slimane. 2018. *Privilege-Resistant Policies in the Middle East and North Africa: Measurement and Operational Implications*. MENA Development Report. Washington, DC: World Bank.

Maloney, William F., and Jairo Mendez. 2004. "Measuring the Impact of Minimum Wages: Evidence from Latin America." In *Law and Employment: Lessons from Latin America and the Caribbean*, edited by James J. Heckman and Carmen Pagés, 109–30. Cambridge, MA: National Bureau of Economic Research.

Nicoletti, Giuseppe, and Stefano Scarpetta. 2005. "Product Market Reforms and Employment in OECD Countries." OECD Economics Department Working Paper No. 472, OECD Publishing, Paris.

OECD (Organisation for Economic Co-operation and Development). 2012. *Towards New Arrangements for State Ownership in the Middle East and North Africa*. Paris: OECD Publishing.

Packard, Truman G., Ugo Gentilini, Margaret Grosh, Philip O'Keefe, Robert J. Palacios, David A. Robalino, and Indhira Santos. 2019. *Protecting All: Risk Sharing for a Diverse and Diversifying World of Work*. Human Development Perspectives. Washington, DC: World Bank.

Packard, Truman G., and Claudio Montenegro. 2017. "Labor Policy and Digital Technology Use: Indicative Evidence from Cross-Country Correlations." Policy Research Working Paper 8221, World Bank, Washington, DC.

Renahy, Emilie, Christine Mitchell, Agnes Molnar, Carles Muntaner, Edwin Ng, Farihah Ali, and Patricia O'Campo. 2018. "Connections between Unemployment Insurance, Poverty and Health: A Systematic Review." *European Journal of Public Health* 28 (2): 269–75.

World Bank. 2009. "Estimating the Impact of Labor Taxes on Employment and the Balances of the Social Insurance Funds in Turkey." World Bank, Washington, DC.

World Bank. 2013. *Jobs for Shared Prosperity: Time for Action in the Middle East and North Africa*. Washington, DC: World Bank.

World Bank. 2015. *Women, Business and the Law 2016: Getting to Equal*. Washington, DC: World Bank.

World Bank. 2019. *World Development Report 2019: The Changing Nature of Work*. Washington, DC: World Bank.

World Bank. 2020. *Morocco Infrastructure Review*. Washington, DC: World Bank.

World Bank. 2021. *Women, Business and the Law 2021*. Washington, DC: World Bank.

أصوات رواد الأعمال الشباب في منطقة الشرق الأوسط وشمال أفريقيا.

المغرب: منصة تشارُك الركوب الآمن لتقاسم تكلفة الرحلات

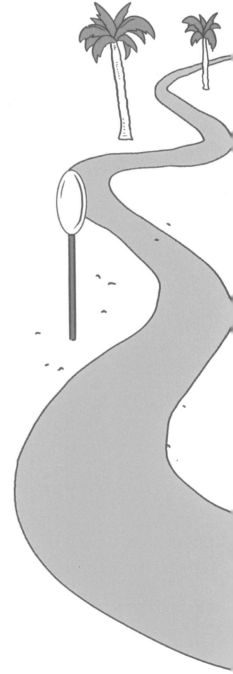

هشام هو رائد أعمال يبلغ من العمر 31 عاما، وهو المؤسس والمدير التنفيذي لمنصة لتشارُك الركوب تخدم قرابة 400 ألف شخص في أنحاء المغرب. كان هشام يعيش في القنيطرة ويسافر كل يوم إلى العاصمة الرباط من أجل العمل. وأدرك أن مشروعا لتشارُك الركوب بين مدينته والعاصمة سيُسهِّل السفر ذهابا وإيابا، ومن ثم سيتيح فرصا للعمل والتوظيف. وأوضح هشام الفكرة قائلا "أردتُ أن أُسعِد الناس وألبِّي احتياجاتهم". وأراد هشام أيضا أن يتيح للنساء وسيلة مأمونة للسفر والانتقال. وإحدى الطرق التي تناول بها هذا الأمر هي إتاحة خيار في التطبيق للنساء لاختيار مشاركة الركوب مع نساء أخريات فحسب.

منصة هشام لتشارُك الركوب مشروع ابتكاري لريادة الأعمال الاجتماعية يقوم على أساس الاقتصاد الناشئ لمشاركة الركوب الذي يتقاسم فيه الركاب تكلفة الرحلة مع السائق. وفي العام الماضي، استفاد نحو عشرة آلاف سائق من هذه الخدمة. إنها خدمة جديدة ميسورة التكلفة للنقل متاحة على نطاق متزايد لكثير من المغاربة. ومن خلال تطبيق الشركة، يستطيع الركاب العثور على سائق ينقلهم إلى وجهتهم مع مشاركة الركوب مع آخرين ذاهبين في نفس الاتجاه، وهو ما يقلص تكلفة رحلتهم، ويعود بالنفع على البيئة. وتضيف برمجية التتبع في التطبيق عنصر سلامة إلى رحلة كل راكب حيث يستطيع الركاب أن يروا على تطبيقهم هل هم في المسار الصحيح أم حدث انعطاف مريب. المنصة وسيلة للنقل أرخص تكلفة بكثير من وسائل النقل العام التقليدية. على سبيل المثال، الرحلة من فاس إلى الدار البيضاء قد تبلغ تكلفتها ما يعادل 12 إلى 28 دولارا بالحافلة أو القطار وهي أرخص وسائل النقل المتاحة. ولكن تكلفة القيام بهذه الرحلة من خلال منصة هشام أقل بنسبة 50% إلى 75%: ما بين 6 دولارات و9 دولارات للمقعد الواحد.

ولتعزيز الثقة بين المستخدمين، يستخدم التطبيق نظاما للتقييم للتشجيع على حُسْن سلوك السائق والركاب. ويلزم التحقق من بطاقات هوية السائقين قبل أن يمكنهم نقل آخرين، وتُسجَّل بعض المعلومات الشخصية على ملفهم في التطبيق لمزيد من الطمأنينة. ويوصي الموقع الإلكتروني للشركة أيضا الركاب بأن يتحقَّقوا من بطاقات هويتهم على التطبيق بإدخال رقم بطاقة هويتهم الوطنية أو صورة لجواز سفرهم. ولا يتم إطلاع السائق على هذه المعلومات. وبدلا من ذلك، تقوم الشركة بفحص هذه المعلومات، ثم تتحقق من حساب الراكب حتى يتأكَّد السائقون من أنهم أيضا بأمان حينما يقبلون هؤلاء الركاب لمشاركتهم الرحلة. ويفضل السائقون في العادة القيام بالرحلة مع ركاب تم التحقق من هويتهم. يعمل في الشركة حاليا 10 موظفين بدوام كامل ولكن هشام يتوقع أن تزداد أعداد موظفيه بنسبة 50% سنويا في الأعوام الثلاثة القادمة.

وأشد عقبة يواجهها هشام في تنمية مشروعه هي الافتقار إلى استخدام بطاقات الائتمان والدفع الإلكتروني في المغرب. والعملاء الذي يستهدفهم هم الطلاب والمهنيون الذين يمتلكون على الأرجح بطاقات ائتمان وليشعروا بارتياح لإجراء معاملات عبر الإنترنت. ويتطلع هشام إلى توسيع خدمته في أنحاء منطقة الشرق الأوسط وشمال أفريقيا. ويأمل أن يبدأ التوسع في بلدان أخرى في شمال أفريقيا قريبا، لا سيما في تونس.

1st

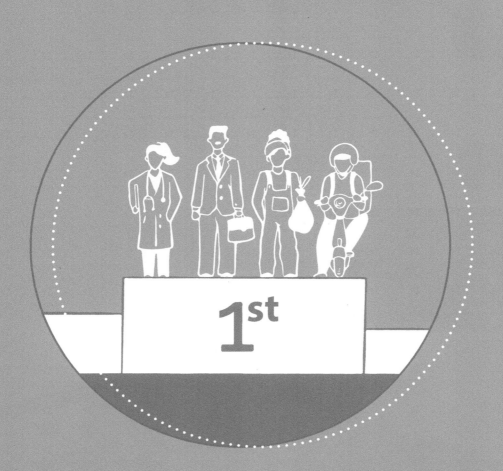

الفصل الخامس

نحو تعزيز تنافسية الأسواق

مقدمة

تناول الفصلان الثاني والثالث بعض التحديات الرئيسية التي تواجه سوق العمل والقطاع الخاص والتي تسم معظم اقتصادات منطقة الشرق الأوسط وشمال أفريقيا. فإمكانيات الشباب، والأشخاص الأفضل تعليما، والنساء في سوق العمل لا تزال غير مستغلة إلى حد كبير. وتواجه القوى العاملة في المنطقة مخاطر الإقصاء والبطالة والعمل غير الرسمي. وفي الوقت نفسه، فإن الوظائف القائمة في المنطقة ليست هي وظائف المستقبل. ولا يزال القطاع الخاص في الشرق الأوسط وشمال أفريقيا يعاني الافتقار إلى الديناميكية والقدرات المحدودة على خلق الوظائف، ولا يراعي اعتبارات المساواة بين الجنسين، ولا يستثمر كثيرا في رأسماله البشري والمادي أو في الابتكار. ويضم أيضا عددا من الشركات ذات الارتباطات السياسية أكثر مما تشهده البلدان الأخرى في أنحاء العالم. وتتضح بجلاء تبعات أوجه القصور هذه على أداء الاقتصاد الكلي للمنطقة، إذ إن معدل النمو الاقتصادي أقل من مستواه في المناطق النظيرة، ونمو إنتاجية الأيدي العاملة محدود، لا سيما حينما يتعلق الأمر بالتغير الهيكلي، مع تدني نمو نصيب الفرد من رأس المال في ظل استمرار الدور الضخم للاستثمارات العامة. ومع أن البلدان النظيرة من حيث الدخل في أنحاء العالم تسعى جاهدة للحاق بالركب، فإن أوضاع كثير من البلدان في الشرق الأوسط وشمال أفريقيا مازالت تتسم بالركود.

ما من شك في أن جائحة فيروس كورونا أدت إلى ازدياد هذه النتائج سوءا. فقد انكمش الناتج الاقتصادي، وزاد معدل الفقر زيادة كبيرة، وقد تفاقم بفعل فقدان الوظائف في قطاع خاص يعاني بالفعل من ضعف النمو، وينتشر فيه العمل غير الرسمي. وتعثرت أيضا قدرة حكومات الشرق الأوسط وشمال أفريقيا على التصدي لهذه التحديات بفعل تنامي المعوقات أمام المالية العامة.

من المرجح أن يستمر التأثير الهائل للجائحة طويلا، وأن تصاحبه موجات من الشباب الأفضل تعليما الذين ستزداد أعمارهم ويدخلون دائرة القوى العاملة. لقد آن الأوان لمنطقة الشرق الأوسط وشمال أفريقيا أن تبعث الحيوية في سوق العمل والقطاع الخاص المتحجرين، وتُسخِّر الإمكانات الاقتصادية للأعداد المتنامية من الأيدي العاملة الطموحة ذات الكفاءة. فإن لم يكن الآن، فمتى يكون؟

للتغلُّب على هذا التحدي الهائل والملح، يشير التقرير إلى ضرورة التركيز على الطلب على الأيدي العاملة، وعلى الافتقار إلى تنافسية الأسواق الذي يُؤثِّر على خلق الوظائف من خلال عدة قنوات مباشرة وغير مباشرة، مع إحداث تحوُّل في دور الدولة من دور منافس في القطاع الخاص إلى دور راع للإنصاف والرفاهة. وعلى الرغم من الإصلاحات التي قام بها الكثير من بلدان المنطقة في بيئة ممارسة أنشطة الأعمال خلال العقد المنصرم، ومنها في بعض الحالات إرساء قوانين وهيئات حماية المنافسة، لا تزال الدولة حاضرة في الأنشطة التجارية، ومازال حضورها يفسد تنافسية الأسواق.

إن السعي من أجل التنافسية في منطقة الشرق الأوسط وشمال أفريقيا يجب أن يتم من خلال اتباع نهج متعدد المحاور في ثلاثة مجالات رئيسية للإصلاح: (1) خلق مجال عمل متكافئ في أسواق المنتجات بالنظر إلى ضخامة دور الدولة؛ (2) إعادة تشكيل العلاقة بين الحكومة والعمال؛ (3) تعزيز مشاركة النساء في جميع المجالات الاقتصادية (انظر الشكل 5-1). وستكون التدخلات على هذه الجبهات الثلاث ركائز ضرورية لإنشاء

الشكل 5-1 نحو عقد اجتماعي جديد من خلال أسواق تنافسية

نحو عقد اجتماعي جديد
تحقيق تكافؤ الفرص في أسواق المنتجات بين المؤسسات المملوكة للدولة ونظيرها في القطاع الخاص
إعادة تشكيل العلاقة مع العمال من خلال الاستعاضة عن لوائح العمل التقييدية بالحماية الاجتماعية السليمة وبرامج سوق العمل
إطلاق العنان لإمكانات المرأة من خلال قوانين تكفل تمكينهن اقتصاديا
الجمع بين الإصلاحات الجريئة والتدريجية
استهداف السياسات واللوائح التنظيمية الرئيسية مع إصلاح الصناعات والمهن الناشئة
يبدأ كل شيء بتحسين شفافية البيانات وقدراتها

المصدر: إعداد فريق العمل المعني بإعداد التقرير الرئيسي.

عقد اجتماعي جديد في الشرق الأوسط وشمال أفريقيا. وفي الوقت نفسه، للاعتبارات السياسية أهمية بالغة في تحديد السبيل الملائم إلى التنافسية في بلدان المنطقة (البنك الدولي 2009). وقد يتطلب مشهد الاقتصاد السياسي الحافل بالتحديات والصعاب في المنطقة مزيجا من الإصلاحات يجمع بين الإصلاحات الجريئة والإصلاحات التدريجية، وتحديد مسارات الإصلاح المناسبة في بعض الأحيان وأخيرا ولكن ليس بالتأكيد آخرا، يتطلب الطريق إلى التنافسية تحسين نوعية البيانات والشفافية، وهو ما تفتقر إليه معظم بلدان الشرق الأوسط وشمال أفريقيا، الأمر الذي يضعف وضع السياسات على أساس الشواهد وتنفيذها الفعال.

تهيئة فرص متكافئة في أسواق المنتجات

كما ذكرنا في الفصل الرابع، تشهد الحكومات في منطقة الشرق الأوسط وشمال أفريقيا حضورا للمؤسسات المملوكة للدولة في السوق أكبر مما تشهده بلدان المقارنة المتوسطة والمرتفعة الدخل. ويصدق هذا الحضور حتى في القطاعات التي ليس فيها بالضرورة مبررات اقتصادية واضحة للنشاط العام، والتي تؤدي مشاركة الشركات الخاصة فيها على الأرجح إلى تحقيق نواتج اقتصادية أفضل مثل الصناعات التحويلية والإسكان والتجارة والتشييد والإنشاءات. وتكشف نتائج الدراسة أيضا عن وجود لا يُذكَر للحياد التنافسي الذي يكفل المعاملة المتكافئة بين جميع الأطراف الاقتصادية الفاعلة، وعن وجود ملموس لضوابط الأسعار لبعض السلع والخدمات.

وفقا لأحدث التقييمات المتاحة (منظمة التعاون والتنمية الاقتصادية 2012)، تسهم المؤسسات المملوكة للدولة بنسبة 30% من الوظائف في منطقة الشرق الأوسط وشمال أفريقيا مقابل 5% فقط من الوظائف على الصعيد العالمي. ومن حيث القيمة الاقتصادية المضافة، تسهم المؤسسات المملوكة للدولة في الشرق الأوسط وشمال أفريقيا بنسبة تتراوح من 20% إلى 25% من إجمالي الناتج المحلي. ويبلغ المتوسط المقابل في اقتصادات منظمة التعاون والتنمية الاقتصادية وبعض الاقتصادات الأفريقية 15% و8% فقط في أمريكا اللاتينية.

قد يعوق هذا الحضور الواسع للحكومات في الاقتصاد جهود تطوير القطاع الخاص، لا سيما في الأسواق التي تكون المنافسة فيها مجدية لكن المؤسسات المملوكة للدولة لا تُنافِس في ظل تكافؤ الفرص. وقد يُعطِّل أيضا الاقتصاد وقدرته على التحوُّل من الأنشطة ذات القيمة المضافة المنخفضة إلى الأنشطة ذات القيمة المضافة المرتفعة، ومن ثمَّ في نهاية المطاف إلى خلق وظائف أكثر وأفضل وشاملة لكافة الفئات. وبالنسبة للبلدان التي تتوافر بيانات عنها، يوجد ارتباط سلبي بين وجود المؤسسات المملوكة للدولة في مختلف القطاعات ومتوسط نمو إنتاجية الأيدي العاملة في شركات القطاع الخاص (الشكل 5-2).

لتحسين تنافسية الأسواق، ينبغي للحكومات أن تُقلّص وجود المؤسسات المملوكة للدولة في القطاعات الاقتصادية التي يمكن أن يزدهر فيها القطاع الخاص، والتي لا تشهد قصورا واضحا للأسواق يبرر وجود الحكومة. ويمكن تصحيح هذا الوضع من خلال مسعى تدريجي مدروس يدار إدارة جيدة لخصخصة مؤسسات وأنشطة مُعيَّنة سواء جزئيا أو كليا. وعند وضع خطة للمضي قدما، يجب أن تستخلص المنطقة الدروس من نجاحاتها وإخفاقاتها، لا سيما من النطاق الواسع لعمليات الخصخصة في المنطقة خلال فترة التسعينيات (البنك الدولي 2015).

مع تحرُّك الدولة تدريجيا لتغيير وضعها في السوق، من الأهمية بمكان تهيئة فرص متكافئة بتعزيز الحياد التنافسي بين المؤسسات المملوكة للدولة والقطاع الخاص. وينبغي أن تُركِّز الإصلاحات على (1) تشجيع تحوُّل المؤسسات المملوكة للدولة إلى شركات، والفصل بين النفقات والإيرادات لأنشطتها التجارية وغير التجارية؛ (2) تعزيز الحياد التنظيمي عن طريق إلغاء الاستثناءات والإعفاءات من القوانين المُطبَّقة على المُشغِّلين من القطاع الخاص، لا سيما قوانين المنافسة والمشتريات والضرائب؛ (3) الحد من أفضلية المؤسسات المملوكة للدولة في الوصول إلى المساندة المالية وغير المالية، بما في ذلك أشكال الدعم. وتعتزم بالفعل بعض البلدان في المنطقة إجراء إصلاحات جريئة في هذه المجالات (الإطار 5-1).

ينبغي للحكومة أيضا تقليص ضوابط الرقابة على الأسعار. مع أن تنظيم الأسعار في الاحتكارات الطبيعية قد يكون ضروريا، فإنه في أسواق أخرى يكون لضوابط الأسعار آثار سلبية لأن القيود على المنافسة والابتكار الناجمة عن هذه السياسات تفوق منافعها. ولا تزال ضوابط أسعار التجزئة منتشرة في منطقة الشرق الأوسط وشمال أفريقيا، لا سيما للمواد الغذائية الأساسية وغاز البترول المسال والبنزين والأدوية. وهذه الضوابط يفرضها عدد أقل كثيرا من الحكومات في البلدان مرتفعة الدخل والشريحة العليا من البلدان متوسطة الدخل. وبدلا من التركيز على ضوابط الأسعار، يمكن للحكومات التركيز على تقديم مساعدات موجهة إلى الفقراء والضعفاء. ويُلخِّص الجدول 5-1 الاعتبارات التي ينبغي أن تراعيها الحكومات عند تقييم هل ينبغي تنفيذ ضوابط الأسعار وكيفية تنفيذها لتساعد في تخفيف الآثار السلبية.

الشكل 5-2 يرتبط الحضور الكبير للمؤسسات المملوكة للدولة في الشرق الأوسط وشمال أفريقيا بتدني نمو إنتاجية الأيدي العاملة مقارنة بالبلدان النظيرة في مستوى الدخل

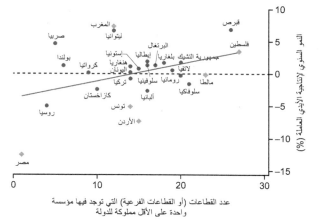

5
−5
عدد القطاعات (أو القطاعات الفرعية) التي توجد فيها مؤسسة واحدة على الأقل مملوكة للدولة
الشرق الأوسط وشمال أفريقيا
بلدان المقارنة

المصادر: إعداد فريق العمل المعني بإعداد التقرير الرئيسي. تم الحصول على بيانات الإنتاجية السنوية للأيدي العاملة من مسوح البنك الدولي المعنية بمؤسسات الأعمال في 26 بلدا في الفترة 2018-2020. تم الحصول على البيانات عن حضور المؤسسات المملوكة للدولة من قاعدة بيانات منظمة التعاون والتنمية الاقتصادية ومجموعة البنك الدولي للوائح المنظمة لأسواق المنتجات 2018-2020.
إيضاح: اقتصادات الشرق الأوسط وشمال أفريقيا التي شملها المسح هي مصر والأردن ومالطا والمغرب وتونس والضفة الغربية وقطاع غزة. ويُرصد نمو إنتاجية الأيدي العاملة بين حوالي 2017 و2019. وتُعرَّف إنتاجية الأيدي العاملة بأنها متوسط المبيعات للعامل الواحد.

أخيرا، ينبغي لبلدان الشرق الأوسط وشمال أفريقيا أيضا إنفاذ سياسات فعالة لحماية المنافسة من خلال تقييمات منهجية للآثار السلبية المحتملة للقوانين واللوائح التنظيمية على السوق. إذ تعمل التقييمات المنهجية للآثار التنظيمية كمُرشِّح لتقييم التكاليف والمنافع المتأتية من اللوائح التنظيمية والسياسات الجديدة. وفي منطقة الشرق الأوسط وشمال أفريقيا حتى الآن، لم يعتمد الأُطُر العامة لتقييمات الآثار التنظيمية سوى بلدين هما المغرب والإمارات.

إعادة تشكيل العلاقة بين الحكومة والعمال

أظهر هذا التقرير أن نواتج سوق العمل في المنطقة كانت دائما غير مُرضية. فالقوى العاملة تعاني من البطالة والقعود عن العمل وضغوط العمل غير الرسمي، وكان الانتقال إلى الوظائف الرسمية الأكثر إنتاجية محدودا في الكثير من البلدان. ولأن القطاع العام لم يعد قادرا على استيعاب كل القادمين الجدد الطموحين في المنطقة، يجب على حكومات الشرق الأوسط وشمال أفريقيا أن تعيد النظر في دورها في سوق العمل وعلاقتها مع العمال.

وقدَّم الفصل الرابع شواهد تظهر أن بعض اقتصادات المنطقة لديها لوائح مُنظِّمة لسوق العمل تنطوي على قيود. فعدد من البلدان يُطبق مدفوعات مرتفعة نسبيا لتعويض إنهاء الخدمة، وبعض البلدان متوسطة الدخل تُضمِّن الالتزامات الضريبية للشركات والعمال حصة كبيرة للغاية من ضرائب العمل، وبلدان أخرى تستخدم بشكل محدود العقود محددة المدة، ونطاق تغطية الحد الأدنى للأجور وتحديثه محدود. علاوة على ذلك، الإصلاحات في اللوائح التنظيمية لسوق العمل كانت محدودة في المنطقة مقارنة بالمناطق الأخرى (الشكل 5-3). إذ إن 29 بلدا في منظمة التعاون والتنمية الاقتصادية نفَّذت إصلاحات في اللوائح المُنظِّمة للعمل منذ عام 2006، لكن في منطقة الشرق الأوسط وشمال أفريقيا لم يطبق إصلاحات في هذا الشأن سوى تسعة بلدان. وفي الوقت نفسه، جعلت بعض بلدان الشرق الأوسط وشمال أفريقيا قانون العمل أكثر صرامة وأكثر تكلفة على أرباب العمل. فبلدان مثل البحرين والكويت والسعودية أضافت شروطا جديدة للاستغناء عن العمال وعززت متطلبات الإخطار المسبق. وخفَّضت الإمارات أجل العقد المنفرد المحدد المدة من 48 شهرا إلى 24 شهرا.

الإطار 5-1 إصلاحات العراق المقترحة لجعل اقتصاده أكثر ديناميكية وتنوعا

في عام 2020، أعدت الحكومة العراقية واعتمدت ورقة بيضاء تُحدِّد بعض الإصلاحات والمبادرات الهامة التي ستقوم بها الحكومة في الثلاث سنوات إلى الخمس سنوات التالية. وتهدف الورقة البيضاء إلى "خلق اقتصاد ديناميكي متنوع يخلق الفرص للمواطنين لعيش حياة كريمة".

وتُقِر الورقة البيضاء أولاً وقبل كل شيء بأن أحد أسباب تدهور الاقتصاد العراقي هو اتساع دور الدولة، بما في ذلك سياسات التأميم في السبعينيات، والحرب والصراعات التي شهدها منذ الثمانينيات، وفشل النظام السياسي الجديد منذ عام 2003 في إحداث تغير ملموس في معيشة الناس. وتبرز الورقة التحديات التي أفرزها التوظيف المتزايد في القطاع العام وتأثيره على الحيز المتاح للإنفاق في إطار المالية العامة، والأهم من ذلك على القطاع الخاص.

ومن بين الإصلاحات الجريئة التي حدَّدتها الورقة البيضاء إعادة النظر في دور الدولة بشكل كامل في الاقتصاد، بما في ذلك إعادة هيكلة المؤسسات المملوكة للدولة (المحور4). وتشمل المبادرات المقترحة ما يلي: (1) الإلغاء التدريجي الكامل للدعم المالي الذي تقدمه الدولة لهذه المؤسسات بنهاية عام 2024؛ (2) خصخصة المؤسسات المملوكة للدولة الناجحة والمربحة جزئيا أو كليا، وإعادة هيكلة المؤسسات غير المربحة منها؛ (3) زيادة عدد المؤسسات المملوكة للدولة المدرجة في بورصة الأوراق المالية؛ (4) إعادة هيكلة الوظائف داخل هذه المؤسسات وإيجاد بدائل للمعروض المفرط من الموظفين. وتمتد الإصلاحات المُفصَّلة للحكومة العراقية أيضا إلى تقليص الدعم في الاقتصاد، وتحسين استهداف الفقراء والضعفاء من خلال برامج المساعدات الاجتماعية.

المصادر: الحكومة العراقية، أهداف محاور الورقة البيضاء للإصلاحات الاقتصادية في العراق (تم الاطلاع عليه في يونيو/حزيران 2021)، https://gds.gov.iq/ar/iraqs-white-paper-for-economic-reforms-vision-and-key-objectives/ and https://gds.gov.iq/ar/wp-content/uploads/2020/10/Iraq-white-paper-in-arabic-october-2020.pdf.

الجدول 5-1 الاعتبارات الاقتصادية لكفاءة تصميم ضوابط الأسعار

الأوضاع التي قد تستلزم فرض ضوابط الأسعار	إرشادات لوضع ومراجعة ضوابط الأسعار
• الاحتكارات الطبيعية • قضايا قصيرة الأجل لا يمكن الاعتماد فيها على المنافسة لتحديد أسعار السوق (مثل صدمات المعروض)	• تحديد الضوابط بمعزل عن المنتجين • تحليل البدائل: صنوف الدعم المُوجَّه وتحليل القيود المحتملة على المنافسة • تحديد إطار زمني لضوابط الأسعار- ينبغي ألا تُطبَّق إلى أجل غير مُسمًّى • المراجعة بشكل دوري لتحديد ما إذا كانت مستوياتها مُثلى • تحليل الآثار على المنافسة غير السعرية

المصدر: مجموعة البنك الدولي، والمنتدى الأفريقي للمنافسة 2016.

قد تؤدي اللوائح التنظيمية الصارمة بلا داع إلى تقليص انتقال العمال وزيادة البطالة والعمل غير الرسمي. والأهم من ذلك، أنها تنطبق على العمال الذين يعملون بشكل رسمي وهم أقلية بين العمال في الكثير من البلدان، لا سيما عند النظر إلى عمال القطاع الخاص وحده. وقد تخلق اللوائح التنظيمية الصارمة أيضا مشكلة كبيرة يظل فيها العمال غير الرسميين خارج النظام وعاجزين عن التأثير على القرارات المتصلة بالسياسات التي قد تؤثر على فرصهم في الحصول على وظيفة أفضل (ليندبك وسنوار 1984).

بدلا من التركيز على قيود تنظيم العمل التي تحمي القلة، ينبغي لحكومات المنطقة إعادة النظر في دور برامج الحماية الاجتماعية وسوق العمل النشطة. فالحماية الاجتماعية التي تشمل المساعدات الاجتماعية غير المستندة إلى اشتراكات والتأمينات الاجتماعية المستندة إلى اشتراكات يمكنها القيام بدور مهم في انتقال العمال بين الوظائف، وانتشال الأسر من دائرة الفقر إلي سبل مستدامة لكسب الرزق، وكذلك في مساندتهم في حالة وقوع صدمات سوق العمل. وقد ازدادت أهمية هذه السياسات حيث ترزح منطقة الشرق الأوسط وشمال أفريقيا تحت وطأة تداعيات جائحة كورونا التي أثَّرت على جميع العمال.

علاوة على ذلك، يستلزم تحول اقتصادات منطقة الشرق الأوسط وشمال أفريقيا نحو الوظائف الأكثر إنتاجية انتهاج أنظمة فعالة لسوق العمل من شأنها تحسين رأس المال البشري للناس ومساعدتهم على مسايرة الأنماط المتحولة للتغير التكنولوجي. يُشدِّد تقرير عن التنمية في العالم 2019 على أن اتباع نظام حديث فعال للحماية الاجتماعية ومؤسسات سوق العمل يستلزم التنسيق بين ثلاثة مكونات: آلية لشبكات الأمان لمكافحة الفقر (يقوم جوهرها على المساعدات الاجتماعية غير المستندة إلى اشتراكات)، وتأمين اجتماعي شامل لمعالجة المخاطر الطويلة والقصيرة الأجل (من عناصره البارزة تمويل من الموازنة العامة)؛ وقطاع خاص مفعم بالحيوية ووظائف أفضل (البنك الدولي 2018ب).

وقياسا على هذا النهج، فإن نظام الحماية الاجتماعية في منطقة الشرق الأوسط وشمال أفريقيا قد عفا عليه الزمن وغير ملائم. ويُقدَّر أن أقل من نصف الأسر في أفقر شريحة خميسية كانوا يتلقون شكلا ما من أشكال المساعدات الاجتماعية قبل الجائحة. وكان الإنفاق على المساعدات الاجتماعية في المنطقة يعادل 1% من إجمالي الناتج المحلي، وهو ما يقل عن المتوسط العالمي البالغ 1.5% وأقل من المتوسط في جميع المناطق الأخرى ماعدا جنوب آسيا (البنك الدولي 2018أ). وبدلا من ذلك، تنفق بلدان الشرق الأوسط وشمال أفريقيا القليل على المساعدات الاجتماعية الموجهة، والكثير جدا على صنوف الدعم الشامل والتنازلي (لا سيما للغذاء والوقود)، والذي يُشكِّل منذ عدة سنوات قلب العقد الاجتماعي في المنطقة. ولكن الأحوال بدأت تتغير في ظل ضيق موارد المالية العامة، وارتفاع أسعار بعض المواد الغذائية، فقلصت بعض البلدان دعم الكهرباء والغاز (فيرم 2016)، منها بعض دول مجلس التعاون الخليجي، مثل البحرين والسعودية، وإن كان بدرجة أقل.

وكشفت جائحة كورونا عن أوجه عدم الكفاءة في أنظمة الحماية الاجتماعية القائمة، وأثارت استجابة سريعة من قِبل الكثير من البلدان (الإطار 5-2). وفي أغلبية البلدان، ومنها الجزائر، ومصر، والعراق، والأردن، ولبنان، والمغرب، وتونس كانت هذه الاستجابة السريعة في شكل تحويلات نقدية مؤقتة إلى المستضعفين، في الغالب إلى الأسر التي تعتمد على القطاع غير الرسمي في كسب الرزق. وقدَّمت بعض دول مجلس التعاون الخليجي أيضا مساندة للأسر المستضعفة (جنتيليني وآخرون 2021). ولكن باستثناء البلدان التي كان بها بالفعل نظام للمساعدات الاجتماعية الموجهة، مثل مصر والأردن وتونس، فإن جزءا كبيرا من هذا الدعم لم يكن موجها إلى أشد الناس احتياجا. وكان أيضا محدودا من حيث الأسر المستفيدة أو كان مؤقتا في طبيعته. وقدمت بعض الاقتصادات في المنطقة أيضا بعض الدعم للمشتركين في التأمينات الاجتماعية (العمال الرسميون) مثل دعم أو تعليق اشتراكات التأمينات الاجتماعية لفترة من الوقت (مثل البحرين وإيران والأردن والمغرب والضفة الغربية وقطاع غزة). وقدمت بعض البلدان الأخرى دعما للعطلات المرضية المدفوعة الأجر للعمال الذين تأثروا بالفيروس. ولكن هذه التدابير كانت بوجه عام أيضا هامشية ومؤقتة.

وفي الوقت نفسه، قدمت الحكومات القليل عن طريق تدابير تصحيحية متصلة بالعمل، مثل دعم الأجور والعطلات المؤقتة، والتي كانت الاستجابة الرئيسية على صعيد السياسات في مواجهة الجائحة في كثير من البلدان الأوروبية والآسيوية. ويطبق عدد قليل من بلدان الشرق الأوسط وشمال أفريقيا أنظمة فعالة للتأمين ضد البطالة وإعانات البطالة، ولذلك لم يكن هناك شيء يذكر لمساندة العمال الذين تم تسريحهم أو الذين تم تخفيض عدد ساعات عملهم المدفوعة الأجر. وفي عام 2020، كانت تسعة بلدان فحسب في المنطقة لديها برنامج للتأمين ضد البطالة على الإطلاق، وأربعة فحسب لديها برامج لإعانات البطالة غير المستندة إلى الاشتراكات، والتي كانت موجهة في معظمها إلى الخريجين الجدد أو الداخلين الجدد إلى سوق العمل.

يمكن أن تساعد سياسات سوق العمل النشطة جيدة التصميم على تحسين نواتج سوق العمل وخاصة في الأجل الطويل (روميرو وكودو 2019). ولكن في منطقة الشرق الأوسط وشمال أفريقيا كانت سياسات سوق العمل النشطة محدودة قبل الجائحة، وهو ما يعني أن برامج، مثل برنامج دعم

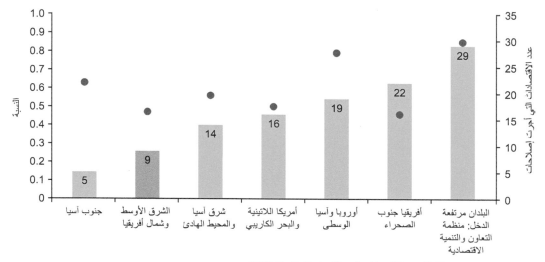

الشكل 5-3 نفَّذت منطقة الشرق الأوسط وشمال أفريقيا إصلاحات قليلة نسبيا للوائح تنظيم العمل منذ 2006

عدد الاقتصادات التي طبَّقت إصلاحات منذ 2006

النسبة (عدد الاقتصادات ذات الإصلاحات على عدد الاقتصادات في المنطقة) (المحور الأيمن)

المصدر: قاعدة بيانات البنك الدولي لتوظيف العمال لعام 2020

الإطار 5-2 استجابة سياسات الحماية الاجتماعية للتصدي لجائحة كورونا في الشرق الأوسط وشمال أفريقيا

نفذت منطقة الشرق الأوسط وشمال أفريقيا عدة تدخلات للحماية الاجتماعية للتصدي للجائحة (شكل الإطار 5-2-1). وكانت المساعدات الاجتماعية أكثر فئات التدخل شيوعا إذ شملت 181 من التدابير. ومن بين تدابير المساعدات الاجتماعية جاءت التدخلات الرئيسية في صورة إعفاءات/تخفيضات لرسوم خدمات المرافق/الالتزامات المالية، وتحويلات نقدية، ودعم عيني. ومن بين تدابير التأمينات الاجتماعية كان أكثر التدابير شيوعا التي اتخذتها الحكومات الاشتراكات في برامج الضمان الاجتماعي.

شكل الإطار 5-2-1 تركيبة التدابير المتصلة بالجائحة لمساندة العمال في الشرق الأوسط وشمال أفريقيا بحسب الفئة

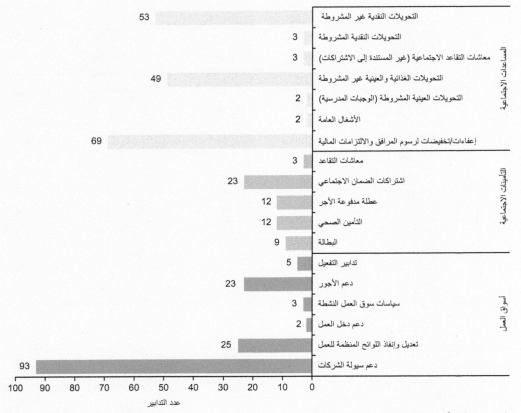

المصدر: ديلا فلور وآخرون 2021

تدابير تحفيز أسواق العمل تُمثّل 151 من التدابير التي اتخذت على سبيل المثال، في السعودية، كان يحق لأرباب العمل أن يطلبوا مدفوعات تعويض من المؤسسة العامة للتأمينات الاجتماعية لتغطية 60% من أجور موظفيهم لمدة ثلاثة أشهر (جنتيليني وآخرون 2021). قام الأردن بتعديل اللوائح التنظيمية، وخلال فترة الحجر الصحي، لا يجوز لأرباب العمل احتساب هذه الفترة كعطلة سنوية أو مرضية لموظفيهم أو اقتطاعها من رصيد عطلاتهم (جنتيليني وآخرون 2021). ونفّذ نحو 98% من البلدان المنخفضة الدخل والمتوسطة الدخل سياسة واحدة على الأقل من سياسات سوق العمل (التي تشمل الأشغال العامة، وخفض ضريبة الدخل، والتدريب والمساعدة في البحث عن عمل، وإعانات البطالة، ودعم الأجور، واللوائح المنظمة للعمل، ودعم رواد الأعمال، ودعم سيولة الشركات) (ديلا فلور وآخرون 2021). وكان أكثر التدابير شيوعا دعم سيولة الشركات وتعديل اللوائح المُنظِّمة للعمل.[أ]

أ. انظر ديلا فلور وآخرين (2021)؛ وجنتيليني وآخرين (2021). تشمل اللوائح المُنظِّمة لسوق العمل إجراء تغييرات في التزامات مدفوعات تعويض إنهاء الخدمة، ومرونة التعيينات، وإجراءات فصل العمال، وتعديلات لظروف العمل، والسياسات المتصلة بالعطلات، والأجور، وكذلك عمليات التفتيش على العمال.

الأجور، لا يمكن تطبيقها على وجه السرعة. واثنان فقط من بلدان المنطقة -هما مصر وتونس- يقدمان مجموعة كاملة من خدمات التوظيف. ومع أن الكثير من الاقتصادات لديها بعض قواعد بيانات الوظائف الشاغرة، ولديها بعض خدمات الإعلان عن الوظائف والتدريب (الشكل 4-5)، فإنه لا توجد شواهد تُذكر بشأن تأثيرها. علاوة على ذلك، ثمة خدمات رئيسية أخرى غير شائعة ولكنها مهمة للداخلين في سوق العمل، مثل تقديم المشورة، وبرامج منح التلمذة والتدريب الداخلي والدعم للانتقال المكاني الذي يسهل انتقال العمال. ولدى المنطقة مجال كاف لتحسين نوعية وكمية سياسات سوق العمل النشطة.

بينما تدرس بلدان الشرق الأوسط وشمال أفريقيا الخيارات المتاحة لإعادة تشكيل العلاقة بين الحكومات والعمال، يوجد متسع لتحديث لوائحها المنظمة للعمل وفي الوقت نفسه تقوية أنظمتها للحماية الاجتماعية ودعم سوق العمل. وتشمل مجالات الإصلاح التنظيمي للعمل الانتقال من دفع تعويض إنهاء الخدمة إلى التأمين من البطالة كوسيلة رئيسية لحماية العمال الذين يفقدون وظائفهم، وتسهيل اتفاق العمال وأرباب العمل على عقود محددة المدة، وتخفيض ضرائب العمل، واعتماد وإنفاذ حدود دنيا واقعية للأجور. وستساعد هذه الطائفة من الإصلاحات على زيادة ديناميكية سوق العمل، وتسهيل خلق الوظائف في القطاع الخاص، ودعم انتقال العمال بين الوظائف.

ولكن حيث إن هذه الإصلاحات قد تأتي أيضا على حساب العمال، فإنه يلزم أيضا إجراء ثلاثة إصلاحات رئيسية لتحسين نظام الحماية الاجتماعية. أولا، يجب تحسين المساعدات الاجتماعية للفقراء لتشمل توسيع نطاق تغطيتها وتحسين آلية توجيهها وتوفير مستويات دفع كافية. ثانيا، يلزم تقديم قدر أكبر وأفضل من المساندة للعمال غير الرسميين، بما في ذلك توسيع نطاق تغطية التأمينات الاجتماعية التي تقوم على الاشتراكات من خلال برامج ادخار مبتكرة.[1] ثالثا، يجب وضع برامج لسوق العمل أحسن تصميمها وتوجيهها ودراستها لبناء رأس المال البشري للعمال، وتسهيل الانتقالات في سوق العمل، لا سيما للشباب.

تعزيز مشاركة النساء في جميع المجالات الاقتصادية

لقد أظهر الفصلان الثاني والثالث أن النساء محرومات بدرجة كبيرة من الفرص الاقتصادية في منطقة الشرق الأوسط وشمال أفريقيا. ومستوى مشاركة النساء في القوى العاملة هو الأدنى في العالم، إذ بلغ في المتوسط نحو 20% في 2019. والنساء الأصغر سنا والأفضل تعليما أيضا في بعض الأحيان لديهن قدرة وكفاءة أكبر للعمل. ولكن على الرغم من بعض التحسينات مازال القطاع الخاص في المنطقة أيضا لا يراعي اعتبارات

الشكل 4-5 برامج سوق العمل النشطة محدودة في منطقة الشرق الأوسط وشمال أفريقيا

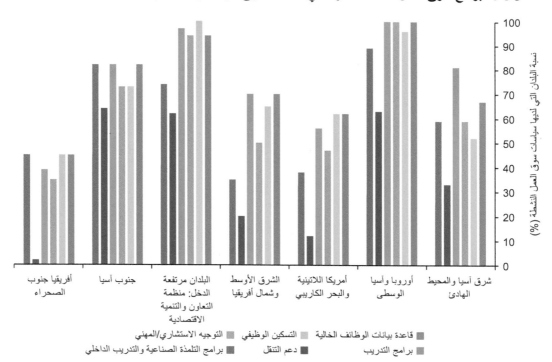

المصدر: أولكو وجورجيينا 2021.
إيضاح: البيانات حتى 2020.

المساواة بين الجنسين. إذ إنَّ 6% فقط من الشركات في اقتصادات الشرق الأوسط وشمال أفريقيا التي شملتها الدراسة في مسح البنك الدولي لمؤسسات الأعمال لديها امرأة في منصب إداري رفيع مقارنة بالمتوسط البالغ 23% في الشريحة الدنيا من البلدان متوسطة الدخل، و20% في الشريحة العليا من البلدان متوسطة الدخل.

ولاستبعاد النساء في القطاع الخاص عدة تفسيرات. فالأعراف الاجتماعية التي تُحدِّد دور المرأة في تقديم الرعاية ولا تحظر التحرش في الأماكن العامة قد تُثنِي النساء عن المشاركة في القطاع الخاص، أو خارج البيت بوجه عام. وغياب تنافسية الأسواق قد يضر النساء أيضا، حيث يؤدي إلى نقص فرص العمل المتاحة (إلسون 1999؛ وهيلرشتاين ونومارك وتروسكي 2002؛ وهايمان وسفاليريد وفلاكوس 2013؛ وفيشزلبومر ووينتر إيبمر 2007). وأخيرا، تخلق القيود القانونية حواجز في طريق عمل المرأة (إسلام وموزي وأمين 2019).

ثمة مجال متسع لإصلاح القوانين التي تُؤثِّر على علاقة النساء بأنشطة السوق كما اتضح في الفصل الرابع. فبسبب المستويات المتعددة من القيود القانونية التي تواجهها النساء، تحل المنطقة في قاع مؤشر المرأة وأنشطة الأعمال والقانون للمساواة القانونية. فالنساء يُمنَعن من العمل في صناعات مُعيَّنة أو العمل في نوبات ليلية، ويُشترط حصول المرأة على إذن الزوج لكي تعمل أو تتعرض لبعض التبعات القانونية إذا وقعت خلافات أسرية. وحينما تحصل المرأة على وظيفة، تتعرض لقيود إضافية في مكان العمل مثل ساعات عمل محدودة للنساء غير الحوامل وغير المرضعات. وتواجه النساء أيضا عدم المساواة في الأجر مع الرجال. على سبيل المثال، في مصر والأردن وتونس، تتراوح فجوة الأجور بين الجنسين تقريبا بين 13% و28% (منظمة العمل الدولية 2019).

على المستوى العالمي، يوجد ارتباط موجب بين إلغاء القيود القانونية ونسبة النساء في المناصب الإدارية. ويتضح نفس هذا النمط داخل الشرق الأوسط وشمال أفريقيا: فالبلدان التي تقل فيها القيود القانونية على النساء تشهد نسبة أكبر من الشركات التي يوجد فيها رائدات أعمال (الشكل 5-5).

ورغم ذلك، هناك مؤشرات إيجابية. أظهرت نتائج مسوح البنك الدولي لمؤسسات الأعمال التي تم تحليلها من أجل هذا التقرير أن الشركات القليلة التي تقودها نساء في القطاع الخاص تُحقِّق أداء جيدا. فهي تستثمر أكثر في رأس المال المادي، وفي تدريب موظفيها، وفي البحوث والتطوير. والشركات التي تديرها نساء حققت خلال السنوات القليلة الماضية نموا في الوظائف أكبر مما حققته تلك التي يقودها رجال، ويزيد احتمال أن تقوم هذه الشركات بتوظيف نساء. علاوة على ذلك، يزداد احتمال أن تكون هذه الشركات متمتعة بالربط الرقمي بالمقارنة بالشركات التي يقودها رجال، مما يتيح الإمكانات والفرص التي تستطيع المنطقة تسخيرها في إحداث التغيير.

وشهدت السنوات الأخيرة أيضا إصلاحات قانونية أزالت عدة حواجز في طريق المرأة. في الواقع، بعض البلدان في المنطقة تظهر الآن ضمن أكثر الاقتصادات تطبيقا للإصلاحات على مؤشر المرأة وأنشطة الأعمال والقانون. وبدت علامات على أن هذه الجهود تؤتي ثمارها. على سبيل المثال، نفَّذت السعودية إصلاحات جريئة، وارتفع معدل مشاركة النساء في القوى العاملة فيها من 17% في 2007 إلى 27% في 2019.

أمَّا على الجانب السلبي، فإن جائحة كورونا تنذر بضياع بعض هذه المكاسب. إذ إنَّ كثيرا من النساء تركن وظائفهن للقيام بأعباء الرعاية الأسرية. وفي القطاع الخاص، كانت منشآت الأعمال الصغيرة والمتوسطة التي يعمل فيها معظم النساء هي الأشد تضررا. بل إن الأكثر إثارة للقلق

الشكل 5-5 داخل الشرق الأوسط وشمال أفريقيا وفي أنحاء العالم، البلدان التي تقل فيها القيود القانونية على النساء تشهد نسبة أكبر من الشركات التي يوجد فيها رائدات أعمال

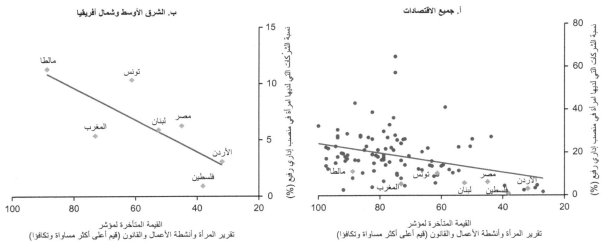

المصادر: مسوح البنك الدولي لمؤسسات الأعمال؛ وقاعدة بيانات مؤشر تقرير المرأة وأنشطة الأعمال والقانون.
إيضاح: تقع الاقتصادات المُميَّزة بماسات خضراء ضمن منطقة الشرق الأوسط وشمال أفريقيا: مصر والأردن ولبنان ومالطا والمغرب وتونس والضفة الغربية وقطاع غزة.

أن العنف الأسري في ازدياد حيث يحتمي الناس في منازلهم (أجيرو 2021؛ وليزلي وويلسون 2020). ومن الضروري أن تسعى الحكومات والمنظمات الدولية على وجه السرعة لحماية المكاسب التي تحقَّقت في الآونة الأخيرة، وضخ زخم جديد في جهود إشراك النساء في سوق العمل والاستفادة من الإمكانات الهائلة التي ينطوي عليها رأس المال البشري للنساء في الشرق الأوسط وشمال أفريقيا.

العمل "على الهامش" لتحديد مسارات الإصلاح المناسبة

كما هو الحال في كثير من أجزاء العالم، ينطوي الاقتصاد السياسي للإصلاح في الشرق الأوسط وشمال أفريقيا على تحديات جسام. وتظهر الشواهد المستقاة من الماضي أنه لا يزال من الصعب تنفيذ إصلاحات مُوجَّهة نحو المنافسة الهيكلية، على سبيل المثال، بسبب تحديات الاقتصاد السياسي على الرغم مما قد تنطوي عليه هذه الإصلاحات من منافع محتملة في الأمدين المتوسط والطويل (محمود وسليمان 2018).

ومما يُؤسف له، كما ذكرنا في الفصل الثالث، أن زيادة تنافسية الأسواق لا تؤدي بالضرورة إلى نواتج أفضل في الأمد القصير للشركات القائمة ذات النفوذ ولأصحاب المصلحة الذين يستفيدون من أوجه الجمود القائمة. على سبيل المثال، الأعراف القائمة لحماية العمال (التي تعتمد على تعويض إنهاء الخدمة) تنقل المخاطر إلى الشركات، وهو ما يعني محاباة الشركات التي تتمتع بقدرة أفضل للحصول على التمويل أو لديها تمويل حكومي لتغطية هذه المدفوعات. ويمكن للشركات أيضا أن تسعى للحماية من المنافسة للتعويض عن التكاليف التي يفرضها قانون العمل. وفي جانب العمال، حينما يكون من الصعب على العمال دخول السوق أو التكيف في حالة الفصل من العمل، لا سيما بالنظر إلى غياب إعانات البطالة، فإنهم سيسعون -وهو أمر له ما يبرره- للحصول على حماية من فقدان الوظيفة من خلال مزيد من أوجه الجمود في قانون العمل. وقد يعني هذا مقاومة الإصلاحات الهيكلية التي تهدف إلى تعزيز ديناميكية الأسواق.

ويجعل هذا من المهم الدراسة المتأنية لمراعاة تعاقب الإصلاحات وتسلسلها لتحقيق مزيد من تنافسية الأسواق، وفي بعض الأحيان اعتماد نهج تدريجي كما حدث في منطقة الشرق الأوسط وشمال أفريقيا في قطاع الاتصالات السلكية واللاسلكية بالتحوُّل تدريجيا لتعزيز المنافسة. وثمة مقاربات بديلة لبلوغ هذه الغاية. أحد المناهج هو البدء بإصلاح القانون لإنشاء جهاز تنظيمي مستقل يمكنه بعد ذلك تدريجيا التشجيع على مزيد من التنافسية (الإطار 5-3). ولكن بلدانا أخرى بادرت في البداية بتعزيز دور للشركات الخاصة في القطاع قبل إنشاء السلطة التنظيمية (كامبيني وعزت وإستاروبولي 2018).

بدأت الإصلاحات الناجحة لتعزيز تنافسية الأسواق التي نُفِّذت في السويد في التسعينيات بتقليص الحواجز أمام الشركات الجديدة، لا سيما تلك التي تبنَّت مبكرا التقنيات الجديدة وتستخدم الأيدي العاملة الماهرة. واعتمدت السويد أيضا سياسات لتنظيم سوق العمل تكفل مرونة الأجور وتدعم انتقالات العمال. وأخيرا، سمحت بملكية الأجانب في الشركات الكبيرة القائمة، وخفَّفت ارتباطها بالحكومة (هايمان ونورباك وبيرسون 2018).

هناك نهج ممكن آخر لتحديد مسار للإصلاح القابل للتطبيق من الناحية السياسية هو التركيز بادئ الأمر على القطاعات الناشئة التي يوجد فيها عدد قليل من الشركات القائمة ويقل فيها نفوذ جماعات المصلحة. وقد يساعد هذا النهج على تسهيل ظهور مهن جديدة، ومن ثم يصبح تشتيت العمال القائمين أقل وضوحا، بل إن الأنشطة الجديدة يمكن أن تكون مُكمِّلة للوظائف القائمة وليست بديلا عنها.

لقد أبرزت جائحة كورونا إمكانات الاقتصاد الرقمي كقطاع جديد آخذ في التطور بسرعة. وتستطيع شركات المنصات الرقمية "زيادة حجم الفطيرة" بدلا من تقطيعها إلى شرائح أصغر بفتح روابط جديدة وزيادة كفاءة أسواق المنتجات والخدمات التقليدية محليا ودوليا. وتقلِّل التكنولوجيا الرقمية منخفضة التكلفة تكاليف الإنشاء، وتعزز الترابط الشبكي، والإسناد الخارجي، وتُيسِّر تبادل المعلومات بشكل أفضل من الشبكات الشخصية التي تغلب عليها الأسواق غير الرسمية.

ومثال جيد في هذا الصدد هو ظهور خدمات تشارُك الركوب في منطقة الشرق الأوسط وشمال أفريقيا. وعلى الرغم من أنها تنافس الشركات القائمة التي تدير خدمات التاكسي التقليدية، فإنها تساعد أيضا في التعويض عن تدني خدمات النقل العام، إذ تؤدي إلى زيادة مسارات النقل وتحسين تواتر الرحلات، ومن ثم تُيسِّر الوصول إلى المناطق النائية. وفي بعض الحالات، تتيح أيضا للنساء اختيار سائقات (مثل خدمة التوصيل "أوبر" في السعودية، وخدمة تاكسي النساء "ليدي جو" في العراق). وهذه أسواق جديدة تزيد إجمالي الطلب.

الإطار 5-3 تحرير الاتصالات في البحرين

في عام 2002، أنشأت البحرين هيئة تنظيم الاتصالات من خلال اعتماد قانون الاتصالات السلكية واللاسلكية لعام 2002. وفي العام نفسه، وضعت الحكومة أول خطة وطنية للاتصالات السلكية واللاسلكية لتحديد مقاصد وأهداف تحرير القطاع. وقبل إنشاء هذه الهيئة، كانت تسيطر على هذا القطاع شركة البحرين للاتصالات السلكية واللاسلكية (بتلكو) التي يرجع إنشاؤها إلى عام 1982 وآلت ملكيتها حتى هذا اليوم للعديد من الكيانات الحكومية. وفي 2003، دخلت زين أول منافس لبتلكو سوق الاتصالات المتنقلة، تلتها في 2009 ما أصبح الآن إس تي سي البحرين. واعتُمِد التحرير الكامل لاتصالات الخطوط الثابتة في 2004، وفي نهاية المطاف في 2011 سمحت هيئة تنظيم الاتصالات بنقل أرقام الهاتف النقال بين مُشغِّلي الاتصالات. واستمرت الهيئة في تحديث خططها الوطنية وقامت تدريجيا بترخيص تقنيات جديدة لتطوير خدمات القطاع. وهي تفصح لكل من المشغلين والمستخدمين عن صكوكها القانونية عبر الإنترنت، وتنشر تقاريرها السنوية ومؤشرات السوق الرئيسية بشكل دوري.

المصادر: الاتحاد الدولي للاتصالات 2014، والموقع الإلكتروني لهيئة تنظيم الاتصالات.

ويُقدِّم رواد الأعمال الذين تحدث عنهم قسم دراسات الحالة (أصوات) في هذا التقرير أمثلة جيدة أخرى لتوسيع الاقتصاد الرقمي من خلال تقنيات جديدة، على سبيل المثال، منصة رقمية في مصر تربط بين العرض والطلب في مجال المنتجات الدوائية، وتيسر التوصيل للمنازل، وشركة برمجيات في لبنان تساعد المطاعم على التشغيل بكفاءة أكبر، وشركة لخدمات التوصيل للتجارة الإلكترونية في السعودية تساعد الناس على تلبية طلبياتهم. وتشير دراسات وافية إلى أن الإمكانات الإيجابية المحتملة للاقتصاد الرقمي هائلة، إذ قد تؤدي إلى زيادة متوسط نصيب الفرد من إجمالي الناتج المحلي للمنطقة أكثر من 40% (كوزوليتو وآخرون 2021).

وهكذا يبرز الإصلاح التنظيمي لتعزيز الاقتصاد الرقمي كسبيل رائع للمضي قدما. في سوق المنتجات، تعد تحسينات البنية التحتية بالغة الأهمية، وكذلك التغييرات التنظيمية اللازمة لدعم الخدمات. وفي سوق العمل الرقمية، من المسائل المهمة إجراء إصلاحات لتسهيل العقود الأقصر أجلا وغيرها من الترتيبات المرنة، وتشجيع أنظمة الحماية الاجتماعية الحديثة التي تتميز بكفاءتها.

ثمة قطاع آخر يمكن أن تؤدي فيه الإصلاحات التدريجية إلى خلق تحولات هيكلية هو الاقتصاد الأخضر، الذي يمكن أن تؤدي فيه التحولات إلى زيادة ديناميكية الصناعات الجديدة ودعم العمال وحماية البيئة، ذلك كله في آن واحد. وتزداد أهمية هذا الأمر في البلدان المستوردة للنفط في المنطقة، وأيضا لدول مجلس التعاون الخليجي الغنية بثروات الموارد المتجددة مثل توليد الطاقة الشمسية. وتوسيع هذه القطاعات فرصة يجب ألا تضيع. وفضلا عن الطاقة، توجد إمكانات كبيرة للقطاعات الخضراء الأخرى، مثل الأنشطة الزراعية المستدامة والزراعة والسياحة البيئية. ومن شأن تسهيل عمل هذه القطاعات من خلال لوائح تنظيمية حديثة أن يدعم التنمية الاقتصادية، ويخلق أنواعا جديدة من الوظائف مثل المهندسين البيئيين، والمحامين، وخبراء الأحياء البحرية.

ويلزم أيضا اعتماد لوائح تنظيمية وسياسات جديدة للتشجيع على اعتماد القطاع الخاص للممارسات الخضراء المراعية للبيئة. وأظهرت بيانات مسوح جديدة للبنك الدولي لمؤسسات الأعمال أن 20% فقط من الشركات في الشرق الأوسط وشمال أفريقيا تعتمد أي تدابير لكفاءة استخدام الطاقة، وتهبط هذه النسبة إلى 16% إذا استبعدت مالطا من الحسبان. وعدد قليل من الشركات يتابع استهلاك الطاقة (38%)، أو يُحدِّد مستويات مستهدفة لاستهلاك الطاقة (16%)، أو يتابع استخدام المياه (16%)، و10% فحسب من الشركات تعتمد تدابير لمكافحة تلوث الهواء، و12% تعتمد تدابير مراعية لظروف المناخ لتوليد الطاقة في الموقع، و11% تعتمد تدابير لإدارة الموارد المائية، و23% تعتمد تدابير لإدارة الطاقة. ويُقدِّم تقرير التحول 2019-2020 الصادر عن البنك الأوروبي للإنشاء والتعمير تجميعا لدرجات التصنيف في متوسط جودة الإدارة الخضراء. باستثناء مالطا، جاء تصنيف بقية اقتصادات منطقة الشرق الأوسط وشمال أفريقيا التي غطتها البيانات - الأردن ولبنان والضفة الغربية وغزة- بين أدنى سبعة اقتصادات من الاقتصادات السبعة والثلاثين (البنك الأوروبي للإنشاء والتعمير 2019). والخلاصة أنه يوجد مجال رحب للحكومات لتعزِّز الإدارة الخضراء للقطاع الخاص في الشرق الأوسط وشمال أفريقيا.

ولا تنفي الإصلاحات التدريجية وتعزيز القطاعات والمهن الجديدة أهمية الإصلاحات لتشجيع التنافسية على نطاق أوسع من أجل إطلاق العنان لإمكانيات القطاع الخاص في المنطقة وتوسيع جهود خلق الوظائف. ولكنها قد تساعد على إنشاء نماذج موثوق بها وإضفاء الشرعية على الإستراتيجية.

البيانات من أجل الإصلاحات

إن تحسين مستويات إتاحة وشفافية البيانات عامل أساسي في تعزيز الثقة في الحكومة في الشرق الأوسط وشمال أفريقيا (أرزقي وآخرون 2020). وقد ازدادت أهمية هذا الأمر في ظل ما تواجهه المنطقة من الصدمات المزدوجة المتمثلة في جائحة كورونا وانهيار أسعار النفط.

ويُمكِن أن تدعم جودة منظومة البيانات التنمية الاقتصادية من عدة نواح (إسلام وليدرمان 2020؛ والبنك الدولي 2021) أولا، البيانات الجيدة هي أساس نجاح عملية صنع السياسات. وتقدم البيانات أيضا المعايير الإرشادية بشأن تجارب البلدان الأخرى والدروس العالمية المستفادة. ثانيا، يؤدي توسيع إتاحة البيانات إلى تحسين نوعية السياسات. ويستطيع المستخدمون الخبراء توسيع حدود المعرفة، ووضع سياسات يمكن على الأرجح أن تكون فعالة في سياق البلد المعني. وتشهد الاقتصادات الغنية بحوثا لأوضاعها أكثر مما تشهده البلدان الفقيرة، وتستغل هذا التحليل في تحسين سياساتها. وتعاني الاقتصادات الفقيرة من نقص الوصول إلى البيانات وقلة البحوث.

ثالثا، حينما لا تتوفر بيانات جيدة قد تنشأ فجوة بين التصورات والواقع. وقد لا تجد مقترحات الإصلاح دعما حينما لا توجد بيانات كافية لتتبع ما يترتب عليها من مكاسب. ومن المحتمل أن يزيد هذا من الشعور بالإحباط وخيبة الأمل والاضطرابات الاجتماعية. وبالمثل، سيقوض تدني جودة البيانات ثقة الجمهور، ويسهم في ضعف الثقة بين المواطنين وحكوماتهم. وحالما تبدأ حكومة السير في طريق الإتاحة المحدودة للبيانات كآلية للإدارة السياسية قد يصعب عليها الرجوع عن هذا الطريق.

وتعاني منطقة الشرق الأوسط وشمال أفريقيا الحرمان من البيانات، والتخلف في القدرات الإحصائية. وحتى حينما تُتاح البيانات، يحجم الكثير من الحكومات عن تبادلها مع مجتمع الأبحاث أو حتى بين المؤسسات الحكومية. وعلى الرغم من أن المخاوف بشأن خصوصية البيانات ليست نابعة من فراغ، فإنه لم يتم إيلاء اهتمام يُذكَر لتكلفة البيانات والمعلومات المنقوصة في صوامع تستبعد أفضل العقول من العمل لتحسين عملية وضع السياسات. والقدرات الإحصائية لمنطقة الشرق الأوسط وشمال أفريقيا هي الأدنى بين كل مناطق العالم. والأسوأ من ذلك، أن قدرات المنطقة فيما يتعلق بالبيانات تراجعت بين عامي 2005 و2020 (الشكل 5-6).

لقد واجه إعداد هذا التقرير عقبات كبيرة من جراء نقص البيانات المُحدَّثة. على سبيل المثال، توجد بيانات غير كافية بشأن حجم المؤسسات المملوكة للدولة من حيث الموظفين والقيمة المضافة. ومسوح القوى العاملة ضرورية لفهم سبل كسب الرزق وللاستنارة بها في وضع السياسات.

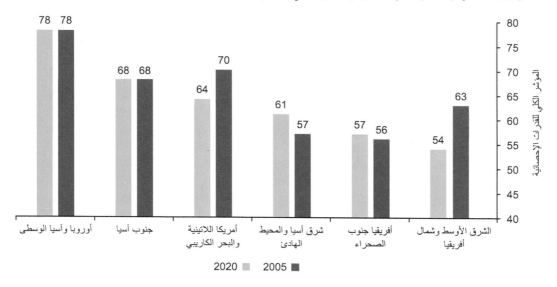

الشكل 6-5 محدودية القدرات الإحصائية وتدهورها في الشرق الأوسط وشمال أفريقيا

المصدر: مؤشر البنك الدولي للقدرات الإحصائية، /https://datatopics.worldbank.org/statisticalcapacity.

ولكن مسوح القوى العاملة والأسر غير متاحة أو يتعذر الوصول إليها أو عفا عليها الزمن في العديد من البلدان. وفي عدة بلدان، لم يتم تجميع بيانات القوى العاملة منذ عدة سنوات (بما فيها بلدان تعاني أوضاع الصراع مثل ليبيا وسوريا)، أو لم يتم تجميعها على الإطلاق (البحرين والعراق)، أو البيانات الجزئية يتعذر على الباحثين الوصول إليها (معظم دول مجلس التعاون الخليجي وكذلك المغرب).

وتعاني المنطقة أيضا من محدودية بيانات التعداد على مستوى الشركات وبيانات المسوح الاستقصائية، وهي ضرورية لتحليل ديناميكية الشركات، وتقدير سوء تخصيص رأس المال والأيدي العاملة، ووضع مقترحات السياسات لدعم إنشاء الشركات وتوسيعها. وقد اقتصرت النتائج على مستوى الشركات في هذا التقرير على الصناعات التحويلية وعدد قليل من القطاعات الخدمية التي يجري رصدها في مسوح البنك الدولي لمؤسسات الأعمال. وعلى الرغم من أن بعض البلدان تجري مثل هذه المسوح، مثل مسوح المؤسسات الصغيرة والمتوسطة الحجم في السعودية، فإنه يتعذر الوصول إلى أكثر من مؤشرات تجميعية مختارة. والبيانات محدودة أيضا بشأن المؤسسات غير الرسمية (ماعدا موجتين من مسوح المؤسسات غير الرسمية في المغرب)، الأمر الذي يحد من فهم هذا القطاع المهم.

على الرغم من أن هذا التقرير يقدم بيانات جديدة عن اللوائح المُنظِّمة لأسواق المنتجات، فإن المجموعة الكاملة للمؤشرات اللازمة لحساب المؤشر العام متاحة لمصر فقط. ولم يستطع التقرير قياس حجم الدور الاقتصادي للمؤسسات المملوكة للدولة من حيث الوظائف، والقيمة المضافة، وحتى الإنتاجية.

وخلاصة القول إن كل قسم من هذا التقرير واجه تحديات كبيرة تتعلق بالبيانات. وقد تأخَّر طويلا تحسين قدرات البيانات وتجميعها وشفافيتها في الشرق الأوسط وشمال أفريقيا. فالبيانات الجيدة ضرورية للاقتصادات حتى تزدهر. والشفافية والانفتاح عنصران رئيسيان في هذه العملية، وضروريان للتغلب على كل التحديات ومعالجة المجالات المقترحة للإصلاحات المُبيَّنة في هذا التقرير. وللتغلب على تحديات البيانات، يوصي تقرير عن التنمية في العالم 2021 (البنك الدولي 2021) بصياغة عقد اجتماعي جديد للبيانات لإنشاء القيمة الاقتصادية والاجتماعية، وفي الوقت نفسه تحقيق الوصول المنصف وتعزيز الثقة. ويتطلب تنفيذ العقد الاجتماعي للبيانات وجود نظام وطني متكامل للبيانات. ويسهم وجود نظام وطني متكامل للبيانات يتمتع بالكفاءة إسهاما واضحا في بناء منظومة إنتاج البيانات وحمايتها وتبادلها واستخدامها في التخطيط ووضع القرارات، وفي إشراك مختلف أصحاب المصلحة على نحو فعال في دورة حياة البيانات وفي هياكل الحوكمة والإدارة للنظام كله.

إيضاح

1. سيتناول تقرير إقليمي يصدر قريبا عن مستقبل الحماية الاجتماعية في منطقة الشرق الأوسط وشمال أفريقيا ويُنشر في 2022 هذه المسائل بمزيد من التفصيل.

Agüero, Jorge M. 2021. "COVID-19 and the Rise of Intimate Partner Violence." *World Development* 137: 105217. https://doi.org/10.1016/j.worlddev.2020.105217.

Arezki, Rabah, Daniel Lederman, Amani Abou Harb, Nelly El-Mallakh, Rachel Yuting Fan, Asif Islam, Ha Nguyen, and Marwane Zouaidi. 2020. "How Transparency Can Help the Middle East and North Africa." *Middle East and North Africa Economic Update* (April). World Bank, Washington, DC.

Cambini, Carlo, Riham Ezzat, and Carine Staropoli. 2018. "Do Reforms Sequences Matter for Telecom Sector Performance? Evidence from MENA Countries." *Revue d'economie politique* 128 (5): 713–43.

Cusolito, Ana Paula, Clément Gévaudan, Daniel Lederman, and Christina A. Wood. 2021. *The Upside of Digital in the Middle East and North Africa: How Digital Technology Adoption Can Accelerate Growth and Create Jobs.* Washington, DC: World Bank.

de la Flor, Luciana, Ingrid Mujica, Maria Belén Fonteñez, David Newhouse, Claudia Rodriguez Alas, Gayatri Sabharwal, and Michael Weber. 2021. "Taking Stock of COVID-19 Labor Policy Responses in Developing Countries." *Jobs Watch COVID-19.* World Bank, Washington, DC. https://openknowledge .worldbank.org/handle/10986/35331.

EBRD (European Bank for Reconstruction and Development). 2019. *Transition Report 2019–20.* London: EBRD.

Elson, Diane. 1999. "Labour Markets as Gendered Institutions: Equality, Efficiency and Empowerment Issues." *World Development* 27 (3): 611–27.

Gentilini, Ugo, Mohamed Almenfi, John Blomquist, Pamela Dale, Luciana de la Flor Giuffra, Vyjajanti Desai, Maria Belén Fonteñez, Rabadan Galicia, Veronica Lopez, Georgina Marin, Ingrid Mujica, Harish Natarajan, David Newhouse, Robert J. Palacios, Ana Patricia Quiroz, Claudia Rodriguez Alas, Gayatri Sabharwal, and Michael Weber. 2021. "Social Protection and Jobs Responses to COVID-19: A Real-Time Review of Country Measures." Living Paper Version 15 (May 14, 2021). World Bank, Washington, DC.

Hellerstein, Judith K., David Neumark, and Kenneth R. Troske. 2002. "Market Forces and Sex Discrimination." *Journal of Human Resources* 37 (2): 353–80.

Heyman, Fredrik, Petr-Johan Norbäck, and Lars Persson. 2018. "Who Creates Jobs and Who Creates Productivity? Small versus Large versus Young versus Old." *Economics Letters* 164 (C): 50–57.

Heyman, Fredrik, Helena Svaleryd, and Jonas Vlachos. 2013. "Competition, Takeovers, and Gender Discrimination." *ILR Review* 66 (2): 409–32.

ILO (International Labour Organization). 2019. *Global Wage Report 2018/19.* Geneva: ILO.

Islam, Asif M., and Daniel Lederman. 2020. "Data Transparency and Long-Run Growth." Policy Research Working Paper 9493, World Bank, Washington, DC.

Islam, Asif, Silvia Muzi, and Mohammad Amin. 2019. "Unequal Laws and the Disempowerment of Women in the Labour Market: Evidence from Firm-Level Data." *Journal of Development Studies* 55 (5): 822–44.

ITU (International Telecommunication Union). 2014. *Trends in Telecommunications Reform Special Edition. 4th Generation Regulations: Driving Digital Communications Ahead.* Geneva: ITU.

Leslie, Emily, and Riley Wilson. 2020. "Sheltering in Place and Domestic Violence: Evidence from Calls for Service during COVID-19." *Journal of Public Economics* 189: 104241. https://doi.org/10.1016/j .jpubeco.2020.104241.

Lindbeck, Assar, and Dennis J. Snower. 1984. "Involuntary Unemployment as an Insider-Outsider Dilemma." Seminar Paper No. 309, Institute for International Economic Studies, University of Stockholm, Sweden.

Mahmood, Syed Akhtar, and Meriem Ait Ali Slimane. 2018. *Privilege-Resistant Policies in the Middle East and North Africa: Measurement and Operational Implications.* MENA Development Report. Washington, DC: World Bank.

OECD (Organisation for Economic Co-operation and Development). 2012. *Towards New Arrangements for State Ownership in the Middle East and North Africa*. Paris: OECD Publishing.

Romero, Jose Manuel, and Arvo Kuddo. 2019. "Moving Forward with ALMPs: Active Labor Policy and the Changing Nature of Labor Markets." Social Protection and Jobs Discussion Paper 1936, World Bank, Washington, DC.

Ulku, Hulya, and Dorina Georgieva. 2021. "Unemployment Benefits, Active Labor Market Policies, and Economic Outcomes: Evidence from New Global Data." World Bank, Washington, DC.

Verme, Paolo. 2016. "Subsidy Reforms in the Middle East and North Africa Region: A Review." Policy Research Working Paper 7754, World Bank, Washington, DC.

Weichselbaumer, Doris, and Rudolf Winter-Ebmer. 2007. "The Effects of Competition and Equal Treatment Laws on Gender Wage Differentials." *Economic Policy* 22 (50): 235–87.

World Bank. 2009. *From Privilege to Competition: Unlocking Private-Led Growth in the Middle East and North Africa*. MENA Development Report. Washington, DC: World Bank.

World Bank. 2015. *Jobs or Privileges: Unleashing the Employment Potential of the Middle East and North Africa*. Washington, DC: World Bank.

World Bank. 2018a. *The State of Social Safety Nets 2018*. Washington, DC: World Bank.

World Bank. 2018b. *World Development Report 2019: The Changing Nature of Work*. Washington, DC: World Bank.

World Bank. 2021. *World Development Report 2021: Data for Better Lives*. Washington, DC: World Bank.

World Bank Group and African Competition Forum. 2016. *Breaking Down Barriers: Unlocking Africa's Potential to Vigorous Competition Policies*. Nairobi: World Bank.

أصوات رواد الأعمال الشباب في منطقة الشرق الأوسط وشمال أفريقيا

مصر: منصة إلكترونية لتوصيل الخدمات الدوائية

دعاء هي المؤسِّسة والمديرة التنفيذية لمنصة إلكترونية للصيدليات مقرها في القاهرة. حصلت دعاء على شهادة في الهندسة الزراعية من جامعة طنطا.

وبدأت حياتها العملية في شركات متعددة الجنسيات ووطنية للتسويق الرقمي. انبثقت رحلتها على طريق ريادة الأعمال من أزمة صحية شخصية. واستطاعت دعاء أثناء علاجها الوصول إلى الكثير من الأشياء التي كانت تحتاج إليها عبر الإنترنت ماعدا الأدوية. ولاقت صعوبات في الحصول على أدويتها من مكان قريب. والتقت بمرضى آخرين في مستشفيات وعيادات محلية شاطروها هذا الإحباط والشعور بخيبة الأمل.

تخدم منصة دعاء مئات الآلاف من العملاء في أنحاء مصر، إذ تتيح لهم طلب الأدوية وقيام الصيدلية بتوصيلها إليهم بطريق مباشر في منازلهم. ومن خلال هذا التطبيق الإلكتروني، يستطيع العملاء تحديد مكان الأدوية المطلوبة في الصيدليات القريبة باستخدام محرك بحث. ثم يُنتِج التطبيق المعلومات المتصلة بمكان وتكلفة المنتجات المناسبة لاحتياجاتهم. ويقدم الموقع الإلكتروني أيضا معلومات مجانية عن الأدوية والحساسية والأمراض والفيتامينات والمكملات الغذائية. علاوة على تسهيل طلبيات الأدوية وتوصيلها عبر الإنترنت، أصبحت المنصة مَصدَرا للتعلم، وملتقى لملايين العملاء الذين يحاولون معالجة أمراضهم المزمنة عن طريق التواصل فيما بينهم لتبادل المعلومات. ولا يدفع العملاء رسوما مقابل خدمات طلب الأدوية من خلال المنصة. بدلا من ذلك، تدفع الصيدلية التي يشترون منتجاتها رسما شهريا قدره 5% من إجمالي مبيعات الأدوية التي تم تنفيذها، و10% من مبيعاتها لمنتجات التجميل. ويرسل التطبيق بيانات شهرية إلى كل صيدلية ويجمع المبالغ المدفوعة إلكترونيا. كان لدى دعاء على منصتها 91 عميلا فقط عند إطلاق التطبيق. وبحلول يناير/كانون الثاني 2020، تلقى قرابة 200 ألف عميل خدمات دوائية من خلال المنصة. وزادت الإيرادات السنوية للمنصة بنسبة 30% بين 2018 و2019، وبنسبة 300% في 2020 بسبب الإغلاقات التي فرضتها الحكومة من جراء جائحة كورونا. ويعمل في المنصة حاليا 54 موظفا متفرغا 60% منهم من النساء. وزاد عدد الموظفين من 16 إلى 54 في خلال عامين فقط.

وساعدت عدة عوامل دعاء على إطلاق مشروعها. والأهم من ذلك، أنها أجرت بحوثا واسعة في البداية. إذ قامت بدراسة مشروعات مماثلة في الخارج، ثم عدَّلت أفكار مشروعها لتناسب السياق المحلي في مصر. ولاقت صعوبات في الحصول على التمويل. وقدَّمت طلباً إلى حاضنة تسريع الأعمال الناشئة Flat6labs في القاهرة وحظي طلبها

بالقبول. ومن خلال حاضنة تسريع الأعمال حصلت على 17 ألف دولار نقدا كتمويل أساسي في أبريل/نيسان 2018. وقدمت الحاضنة التمويل الأساسي وكذلك المشورة الإستراتيجية والتدريب على إدارة الأعمال وموارد التواصل الشبكي. وكان عليها أن تشق بحذر طريقها في شعاب قوانين العمل المربكة.

وثمة حاجز ثقافي لاحظته دعاء وهو ضغط الآباء على أولادهم للعمل في شركة راسخة "مأمونة". تقول دعاء إنه تشيع تصورات خاطئة عن الشركات الناشئة بأنها ليست شركات حقيقية، ولذا يحث الآباء أولادهم على البحث عن وظائف "مأمونة". والرسالة التي توجهها دعاء إلى بنات جنسها هي: "إذا كانت لديك فكرة ينبغي أن تسعي إلى تنفيذها".

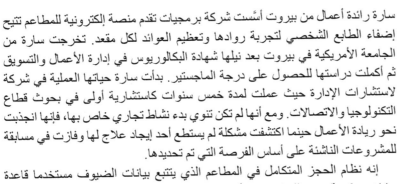

أصوات رواد الأعمال الشباب في منطقة الشرق الأوسط وشمال أفريقيا

لبنان: منصة إلكترونية ذات اهتمام عالمي لمساعدة المطاعم على إضفاء الطابع الشخصي لتجربة الضيوف في تناول الطعام

سارة رائدة أعمال من بيروت أسَّست شركة برمجيات تقدم منصة إلكترونية للمطاعم تتيح إضفاء الطابع الشخصي لتجربة روادها وتعظيم العوائد لكل مقعد. تخرجت سارة من الجامعة الأمريكية في بيروت بعد نيلها شهادة البكالوريوس في إدارة الأعمال والتسويق ثم أكملت دراستها للحصول على درجة الماجستير. بدأت سارة حياتها العملية في شركة لاستشارات الإدارة حيث عملت لمدة خمس سنوات كاستشارية أولى في بحوث قطاع التكنولوجيا والاتصالات. ومع أنها لم تكن تنوي بدء نشاط تجاري خاص بها، فإنها انجذبت نحو ريادة الأعمال حينما اكتشفت مشكلة لم يستطع أحد إيجاد علاج لها وفازت في مسابقة للمشروعات الناشئة على أساس الفرصة التي تم تحديدها.

إنه نظام الحجز المتكامل في المطاعم الذي يتتبع بيانات الضيوف مستخدما قاعدة بيانات مركزية ويتيح للمطاعم فهم أفضليات الضيوف وعاداتهم في تناول الطعام من أجل اتخاذ قرارات أفضل ووضع حملات تزيد عوائد الضيوف والزيارات والإنفاق بوجه عام.

ألحقت جائحة كورونا ضررا كبيرا بقطاع الضيافة. فراحت سارة وفريق عملها يبتكرون خدماتهم لمساعدة المطاعم على فتح أبوابها بسلام وتمكين الضيوف من الإحساس بالراحة في تناول الطعام خارج البيت. وأعدت شركتها منتجا هو قائمة الطعام الرقمية عن بعد التي تتيح للعملاء تصفح القائمة وطلب ما يريدون منها من خلال الدخول عليها باستخدام رمز الاستجابة السريعة الذي تمسحه الهواتف الذكية أو قبل الحجز. علاوة على ذلك، فإنهم يعلنون عن نقاط الدفع التي يمكن فيها للمطاعم محاسبة الضيف مقدما لتقليل الإلغاءات ومرات عدم الحضور التي تحدث في الدقائق الأخيرة. ومنذ إطلاق المنصة في 2016، نمت الشركة وزاد عدد موظفيها إلى أكثر من 30 موظفا بين مكتبها في بيروت والمكب الإقليمي والرئيسي في دبي الذي فُتح في 2017. تخدم الشركة الآن آلاف العملاء في منطقة الشرق الأوسط وشمال أفريقيا (البحرين ومصر ولبنان ومالطا وقطر والسعودية والإمارات)، وكذلك في أوروبا (النمسا وبلجيكا وهولندا) وفي آسيا (الهند وسنغافورة). وتأمل سارة تحقيق مزيد من التوسع في السوق الأوروبية في السنوات القادمة، لكنها تلاحظ أن هذا التوسع يتطلب استثمارا رأسماليا كبيرا.

يعاني رواد الأعمال في لبنان تحديات وعقبات منقطعة النظير وغير متوقعة. فالقانون التجاري اللبناني عفا عليه الزمن ويتسم بدرجة عالية من البيروقراطية والغموض. ويتطلب الخوض في غمار هذه القوانين امتلاك قدر كبير من الصبر والوقت. علاوة على ذلك، تخلق البنية التحتية المتداعية مع عدم الاستقرار الاقتصادي والجيوسياسي صعوبات في

طريق رواد الأعمال. على الرغم من ذلك كله، استطاعت سارة بناء مُنتج يستقطب اهتماما عالميا. وتُؤمن سارة بإيجاد بيئة تنافسية لتعزيز النمو الاقتصادي وخلق وظائف يمكنها أن تخدم على نحو أفضل الناس والشركات بأسعار مغرية. وهي تعتقد أيضا أنه ينبغي للنساء في منطقة الشرق الأوسط وشمال أفريقيا اتخاذ خطوات جريئة لإنشاء الشركات التي يعتقدن أنها تخدم غرضا مُعيَّنا والتي يتحمسن لها، لا سيما تلك التي يمكن أن تعزز الاقتصاد الرقمي. ولاحظت سارة أنه على الرغم من أن "منحنى التعلم شديد الانحدار، فإن قيمة هائلة تكمن في تأسيس شركة ناشئة تسعى من خلالها دائما للتعلم والنمو".

أصوات رواد الأعمال الشباب في منطقة الشرق الأوسط وشمال أفريقيا

السعودية: منصة لمساعدة النساء والعملاء الآخرين على إنجاز المهام

نايف هو المؤسّس والمدير التنفيذي لشركة لخدمات التوصيل في قطاع التجارة الإلكترونية تساعد الأسر والأفراد في إنجاز طلبياتهم اليومية. حصل نايف على شهادة في مجال الهندسة المعمارية وتخطيط المدن من جامعة الملك سعود. وفي عام 2015، حينما أطلق نايف منصته الإلكترونية كانت النساء يجدن قيودا على الانتقال في السعودية، وهو قانون ألغي بعد ذلك. وكثيرا ما كان نايف يتلقى طلبات من أفراد أسرته لإتمام أعمال لهم، مما يقطع جدول أعماله. ولذلك، أنشأ تطبيقا لتلبية الاحتياجات المجتمعية الواسعة لوسيلة ميسورة التكلفة وسهلة الوصول لتوصيل الطلبات. يستأجر الكثير من الأسر الميسورة سائقين وافدين (معظمهم من جنوب شرق آسيا) لتلبية احتياجاتهم المنزلية. ولكن بالنسبة لمعظم الأسر تكلفة سائق وافد باهظة وغير ميسورة بسبب اشتراطات تأشيرة الدخول. يقول نايف إن منصته تشبه منصة أوبر ماعدا أنها تُركّز على أداء المهام المنزلية وتوصيل الاحتياجات المنزلية بدلا من تقديم خدمات النقل. ويتيح تطبيق نايف وموقعه الإلكتروني للعملاء القدرة على إدارة الخدمات التي يتلقونها ومتابعتها وتقييمها وتقدير مستوى جودة الخدمات وأداء السائق. ويجبر هذا على حُسْن السلوك ويتيح للعميل القدرة على الاختيار بين سائقين مختلفين ومتابعة الخدمات وقت حدوثها وهو جانب مهم في مجتمع محافظ كهذا.

وكان تطبيق نايف إحدى المبادرات الأولى في قطاع التجارة الإلكترونية التي استحدثت خدمة مبتكرة للتوصيل المنزلي عبر تطبيق سهل الاستخدام. وفي نهاية المطاف، أصبحت الشركة مركزا لاختبار التقنية الجديدة، التي شملت الذكاء الاصطناعي لتحليل تفضيلات المستخدمين وبناء نظام لوجستي فعال لتحسين الاستفادة من وقت السائقين. وقدّمت منصة نايف خدمات لنحو ثمانية ملايين عميل في السعودية. وزادت العائدات السنوية للشركة بنسبة 300% في الفترة من 2016 إلى 2019 وقفزت إلى 400% في 2020. وارتفع عدد الموظفين المتفرغين الذين لهم مزايا تعاقدية في الشركة بنسبة 30% سنويا على مدى ثلاث سنوات.

ويعتقد نايف أن العقبة الرئيسية التي تشوب منظومة ريادة الأعمال لشركات تكنولوجيات المعلومات في السعودية هي أن الحكومة لم تستطع مجاراة التحولات الرقمية. علاوة على ذلك، يشعر نايف أن إجراءات تسجيل الشركات يجب تبسيطها، لا سيما مع الحاجة إلى تنمية الشركات الناشئة في قطاع تكنولوجيا المعلومات على وجه السرعة. التمويل هو التحدي. في 2016، طلب نايف الانضمام إلى حاضنة تسريع الأعمال (بادر) في الرياض وقُبِل طلبه. وهو يقول "كان الحصول من بادر على مصدر تمويل أمرا قيّما لا يُقدَّر بثمن. فقد تم تزويدنا بمكتب مادي وتدريب أساسي على إدارة الأعمال، لا سيما

على كيفية عرض فكرة مشروع على المستثمرين في السعودية وفي الخارج بما في ذلك أوروبا. وأفادنا هذا كثيرا في الحد من مخاوفنا من أن نكون في مواجهة مستثمر". ولكن نايف متشائم بشأن إمكان توسيع منصته في منطقة الشرق الأوسط وشمال أفريقيا بسبب محدودية البنية التحتية لتكنولوجيا المعلومات وتباين القواعد واللوائح التنظيمية في كل بلد. ومع ذلك كله، فإنه يؤمن إيمانا قويا بإمكانات الشباب في ريادة الأعمال. ويقول "يجب أن نشجع الشباب السعودي على دخول سوق ريادة الأعمال والمنافسة فيها". وكلما ازداد حماس الشباب وعلت همتهم، كان ذلك أفضل "لأنهم يشعرون بقوة أكبر حينما يتصرفون كمجموعة. ويمكنهم أن يتعلَّم بعضهم من بعض. هذه هي روح الابتكار في وادي السيليكون مثلا". وتابع كلامه قائلا "الشباب لا يحتاج إلى المال فحسب. إنما يحتاجون إلى 'المال الذكي' ويشبه ذلك حينما يصبح المستثمرون الممولون وشركات رأس المال المُخاطِر شركاءهم الإستراتيجيين لا مجرد مستثمرين".

الملحق (أ) | اللوائح التنظيمية لسوق المنتجات

يستند التحليل الوارد في هذا التقرير إلى نسخة مبسطة من استبيان منظمة التعاون والتنمية الاقتصادية بشأن تنظيم أسواق المنتجات والذي يركز على الجوانب الأكثر ملاءمة للاقتصادات الأقل نموا والأسواق الناشئة لكنه لا يتضمن التنفيذ. وتم جمع البيانات المستندة إلى المنهجية المبسطة حتى شهر ديسمبر/كانون الأول 2020 لثمانية بلدان في منطقة الشرق الأوسط وشمال أفريقيا، وهي: مصر والأردن والكويت والمغرب والسعودية وتونس والإمارات والضفة الغربية وقطاع غزة. وبالإضافة إلى ذلك، تم جمع بيانات عن تنظيم أسواق المنتجات في مصر عام 2017، والكويت عام 2018، وتونس عام 2017 واستخدمت في التحليل.[1] تمثل العينة مجموعة متنوعة من الاقتصادات بما في ذلك البلدان مرتفعة ومتوسطة الدخل؛ والبلدان الفقيرة والغنية بالموارد؛ وتلك الوفيرة والنادرة العمالة.[2] وتُستخدم النسخة المبسطة من بيانات تنظيم أسواق المنتجات لمقارنة الأبعاد النوعية للسياسات واللوائح التنظيمية في بلدان مختارة بمنطقة الشرق الأوسط وشمال أفريقيا مقابل مجموعتين من البلدان للمقارنة واردتين في قاعدة بيانات تنظيم أسواق المنتجات لعام 2018: 37 بلدا مرتفع الدخل و14 بلدا في الشريحة العليا من البلدان متوسطة الدخل.[3] ويعرض الشكل أ-1 تفاصيل إضافية عن المنهجية.

الشكل أ-1 منهجية تنظيم أسواق المنتجات على مستوى الاقتصاد والقطاع

أ. مكونات تنظيم أسواق المنتجات على مستوى الاقتصاد

(يُتبع)

الشكل أ-1 منهجية تنظيم أسواق المنتجات على مستوى الاقتصاد والقطاع (تابع)

ب. تغطية قطاعات الشبكات في تنظيم أسواق المنتجات

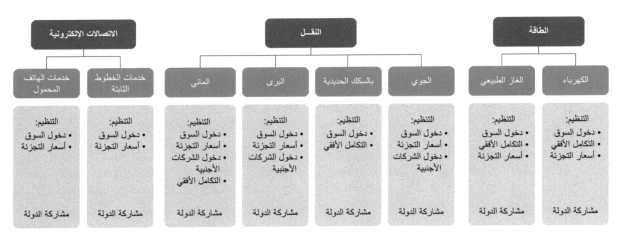

الطاقة

- **الكهرباء**
  التنظيم:
  - دخول السوق
  - التكامل الأفقي
  - أسعار التجزئة

  مشاركة الدولة
- **الغاز الطبيعي**
  التنظيم:
  - دخول السوق
  - التكامل الأفقي
  - أسعار التجزئة

  مشاركة الدولة

النقـل

- **الجوي**
  التنظيم:
  - دخول السوق
  - أسعار التجزئة
  - دخول الشركات الأجنبية

  مشاركة الدولة
- **بالسكك الحديدية**
  التنظيم:
  - دخول السوق
  - التكامل الأفقي

  مشاركة الدولة
- **البرى**
  التنظيم:
  - دخول السوق
  - أسعار التجزئة
  - دخول الشركات الأجنبية

  مشاركة الدولة
- **المائي**
  التنظيم:
  - دخول السوق
  - أسعار التجزئة
  - دخول الشركات الأجنبية
  - التكامل الأفقي

  مشاركة الدولة

الاتصالات الإلكترونية

- **خدمات الخطوط الثابتة**
  التنظيم:
  - دخول السوق
  - أسعار التجزئة

  مشاركة الدولة
- **خدمات الهاتف المحمول**
  التنظيم:
  - دخول السوق
  - أسعار التجزئة

  مشاركة الدولة

ج. تغطية الخدمات المهنية في تنظيم أسواق المنتجات

المحامون	الموثقون	المحاسبون	المهندسون المعماريون	المهندسون	الوكلاء العقاريون
لائحة قواعد دخول السوق	لائحة قواعد دخول السوق	لائحة قواعد دخول السوق	لائحة قواعد دخول السوق	لائحة قواعد دخول السوق	لائحة قواعد دخول السوق

د. تغطية خدمات التجزئة في تنظيم أسواق المنتجات

توزيع التجزئة، تجارة التجزئة العامة

- التسجيل والترخيص
- تنظيم سعر التجزئة
- تنظيم ساعات عمل المتاجر
- تنظيم المبيعات عبر الإنترنت

البيع بالتجزئة للمستحضرات الصيدلانية

- قيود كمية
- تنظيم ساعات العمل
- تنظيم سعر التجزئة
- القيود المفروضة على الملكية
- تنظيم المبيعات خارج الصيدليات

المصدر: إعداد فريق العمل المعني بالتقرير الرئيسي على أساس دراسة فيتالي وآخرين (2020).

جداول البلد/الاقتصاد في تنظيم أسواق المنتجات

تورد الجداول التالية (الجداول أ-1 - أ-13) النتائج لكل من البلدان/الاقتصادات الثمانية (مصر والأردن والكويت والمغرب والسعودية وتونس والإمارات والضفة الغربية وقطاع غزة) التي جمعت بيانات بشأنها باستخدام المنهجية المبسطة. وتُغطي ثلاثة موضوعات رئيسية: (1) تشوهات تحدثها الدولة؛ (2) حواجز أمام التجارة والاستثمار؛ (3) حواجز في صناعات الشبكات والخدمات المهنية.

التشوهات التي تسببها الدولة

الجدول أ-1 نطاق الشركات المملوكة للدولة وملكياتها العامة والسيطرة عليها: مساهمات في أسهم رأس المال

السؤال	مصر	الأردن	الكويت	المغرب	السعودية	تونس	الإمارات	الضفة الغربية وقطاع غزة
هل تمتلك الحكومات الوطنية أو الولائية أو المحلية حصصا في أسهم رأس المال في أكبر شركة في هذا القطاع؟								
الكهرباء								
توليد الكهرباء	نعم	نعم	نعم	نعم	نعم	نعم	نعم	نعم
شبكات نقل الكهرباء	نعم	نعم	نعم	نعم	نعم	نعم	نعم	نعم
توزيع الكهرباء	نعم	نعم	نعم	نعم	نعم	نعم	نعم	نعم
الغاز								
توليد الكهرباء بالغاز الطبيعي	نعم	نعم	نعم	نعم	نعم	نعم	نعم	لا
نقل الغاز	نعم	نعم	نعم	نعم	نعم	نعم	نعم	لا
توزيع الغاز	نعم	لا	نعم	لا	نعم	نعم	نعم	لا
الاتصالات								
الاتصالات	نعم	نعم	نعم	نعم	نعم	نعم	نعم	نعم

المصادر: إعداد فريق العمل المعني بالتقرير الرئيسي، استنادا إلى قاعدة بيانات منظمة التعاون والتنمية الاقتصادية وقاعدة بيانات منظمة التعاون والتنمية الاقتصادية/مجموعة البنك الدولي عن تنظيم أسواق المنتجات 2018-2020. تم جمع بيانات تنظيم أسواق المنتجات لمصر في عام 2017، وللكويت في عام 2018، ولتونس في عام 2017. قام فريق إعداد التقرير الرئيسي بجمع البيانات الخاصة باقتصادات الشرق الأوسط وشمال أفريقيا الخمسة الأخرى باستخدام نسخة مبسطة من منهجية تنظيم أسواق المنتجات 2018 لمنظمة التعاون والتنمية الاقتصادية، وهو يجسد الوضع في الاقتصاد حتى شهر ديسمبر/كانون الأول 2020.
إيضاح: معظم الأسئلة إجابتها نعم / لا، ما لم يُذكر خلاف ذلك.

الجدول أ-2 نطاق الشركات المملوكة للدولة وملكيتها العامة والسيطرة عليها: السيطرة

السؤال	مصر	الأردن	الكويت	المغرب	السعودية	تونس	الإمارات	الضفة الغربية وقطاع غزة
هل للحكومات الوطنية أو الولائية أو المحلية سيطرة على شركة واحدة على الأقل في هذا القطاع؟								
الكهرباء								
توليد الكهرباء	نعم	نعم	نعم	نعم	نعم	نعم	نعم	لا
شبكات نقل الكهرباء	نعم	نعم	نعم	نعم	نعم	نعم	نعم	نعم
توزيع الكهرباء	نعم	لا	نعم	نعم	نعم	نعم	نعم	نعم
الغاز								
توليد الكهرباء بالغاز الطبيعي	نعم	نعم	نعم	لا	نعم	نعم	نعم	لا
نقل الغاز	نعم	نعم	نعم	نعم	نعم	نعم	نعم	لا
توزيع الغاز	نعم	لا	نعم	نعم	نعم	نعم	نعم	لا
النقـل								
السكك الحديدية - نقل الركاب	نعم	نعم	لا	نعم	نعم	نعم	نعم	لا
السكك الحديدية - نقل البضائع	نعم	نعم	لا	نعم	نعم	نعم	نعم	لا
السكك الحديدية - تشغيل البنية التحتية للسكك الحديدية	نعم	نعم	لا	نعم	نعم	نعم	نعم	لا
النقل المائي البحري والساحلي والداخلي للركاب	نعم	نعم	نعم	لا	نعم	نعم	نعم	لا
النقل المائي البحري والساحلي والداخلي للبضائع	نعم	نعم	نعم	لا	نعم	نعم	لا	لا
تشغيل المرافق الطرفية (مثل الموانئ والأرصفة)	نعم	نعم	نعم	نعم	نعم	نعم	نعم	لا

(يُتبع)

الجدول أ-2 نطاق الشركات المملوكة للدولة وملكيتها العامة والسيطرة عليها: السيطرة (تابع)

السؤال	مصر	الأردن	الكويت	المغرب	السعودية	تونس	الإمارات	الضفة الغربية وقطاع غزة
النقل الجوي - النقل المحلي للركاب	نعم	نعم	نعم	نعم	نعم	نعم[أ]	نعم	لا
النقل الجوي - النقل الدولي للركاب	نعم	نعم	نعم	نعم	نعم	نعم[أ]	نعم	لا
النقل الجوي - تشغيل المطارات	نعم	نعم	نعم	نعم	نعم	نعم[ب]	نعم	لا
النقل البري - نقل البضائع عن طريق البر (ISIC Rev. 4.0 4923)	نعم	نعم	لا	لا	نعم	نعم[ج]	لا	لا
النقل البري - تشغيل البنية التحتية للطرق (ISIC Rev. 4.0 part of 5221)	نعم	نعم	لا	نعم	نعم	نعم[د]	نعم	لا
جمع المياه ومعالجتها وإمدادها (ISIC Rev. 4.0 X)	نعم	نعم	نعم	نعم	نعم	نعم	نعم	نعم
قطاعات أخرى								
تصنيع منتجات التبغ (ISIC Rev. 4.0 12)	نعم	لا	لا	لا	لا	نعم	لا	لا
تصنيع منتجات تكرير البترول (ISIC Rev. 4.0 192)	نعم	نعم	نعم	نعم	نعم	نعم	نعم	لا
تصنيع الفلزات الأساسية (ISIC Rev. 4.0 24)	نعم	لا	لا	نعم	نعم	نعم	نعم	لا
تصنيع المنتجات والآلات والمعدات المعدنية المصنعة (ISIC Rev. 4.0 25)	نعم	لا	لا	لا	نعم	لا	نعم	لا
بناء وإصلاح السفن والقوارب (ISIC Rev. 4.0 301)	نعم	لا	نعم	نعم	نعم	لا	نعم	لا
تصنيع قاطرات وعربات السكك الحديدية والترام (ISIC Rev. 4.0 302)	نعم	لا	لا	لا	لا	—[هـ]	لا	لا
تصنيع الطائرات ومركبات الفضاء (ISIC Rev. 4.0 303)	نعم	لا	لا	نعم	نعم	—[و]	نعم	لا
البناء والتشييد (ISIC Rev. 4.0 41, 42, 43)	نعم	لا	لا	نعم	نعم	لا	نعم	لا
تجارة الجملة شاملة المركبات ذات المحركات (ISIC Rev. 4.0 46، جزء من 45)	نعم	نعم	نعم	نعم	نعم	نعم	نعم	لا
تجارة التجزئة شاملة المركبات ذات المحركات (ISIC Rev. 4.0 47، الجزء من 45)	نعم	نعم	نعم	نعم	نعم	نعم	نعم	لا
أنشطة خدمات الإقامة والأغذية والمشروبات (ISIC Rev. 4.0 55, 56)	نعم	نعم	نعم	نعم	نعم	لا	نعم	لا
نقل الركاب في المناطق الحضرية والضواحي وبين المدن (ISIC Rev. 4.0 4921, 4922)	نعم	نعم	نعم	نعم	نعم	نعم	نعم	لا
أنشطة الخدمات المالية، باستثناء البنوك المركزية والتأمين وتمويل المعاشات التقاعدية (6419, 642, 643, 649, 661 وجزء من 663)	نعم	لا	نعم	نعم	نعم	نعم	نعم	نعم
التأمين وإعادة التأمين وتمويل المعاشات التقاعدية (ISIC Rev. 4.0 65, 662, وجزء من 663)	نعم	نعم	نعم	نعم	نعم	نعم	نعم	نعم
الأنشطة التجارية الأخرى (ISIC Rev. 4.0 70, 71, 73, 74, 78, 80, 812, 82, 855)	نعم	نعم	نعم	—[ز]	نعم	—	لا	لا
أنشطة الصحة البشرية (ISIC Rev. 4.0 86)	نعم	نعم	نعم	نعم	نعم	نعم	نعم	نعم
توزيع الأفلام السينمائية وعرضها (ISIC Rev. 4.0 59)	نعم	لا	لا	لا	نعم	لا	نعم	لا
تصنيع المنتجات الدوائية والكيميائية الطبية والنباتية	نعم	لا	لا	لا	لا	نعم	لا	لا
صناعة الكيماويات والمنتجات الكيميائية	نعم	نعم	لا	نعم	نعم	لا	نعم	لا
تصنيع أجهزة الكمبيوتر والإلكترونيات والمنتجات البصرية	نعم	لا	لا	لا	لا	لا	لا	لا
صناعة السيارات وأجزائها وملحقاتها	نعم	لا	لا	لا	لا	لا	لا	لا
أنشطة المقامرة والمراهنة	نعم	لا	لا	لا	لا	لا	لا	لا

المصادر: إعداد فريق العمل المعني بالتقرير الرئيسي، استنادا إلى قاعدة بيانات منظمة التعاون والتنمية الاقتصادية وقاعدة بيانات منظمة التعاون والتنمية الاقتصادية/مجموعة البنك الدولي عن تنظيم أسواق المنتجات 2018-2020. تم جمع بيانات تنظيم أسواق المنتجات لمصر في عام 2017 ، وللكويت في عام 2018 ، ولتونس في عام 2017. قام فريق إعداد التقرير الرئيسي بجمع البيانات الخاصة باقتصادات الشرق الأوسط وشمال أفريقيا الخمسة الأخرى باستخدام نسخة مبسطة من منهجية تنظيم أسواق المنتجات 2018 لمنظمة التعاون والتنمية الاقتصادية، وهو يجسد الوضع في الاقتصاد حتى شهر ديسمبر/كانون الأول 2020.

إيضاح: معظم الأسئلة إجابتها نعم / لا ، ما لم يُذكر خلاف ذلك.

أ. لم يتم تقديم أي قيمة (إجابة)، لكن قسم الملاحظات يذكر أن الدولة تسيطر على شركة الخطوط التونسية.

ب. لم يتم تقديم أي قيمة (إجابة)، لكن قسم الملاحظات يذكر أن الدولة تسيطر على شركة الديوان الوطني للطيران المدني.

ج. لم يتم تقديم أي قيمة (إجابة)، لكن قسم الملاحظات يذكر أن الدولة تسيطر على شركة المكتب الوطني للنقل بين المدن.

د. لم يتم تقديم أي قيمة (إجابة)، لكن قسم الملاحظات يذكر أن الدولة تسيطر على شركة تونس للطرقات.

هـ. لا يوجد تصنيع لقاطرات السكك الحديدية أو الترام في تونس.

و. لا يوجد تصنيع للطائرات أو المركبات الفضائية في تونس.

ز. غير موجود في تقرير وزارة المالية.

الجدول أ-3 نطاق الشركات المملوكة للدولة وملكيتها العامة والسيطرة عليها: الحصص السوقية والهيكل

السؤال	مصر	الأردن	الكويت	المغرب	السعودية	تونس	الإمارات	الضفة الغربية وقطاع غزة
ما الحصة السوقية لأكبر شركة قائمة/محتملة في كل قطاع من القطاعات التالية؟[أ]								
الكهرباء								
توليد الكهرباء	%90–%50	%50>	%90>	%50>	%90>	%90>	%90>	%50>
شبكات نقل الكهرباء	%90>	%90>	%90>	%90>	%90>	%90>	%90>	%90>
توزيع الكهرباء	%90>	%90–%50	90%>	%90–%50	%90>	%90>	%90>	%90–%50
الغاز								
توليد الكهرباء بالغاز الطبيعي	—[ب]	%90>	%90>	—[ج]	%90>	%90>	%90>	—[د]
نقل الغاز	—	%90>	%90>	%90>	%90>	%90>	%90>	—
توزيع الغاز	—	%90>	%90>	%90–%50	%90>	%90>	%90>	—
الاتصالات								
ما الحصة السوقية للشركة المحتملة في مجال تقديم خدمات الخطوط الثابتة بالتجزئة (الصوت والفيديو والبيانات)؟	%90>	%90>	%90>	%90–%50	%90–%50	%90>	%90–%50	%90–%50
النقـل								
كم عدد الشركات التي تتنافس في نفس السوق في القطاعات التالية؟[هـ]								
السكك الحديدية - نقل الركاب (ISIC Rev. 4.0 4911)	1	1	—[و]	1	1	1	1	3
السكك الحديدية - نقل البضائع (ISIC Rev. 4.0 4912)	1	1	—[و]	1	1	1	1	3

المصادر: إعداد فريق العمل المعني بالتقرير الرئيسي، استنادا إلى قاعدة بيانات منظمة التعاون والتنمية الاقتصادية وقاعدة بيانات منظمة التعاون والتنمية الاقتصادية/مجموعة البنك الدولي عن تنظيم أسواق المنتجات 2018–2020. تم جمع بيانات تنظيم أسواق المنتجات لمصر في عام 2017، وللكويت في عام 2018، ولتونس في عام 2017. قام فريق إعداد التقرير الرئيسي بجمع البيانات الخاصة باقتصادات الشرق الأوسط وشمال أفريقيا الخمسة الأخرى باستخدام نسخة مبسطة من منهجية تنظيم أسواق المنتجات 2018 لمنظمة التعاون والتنمية الاقتصادية، وهو يجسد الوضع في الاقتصاد حتى شهر ديسمبر/كانون الأول 2020.

أ. الخيارات المقدمة هي: (1) أكبر من 90%؛ (2) بين 50% و90%؛ أو (3) أصغر من 50%.

ب. لا توجد معلومات عن الحصص السوقية لأي من قطاعات السوق، ولكن توجد قائمة بالشركات التابعة للشركات المملوكة للدولة في كل قطاع.

ج. لا توجد معلومات عن الحصة السوقية، لكن الفريق المعني بإعداد التقرير الرئيسي يعلم أن الإنتاج في المغرب يتم من قبل اثنين من المشغلين بالقطاع الخاص إلى جانب المكتب الوطني للهيدروكربونات والمناجم (ONHYM) باستخدام الامتيازات/التراخيص وفقا للقانون 21–90، الذي ينص على أنه يجب على الدولة الاحتفاظ بحصة تصل إلى 25%.

د. وفقا للهيئة العامة للبترول، لا تعمل الهيئة على تنمية إنتاج الغاز ولكنها تستورد كل غازها من إسرائيل، وقد وقعت اتفاقية احتكار مع شركتي بترول إسرائيليتين، واحدة للضفة الغربية والأخرى لقطاع غزة.

هـ. الإجابة مفتوحة.

و. لا يوجد خط سكة حديد في الكويت.

الجدول أ-4 حوكمة الشركات المملوكة للدولة: اتخاذ القرارات

السؤال	مصر	الأردن	الكويت	المغرب	السعودية	تونس	الإمارات	الضفة الغربية وقطاع غزة
من يمارس حقوق الملكية في الشركات المملوكة للدولة؟[أ]	وزارات تنفيذية	وكالة متخصصة **ليست** قريبة من الحكومة	وكالة متخصصة **ليست** قريبة من الحكومة	الخزانة/وزارة المالية/وزارة الاقتصاد	وكالة متخصصة **ليست** قريبة من الحكومة	الخزينة/ وزارة المالية/وزارة الاقتصاد	وكالة متخصصة **ليست** قريبة من الحكومة	وزارات تنفيذية
من يعين الرئيس التنفيذي في الشركات المملوكة للدولة؟[ب]	سلطات عامة	سلطات عامة	الجمع بين مجلس الإدارة والسلطات العامة	سلطات عامة	مجلس إدارة الشركة	سلطات عامة	الجمع بين مجلس الإدارة والسلطات العامة	مجلس إدارة الشركة

المصادر: إعداد فريق العمل المعني بالتقرير الرئيسي، استنادا إلى قاعدة بيانات منظمة التعاون والتنمية الاقتصادية وقاعدة بيانات منظمة التعاون والتنمية الاقتصادية/مجموعة البنك الدولي عن تنظيم أسواق المنتجات 2018–2020. تم جمع بيانات تنظيم أسواق المنتجات لمصر في عام 2017، وللكويت في عام 2018، ولتونس في عام 2017. قام فريق إعداد التقرير الرئيسي بجمع البيانات الخاصة باقتصادات الشرق الأوسط وشمال أفريقيا الخمسة الأخرى باستخدام نسخة مبسطة من منهجية تنظيم أسواق المنتجات 2018 لمنظمة التعاون والتنمية الاقتصادية، وهو يجسد الوضع في الاقتصاد حتى شهر ديسمبر/كانون الأول 2020.

أ. الخيارات المقدمة هي: (1) وكالة متخصصة قريبة من الحكومة؛ (2) وكالة متخصصة ليست قريبة من الحكومة؛ (3) الخزانة/وزارة المالية/وزارة الاقتصاد؛ (4) وزارات تنفيذية تنسقها وكالة متخصصة؛ (5) الوزارات التنفيذية.

ب. الخيارات المقدمة هي: (1) مجلس إدارة الشركة؛ أو (2) الجمع بين مجلس الإدارة والسلطات العامة؛ أو (3) سلطات عامة.

الجدول أ-5 الحيادية التنافسية

السؤال	مصر	الأردن	الكويت	المغرب	السعودية	تونس	الإمارات	الضفة الغربية وقطاع غزة
هل هناك أي شركات مملوكة للدولة غير مدمجة في شركات ذات مسؤولية محدودة؟	نعم	نعم	نعم	نعم	نعم	نعم	نعم	لا
إذا كنت قد أجبت بنعم على السؤال أعلاه، فهل تخضع هذه الشركات المملوكة للدولة لقانون الشركات الخاصة؟[أ]	لا	لا (لكن اللوائح التي تضعها تفرض قيودا مماثلة لقانون الشركات الخاصة)	لا	لا (لكن اللوائح التي تضعها تفرض قيودا مماثلة لقانون الشركات الخاصة)	لا (لكن اللوائح التي تضعها تفرض قيودا مماثلة لقانون الشركات الخاصة)	لا	لا (لكن اللوائح التي تضعها تفرض قيودا مماثلة لقانون الشركات الخاصة)	—
هل يمكن للشركات المملوكة للدولة الحصول على التمويل بشروط أفضل من تلك المتاحة للشركات الخاصة؟[ب]	نعم (في جميع القطاعات)	لا	نعم	نعم (فقط في بعض القطاعات)	لا	نعم	نعم (في جميع القطاعات)	لا
إذا قامت شركة مملوكة للدولة بواحد أو أكثر من الأنشطة غير التنافسية وواحد أو أكثر من الأنشطة التي يحتمل أن تكون تنافسية، فهل هناك حاجة لهذه الشركة لفصل الأنشطة غير التنافسية عن الأنشطة التي يحتمل أن تكون تنافسية؟	لا	لا	لا	لا	لا	—	لا	لا
هل يجب مراجعة عمليات الدمج وقضايا الأسهم و / أو خطط إعادة الهيكلة لأي من الشركات المملوكة للدولة أو الموافقة عليها مسبقا من قبل الحكومات الوطنية أو حكومات الولايات أو الأقاليم أو المقاطعات؟	نعم	لا	نعم	نعم	نعم	نعم	نعم	لا
هل هناك قاعدة تستثني أو تعفي من قانون المنافسة السلوك الذي تتطلبه أو تأذن به سلطة حكومية أخرى (بالإضافة إلى الاستثناءات التي قد تنطبق على القطاعات الكاملة)؟	نعم	نعم	لا	نعم	نعم	نعم	نعم	لا
هل تخضع الشركات المملوكة للدولة للاستبعاد/ الإعفاء، سواء كان كليا أو جزئيا، من تطبيق قانون المنافسة في قطاعات محددة (لا تستفيد منها الشركات المملوكة للقطاع الخاص) عند أداء أنشطة تجارية في منافسة أو يحتمل أن تكون في منافسة مع شركات خاصة؟[ج]	نعم (في جميع القطاعات)	لا	نعم (في جميع القطاعات)	لا	لا	نعم (في جميع القطاعات)	نعم (في جميع القطاعات)	لا
هل الشركات المملوكة للدولة معفاة من تطبيق بعض القوانين واللوائح المحددة على الأقل (باستثناء قانون المنافسة) التي تنطبق على الشركات الخاصة؟[د]	نعم (فقط في بعض القطاعات)	نعم (فقط في بعض القطاعات)	نعم (فقط في بعض القطاعات)	نعم (فقط في بعض القطاعات)	لا	لا	نعم (في جميع القطاعات)	لا
هل يمكن للشركات المملوكة للدولة الاستفادة من العلاجات المواتية الأخرى غير المتاحة للشركات الخاصة؟[د]	نعم (فقط في بعض القطاعات)	نعم (فقط في بعض القطاعات)	نعم (فقط في بعض القطاعات)	نعم (فقط في بعض القطاعات)	نعم (فقط في بعض القطاعات)	نعم (فقط في بعض القطاعات)	نعم (فقط في بعض القطاعات)	لا
إذا قامت شركة مملوكة للدولة بواحد أو أكثر من الأنشطة غير التنافسية وواحد أو أكثر من الأنشطة التي يحتمل أن تكون تنافسية، فهل هناك حاجة لهذه الشركة لفصل الأنشطة غير التنافسية عن الأنشطة التي يحتمل أن تكون تنافسية؟[هـ]	لا	لا	لا	لا	لا	لا	لا	لا

المصادر: إعداد فريق العمل المعني بالتقرير الرئيسي، استنادا إلى قاعدة بيانات منظمة التعاون والتنمية الاقتصادية وقاعدة بيانات منظمة التعاون والتنمية الاقتصادية/مجموعة البنك الدولي عن تنظيم أسواق المنتجات 2018–2020. تم جمع بيانات تنظيم أسواق المنتجات لمصر في عام 2017 ، وللكويت في عام 2018 ، ولتونس في عام 2017. قام فريق إعداد التقرير الرئيسي بجمع البيانات الخاصة باقتصادات الشرق الأوسط وشمال أفريقيا الخمسة الأخرى باستخدام نسخة مبسطة من منهجية تنظيم أسواق المنتجات 2018 لمنظمة التعاون والتنمية الاقتصادية، وهو يجسد الوضع في الاقتصاد حتى شهر ديسمبر/كانون الأول 2020.

إيضاح: معظم الأسئلة إجابتها نعم / لا، ما لم يُذكر خلاف ذلك. — = غير متوفر؛ ولم تقدم إجابة عن السؤال/الاقتصاد المحدد.

أ. الخيارات المقدمة هي: (1) نعم؛ أو (2) لا (ولكن القوانين التي تضعها تفرض قيودا مماثلة لقانون الشركات الخاصة)؛ أو (3) لا.

ب. الخيارات المقدمة هي: (1) نعم (في جميع القطاعات)؛ أو (2) نعم (فقط في بعض القطاعات)؛ أو (3) لا. لاحظ أنه بالنسبة للكويت وتونس فإن الإجابات هي نعم.

ج. الخيارات المقدمة هي: (1) نعم (في جميع القطاعات)؛ أو (2) نعم (فقط في بعض القطاعات)؛ أو (3) لا.

د. الخيارات المقدمة هي: (1) نعم (في جميع القطاعات)؛ أو (2) نعم (فقط في بعض القطاعات)؛ أو (3) لا.

هـ. والخيارات المقدمة هي نفسها الواردة في الملاحظة "أ" أعلاه.

الجدول أ-6 المشتريات العامة

السؤال	مصر	الأردن	الكويت	المغرب	السعودية	تونس	الإمارات	الضفة الغربية وقطاع غزة
هل ينطبق ما يلي على مناقصات المشتريات العامة لخدمات البناء؟								
وهناك تمييز صريح في القدرة على الوصول لصالح الشركات المحلية.	نعم	نعم	لا	لا	نعم	نعم	نعم	نعم
المحتوى المحلي مطلوب للموظفين و / أو السلع.	نعم	نعم	نعم	نعم	نعم	نعم	نعم	نعم
تؤثر المواصفات الفنية على ظروف المنافسة لصالح مقدمي الخدمات المحليين.	لا	لا	لا	لا	لا	نعم	لا	لا
عمليات وإجراءات التأهيل تمييزية.	لا	لا	لا	لا	لا	لا	لا	لا
تمنح العقود على أساس معايير غير موضوعية/تمييزية.	لا	لا	لا	نعم	لا	لا	لا	لا
قوانين المشتريات واللوائح والإجراءات شفافة.	نعم	نعم	نعم	نعم	نعم	نعم	نعم	نعم
تتاح للموردين الأجانب الفرصة للطعن في اتساق سير عملية المشتريات مع القوانين واللوائح.	نعم	نعم	نعم	نعم	نعم	نعم	نعم	لا
هل ينطبق ما يلي على المناقصات العامة للأشغال العامة؟								
وهناك تمييز صريح في القدرة على الوصول لصالح الشركات المحلية.	نعم	نعم	لا	لا	نعم	نعم	نعم	نعم
المحتوى المحلي مطلوب للموظفين و / أو السلع.	نعم	نعم	نعم	نعم	نعم	نعم	نعم	نعم
تؤثر المواصفات الفنية على ظروف المنافسة لصالح مقدمي الخدمات المحليين.	لا	لا	لا	لا	لا	نعم	لا	لا
عمليات وإجراءات التأهيل تمييزية.	لا	لا	لا	لا	نعم	لا	لا	لا
تمنح العقود على أساس معايير غير موضوعية/تمييزية تفضل الشركات المحلية على الشركات الأجنبية.	لا	لا	لا	نعم	لا	لا	لا	لا
قوانين المشتريات واللوائح والإجراءات ليست شفافة.	نعم	نعم	نعم	نعم	نعم	نعم	لا	لا
لا تتاح للموردين الأجانب الفرصة للطعن في اتساق سير المناقصة مع القوانين واللوائح.	لا	لا	لا	لا	لا	لا	لا	نعم
عند بداية عملية العطاء، هل تقدم السلطة المتعاقدة سعرا مرجعيا في وثائق العطاء للسلع والخدمات التي تحتاجها؟[أ]	لا (ولكن ليس محظورا صراحة)	لا (ولكن ليس محظورا صراحة)	لا (ولكن ليس محظورا صراحة)	نعم (مطلوب تقديم سعر مرجعي)	لا (ولكن ليس محظورا صراحة)	لا (ولكن ليس محظورا صراحة)	لا (ولكن ليس محظورا صراحة)	نعم (مطلوب تقديم سعر مرجعي)
هل يشترط الإطار التنظيمي للمشتريات العامة في بلدكم تخصيص نسبة معينة من المشتريات العامة من السلع والخدمات لفئات محددة من الشركات (مثل المؤسسات الصغيرة والمتوسطة و/أو الشركات المسؤولة اجتماعيا)؟[ب]	نعم (في جميع القطاعات أو معظمها)	نعم (في جميع القطاعات أو معظمها)	نعم (في جميع القطاعات أو معظمها)	نعم (في جميع القطاعات أو معظمها)	لا	نعم (في جميع القطاعات أو معظمها)	نعم (في جميع القطاعات أو معظمها)	لا
عند تشغيل المناقصة، هل تقدم سلطة المناقصة في وثائق المناقصة سعرا مرجعيا للأشغال العامة التي تحتاجها؟[أ]	لا (ولكن ليس محظورا صراحة)	لا (ولكن ليس محظورا صراحة)	لا (ولكن ليس محظورا صراحة)	نعم (مطلوب تقديم سعر مرجعي)	لا (ولكن ليس محظورا صراحة)	لا (ولكن ليس محظورا صراحة)	لا (ولكن ليس محظورا صراحة)	نعم (مطلوب تقديم سعر مرجعي)
هل يشترط الإطار التنظيمي للمشتريات العامة في بلدكم تخصيص نسبة معينة من المشتريات العامة من الأشغال العامة لفئات محددة من الشركات (مثل المؤسسات الصغيرة والمتوسطة و/أو الشركات المسؤولة اجتماعيا)؟[ب]	نعم (في جميع القطاعات أو معظمها)	نعم (في جميع القطاعات أو معظمها)	نعم (في جميع القطاعات أو معظمها)	نعم (في جميع القطاعات أو معظمها)	نعم (في جميع القطاعات أو معظمها)	نعم (في جميع القطاعات أو معظمها)	نعم (في جميع القطاعات أو معظمها)	لا

(يتبع)

الجدول أ-6 المشتريات العامة (تابع)

السؤال	مصر	الأردن	الكويت	المغرب	السعودية	تونس	الإمارات	الضفة الغربية وقطاع غزة
هل يتطلب الإطار التنظيمي للمشتريات العامة في بلدكم أو يسمح بتخصيص نسبة مئوية من العقد للشركات المحلية في المناقصات العامة لتوفير السلع والخدمات؟[ب]	نعم (في جميع القطاعات أو معظمها)	لا	نعم (في جميع القطاعات أو معظمها)	لا	لا	نعم (في جميع القطاعات أو معظمها)	لا	نعم (فقط في عدد قليل من القطاعات)
هل يتطلب الإطار التنظيمي للمشتريات العامة في بلدكم من الموردين استخدام المحتوى المحلي، جزئيا على الأقل، عند تنفيذ عقد لتوفير السلع والخدمات؟[ب]	نعم (في جميع القطاعات أو معظمها)	لا	نعم (في جميع القطاعات أو معظمها)	لا	نعم (في جميع القطاعات أو معظمها)	نعم (في جميع القطاعات أو معظمها)	نعم (في جميع القطاعات أو معظمها)	نعم (فقط في عدد قليل من القطاعات)
هل يتطلب الإطار التنظيمي للمشتريات العامة في بلدكم من الموردين استخدام المحتوى المحلي، جزئيا على الأقل، عند القيام بالأشغال العامة؟[ب]	نعم (في جميع القطاعات أو معظمها)	لا	نعم (في جميع القطاعات أو معظمها)	لا	نعم (في جميع القطاعات أو معظمها)	نعم (في جميع القطاعات أو معظمها)	نعم (في جميع القطاعات أو معظمها)	نعم (فقط في عدد قليل من القطاعات)
هل يتطلب الإطار التنظيمي للمشتريات العامة في بلدكم أو يسمح بتخصيص نسبة مئوية من العقد للشركات المحلية في المناقصات العامة للاضطلاع بالأشغال العامة؟[ب]	نعم (في جميع القطاعات أو معظمها)	لا	نعم (في جميع القطاعات أو معظمها)	لا	نعم (في جميع القطاعات أو معظمها)	نعم (في جميع القطاعات أو معظمها)	لا	نعم (فقط في عدد قليل من القطاعات)

المصادر: إعداد فريق العمل المعني بالتقرير الرئيسي، استنادا إلى قاعدة بيانات منظمة التعاون والتنمية الاقتصادية وقاعدة بيانات منظمة التعاون والتنمية الاقتصادية/مجموعة البنك الدولي عن تنظيم أسواق المنتجات 2018-2020. تم جمع بيانات تنظيم أسواق المنتجات لمصر في عام 2017، وللكويت في عام 2018، ولتونس في عام 2017. قام فريق إعداد التقرير الرئيسي بجمع البيانات الخاصة باقتصادات الشرق الأوسط وشمال أفريقيا الخمسة الأخرى باستخدام نسخة مبسطة من منهجية تنظيم أسواق المنتجات 2018 لمنظمة التعاون والتنمية الاقتصادية، وهو يجسد الوضع في الاقتصاد حتى شهر ديسمبر/كانون الأول 2020.

إيضاح: معظم الأسئلة إجابتها نعم / لا، ما لم يُذكر خلاف ذلك.

أ. الخيارات المقدمة هي: (1) لا (غير محظور)؛ أو (2) لا (ولكن ليس محظورا صراحة)؛ أو (3) نعم (يوفر سعرا مرجعيا ولكن فقط في بعض القطاعات / الحالات)؛ أو (4) نعم (عادة ما يوفر سعرا مرجعيا)؛ أو (5) نعم (يلزم تقديم سعر مرجعي).

ب. الخيارات المقدمة هي: (1) نعم (في جميع القطاعات أو معظمها)؛ أو (2) نعم (فقط في عدد قليل من القطاعات) ؛ أو (3) لا.

الجدول أ-7 تنظيم الأسعار: توزيع التجزئة

السؤال	مصر	الأردن	الكويت	المغرب	السعودية	تونس	الإمارات	الضفة الغربية وقطاع غزة
هل تخضع أسعار التجزئة لبعض المنتجات لضوابط/تنظيمات الأسعار؟								
السلع الأساسية (مثل الحليب والخبز والذرة)	نعم	نعم	نعم	نعم	نعم	نعم	نعم	نعم
البنزين	نعم	نعم	نعم	لا	نعم	نعم	نعم	نعم
التبغ	نعم	لا	لا	نعم	لا	نعم	نعم	لا
الكحول	لا	لا	لا	لا	لا	لا	لا	لا
جميع الأدوية التي لا تستلزم وصفة طبية	نعم	نعم	نعم	نعم	نعم	نعم	نعم	لا
مجموعة فرعية من الأدوية التي لا تستلزم وصفة طبية	نعم	نعم	نعم	نعم	نعم	نعم	نعم	لا
الأدوية الموصوفة طبيا	نعم	نعم	نعم	نعم	نعم	نعم	نعم	لا
اتصالات الهاتف المحمول (باستثناء التجوال الدولي)	لا	نعم	نعم	لا	نعم	نعم	نعم	نعم
خدمات الإنترنت	لا	نعم	نعم	لا	نعم	لا	نعم	نعم
ركوب سيارات الأجرة المحجوزة مسبقا	لا	نعم	لا	نعم	نعم	لا	نعم	لا
ركوب سيارات الأجرة في الشارع	لا	نعم	لا	نعم	نعم	لا	نعم	نعم
الكتب	لا	لا	لا	نعم	لا	لا	لا	لا
الأقراص المدمجة	لا	لا	لا	لا	لا	لا	لا	لا
غاز البترول المسال	نعم	نعم	نعم	نعم	نعم	نعم	نعم	نعم
هل هناك أي لوائح خاصة تحظر أو تقيد المبيعات بأقل من التكلفة بما يتجاوز حظر التسعير الجائر من قبل الشركات المهيمنة؟	لا	لا	نعم	نعم	لا	نعم	لا	لا
هل تعرفة البيع بالتجزئة لجميع خدمات الهاتف المحمول (الصوت والبيانات والفيديو) أو مجموعة فرعية منها (على سبيل المثال، الصوت فقط) تنظمها أو تعتمدها الحكومة أو الوزارة أو الهيئة التنظيمية أو أي هيئة عامة أخرى؟[أ]	لا	نعم (لجميع المستهلكين والأسر والشركات)	نعم	لا	نعم (لجميع المستهلكين والأسر والشركات)	نعم	نعم (لجميع المستهلكين والأسر والشركات)	نعم (لجميع المستهلكين والأسر والشركات)

المصادر: إعداد فريق العمل المعني بالتقرير الرئيسي، استنادا إلى قاعدة بيانات منظمة التعاون والتنمية الاقتصادية وقاعدة بيانات منظمة التعاون والتنمية الاقتصادية/مجموعة البنك الدولي عن تنظيم أسواق المنتجات 2018–2020. تم جمع بيانات تنظيم أسواق المنتجات لمصر في عام 2017 ، وللكويت في عام 2018 ، ولتونس في عام 2017. قام فريق إعداد التقرير الرئيسي بجمع البيانات الخاصة باقتصادات الشرق الأوسط وشمال أفريقيا الخمسة الأخرى باستخدام نسخة مبسطة من منهجية تنظيم أسواق المنتجات 2018 لمنظمة التعاون والتنمية الاقتصادية، وهو يجسد الوضع في الاقتصاد حتى شهر ديسمبر/كانون الأول 2020.

إيضاح: معظم الأسئلة إجابتها نعم / لا، ما لم يُذكر خلاف ذلك.

أ. الخيارات المقدمة هي: (1) نعم (لجميع المستهلكين والأسر والشركات)؛ أو (2) نعم (فقط للشركات المنزلية والصغيرة) ؛ (3) نعم (فقط للمستهلكين الضعفاء)؛ أو (4) لا. الإجابات عن الكويت وتونس هي "نعم".

الجدول أ-8 تنظيم الأسعار: ضوابط الأسعار في صناعات الشبكات والمهن المنظمة

السؤال	مصر	الأردن	الكويت	المغرب	السعودية	تونس	الإمارات	الضفة الغربية وقطاع غزة
هل تعريفات الكهرباء بالتجزئة تنظمها الحكومة أو الوزارة أو الجهة الرقابية أو أي هيئة عامة أخرى لأي من هذه الفئات من المستهلكين؟[أ]	نعم (لجميع المستهلكين المحليين وغير المحليين)	نعم (لجميع المستهلكين المحليين وغير المحليين)	نعم (لجميع المستهلكين المحليين وغير المحليين)	نعم (لجميع المستهلكين المحليين وغير المحليين)	نعم (لجميع المستهلكين المحليين وغير المحليين)	نعم (لجميع المستهلكين المحليين وغير المحليين)	نعم (لجميع المستهلكين المحليين وغير المحليين)	نعم (لجميع المستهلكين المحليين وغير المحليين)
إذا تم تنظيم تعريفات التجزئة للكهرباء، فهل هناك تدابير معمول بها تتطلب أن تستند تعريفات التجزئة المنظمة إلى تعريفات أو تكاليف المورد الأكثر كفاءة؟	لا	نعم	لا	لا	لا	لا	لا	نعم
هل تعريفات بيع الغاز بالتجزئة تنظمها أو تعتمدها الحكومة أو الوزارة أو الهيئة الرقابية أو أي هيئة عامة أخرى لأي من هذه الفئات من المستهلكين؟[ب]	نعم (لجميع المستهلكين المحليين وغير المحليين)	نعم (لجميع المستهلكين المحليين وغير المحليين)	نعم (لجميع المستهلكين المحليين وغير المحليين)	نعم (للمستهلكين المحليين والصغار والمتوسطين غير المحليين)	نعم (لجميع المستهلكين المحليين وغير المحليين)	نعم (لجميع المستهلكين المحليين وغير المحليين)	نعم (لجميع المستهلكين المحليين وغير المحليين)	لا
إذا تم تنظيم تعريفات التجزئة للغاز، فهل هناك تدابير معمول بها تتطلب أن تستند تعريفات التجزئة المنظمة إلى تعريفات أو تكاليف المورد الأكثر كفاءة؟	لا	نعم	لا	لا	لا	لا	لا	لا
هل الرسوم / التعريفات التي يفرضها المهنيون و / أو الشركات المهنية في مهنة المحاسبة مقابل خدماتهم تنظمها الحكومة أو البرلمان أو المهنة نفسها؟	لا	لا	لا	لا	لا	نعم	لا	لا
إذا كانت الرسوم / الأسعار منظمة أو منظمة ذاتيا، فما هي طبيعة هذه اللوائح؟[ج]	—	—	—	—	—	الرسوم/التعريفات الموصى بها غير الملزمة لبعض الأنشطة	—	—
هل الرسوم / التعريفات التي يفرضها المهنيون و / أو الشركات المهنية في مهنة المحاماة مقابل خدماتهم تنظمها الحكومة أو البرلمان أو المهنة نفسها؟	لا	لا	لا	لا	لا	نعم	لا	نعم
إذا كانت الرسوم / الأسعار منظمة أو منظمة ذاتيا، فما هي طبيعة هذه اللوائح؟[ج]	—	—	—	—	—	الرسوم/التعريفات الموصى بها غير الملزمة لبعض الأنشطة	—	الرسوم/التعريفات الموصى بها غير الملزمة لبعض الأنشطة
هل الرسوم / التعريفات التي يفرضها المهنيون و / أو الشركات المهنية في مهنة الأعمال الهندسية مقابل خدماتهم تنظمها الحكومة أو البرلمان أو المهنة نفسها؟	لا	لا	لا	لا	لا	نعم[د]	لا	نعم
إذا كانت الرسوم / الأسعار منظمة أو منظمة ذاتيا، فما هي طبيعة هذه اللوائح؟[ج]	—	—	—	—	—	الحد الأقصى الملزم للرسوم / التعريفات لبعض الأنشطة	—	الحد الأدنى أو الرسوم / التعريفات الثابتة الملزمة لبعض الأنشطة
هل الرسوم / التعريفات التي يفرضها المهنيون و / أو الشركات المهنية في مهنة الهندسة المعمارية مقابل خدماتهم تنظمها الحكومة أو البرلمان أو المهنة نفسها؟	لا	لا	لا	لا	لا	نعم[د]	—	نعم
إذا كانت الرسوم / الأسعار منظمة أو منظمة ذاتيا، فما هي طبيعة هذه اللوائح؟[ج]	—	—	—	—	—	الحد الأقصى الملزم للرسوم / التعريفات لبعض الأنشطة	—	الحد الأدنى أو الرسوم / التعريفات الثابتة الملزمة لبعض الأنشطة

المصادر: إعداد فريق العمل المعني بالتقرير الرئيسي، استنادا إلى قاعدة بيانات منظمة التعاون والتنمية الاقتصادية وقاعدة بيانات منظمة التعاون والتنمية الاقتصادية/مجموعة البنك الدولي عن تنظيم أسواق المنتجات 2018-2020. تم جمع بيانات تنظيم أسواق المنتجات لمصر في عام 2017، وللكويت في عام 2018، ولتونس في عام 2017. قام فريق إعداد التقرير الرئيسي بجمع البيانات الخاصة باقتصادات الشرق الأوسط وشمال أفريقيا الخمسة الأخرى باستخدام نسخة مبسطة من منهجية تنظيم أسواق المنتجات 2018 لمنظمة التعاون والتنمية الاقتصادية، وهو يجسد الوضع في الاقتصاد حتى شهر ديسمبر/كانون الأول 2020.

إيضاح: معظم الأسئلة إجابتها نعم / لا، ما لم يُذكر خلاف ذلك. — = غير متوفر؛ ولم تقدم إجابة عن السؤال/الاقتصاد المحدد.

أ. الخيارات المقدمة هي: (1) لا، التعريفات الجمركية غير منظمة؛ أو (2) نعم، ولكن فقط للمستهلكين المستضعفين؛ أو (3) نعم، للمستهلكين المحليين وصغار غير المحليين؛ أو (4) نعم، للمستهلكين المحليين والصغار والمتوسطين غير المحليين؛ أو (5) نعم، لجميع المستهلكين المحليين وغير المحليين.

ب. الخيارات المقدمة هي نفسها الواردة في الملاحظة "أ" أعلاه. الجواب عن الكويت هو "نعم".

ج. الخيارات المقدمة هي: (1) الرسوم/التعريفات الموصى بها غير الملزمة لبعض الأنشطة؛ أو (2) الرسوم/التعريفات الموصى بها غير الملزمة لجميع الأنشطة؛ أو (3) الحد الأقصى الملزم للرسوم / التعريفات لبعض الأنشطة ؛ أو (4) الحد الأقصى الملزم للرسوم / التعريفات لجميع الأنشطة ؛ أو (5) رسوم / تعريفات دنيا أو ثابتة ملزمة لبعض الأنشطة ؛ أو (6) الحد الأدنى أو الرسوم / التعريفات الثابتة الملزمة لجميع الأنشطة ؛ أو (7) أخرى (يرجى الوصف).

د. التنظيم الذاتي باستثناء المباني المدنية. ربط الحد الأقصى للأسعار لبعض الخدمات للمباني المدنية. الأسعار الموصى بها غير الملزمة لجميع الخدمات.

الجدول أ-9 اللوائح التنظيمية للتصميم: تقييم الأثر على المنافسة

السؤال	مصر	الأردن	الكويت	المغرب	السعودية	تونس	الإمارات	الضفة الغربية وقطاع غزة
هل هناك حاجة لإجراء تقييم للأثر التنظيمي للاسترشاد به في وضع قوانين أولية جديدة؟	لا	لا	لا	نعم	لا	لا	نعم	لا
عند وضع تقييم للأثر التنظيمي، هل يطلب من المنظمين إدراج تقييم لأثر (أي التكاليف والمنافع) لقانون أولي جديد بشأن المنافسة؟	لا	لا	لا	لا	لا	لا	لا	لا
هل هناك هيئة مستقلة في ولايتك القضائية يمكنها الدعوة إلى المنافسة على مستوى الحكومة المركزية والمحلية؟	نعم	لا	نعم	نعم	نعم	نعم	لا	لا

المصادر: إعداد فريق العمل المعني بالتقرير الرئيسي، استنادا إلى قاعدة بيانات منظمة التعاون والتنمية الاقتصادية وقاعدة بيانات منظمة التعاون والتنمية الاقتصادية/مجموعة البنك الدولي عن تنظيم أسواق المنتجات 2018-2020. تم جمع بيانات تنظيم أسواق المنتجات لمصر في عام 2017، وللكويت في عام 2018، ولتونس في عام 2017. قام فريق إعداد التقرير الرئيسي بجمع البيانات الخاصة باقتصادات الشرق الأوسط وشمال أفريقيا الخمسة الأخرى باستخدام نسخة مبسطة من منهجية تنظيم أسواق المنتجات 2018 لمنظمة التعاون والتنمية الاقتصادية، وهو يجسد الوضع في الاقتصاد حتى شهر ديسمبر/كانون الأول 2020.
إيضاح: معظم الأسئلة إجابتها نعم / لا، ما لم يُذكر خلاف ذلك.

الحواجز أمام التجارة والاستثمار

الجدول أ-10 الحواجز أمام دخول السوق المحلية

السؤال	مصر	الأردن	الكويت	المغرب	السعودية	تونس	الإمارات	الضفة الغربية وقطاع غزة
هل هناك برنامج واضح لخفض تكلفة الامتثال والأعباء الإدارية التي تفرضها الحكومة الوطنية على الشركات؟	نعم	نعم	نعم	نعم	نعم	نعم	نعم	لا
هل هناك برنامج قيد التنفيذ لمراجعة وتقليل عدد التصاريح والتراخيص المطلوبة من قبل الحكومة الوطنية؟	نعم	نعم	نعم	نعم	نعم	نعم	نعم	لا
هل هو إجراء قياسي لاستخدام قاعدة "الصمت هو الموافقة" لإصدار التراخيص المطلوبة لفتح نشاط تجاري؟	لا	لا	لا	نعم	لا	لا	لا	لا

المصادر: إعداد فريق العمل المعني بالتقرير الرئيسي، استنادا إلى قاعدة بيانات منظمة التعاون والتنمية الاقتصادية وقاعدة بيانات منظمة التعاون والتنمية الاقتصادية/مجموعة البنك الدولي عن تنظيم أسواق المنتجات 2018-2020. تم جمع بيانات تنظيم أسواق المنتجات لمصر في عام 2017، وللكويت في عام 2018، ولتونس في عام 2017. قام فريق إعداد التقرير الرئيسي بجمع البيانات الخاصة باقتصادات الشرق الأوسط وشمال أفريقيا الخمسة الأخرى باستخدام نسخة مبسطة من منهجية تنظيم أسواق المنتجات 2018 لمنظمة التعاون والتنمية الاقتصادية، وهو يجسد الوضع في الاقتصاد حتى شهر ديسمبر/كانون الأول 2020.
إيضاح: معظم الأسئلة إجابتها نعم / لا، ما لم يُذكر خلاف ذلك.

الجدول أ-11 القيود على الدخول الأجنبي

السؤال	مصر	الأردن	الكويت	المغرب	السعودية	تونس	الإمارات	الضفة الغربية وقطاع غزة
هل الملكية الأجنبية مقيدة بالسماح فقط بالمشاريع المشتركة في قطاع واحد على الأقل؟	نعم	نعم	نعم	نعم	نعم	نعم	نعم	لا
هل الملكية الأجنبية مقيدة بتقييد عمليات الاندماج والاستحواذ في قطاع واحد على الأقل؟	لا	نعم	نعم	نعم	نعم	نعم	نعم	لا
هل يتعرض الموردون الأجانب لخدمات الحواسيب للتمييز في تطبيق المعايير المالية أو التقنية عند المشاركة في مناقصات المشتريات العامة؟	لا	لا	لا	لا	لا	نعم	لا	لا
هل يحظر على المهنيين الأجانب تقديم خدماتهم إلى الحكومة أم أن الأفضليات تعطى للموردين المحليين في المهن التالية؟								
مهنة المحاسبة	نعم	نعم	لا	نعم	نعم	نعم	لا	لا
مهنة المحاماة	نعم	نعم	لا	نعم	نعم	نعم	لا	لا
مهنة الأعمال الهندسية	نعم	نعم	لا	نعم	نعم	نعم	لا	نعم
مهنة الهندسة المعمارية	نعم	نعم	لا	نعم	نعم	نعم	لا	نعم
هل تتعرض شركات الاتصالات الأجنبية للتمييز في تطبيق المعايير المالية أو التقنية عند المشاركة في مناقصات المشتريات العامة؟	لا	لا	لا	نعم	لا	—	لا	لا

المصادر: إعداد فريق العمل المعني بالتقرير الرئيسي، استنادا إلى قاعدة بيانات منظمة التعاون والتنمية الاقتصادية وقاعدة بيانات منظمة التعاون والتنمية الاقتصادية/مجموعة البنك الدولي عن تنظيم أسواق المنتجات 2018-2020. تم جمع بيانات تنظيم أسواق المنتجات لمصر في عام 2017، وللكويت في عام 2018، ولتونس في عام 2017. قام فريق إعداد التقرير الرئيسي بجمع البيانات الخاصة باقتصادات الشرق الأوسط وشمال أفريقيا الخمسة الأخرى باستخدام نسخة مبسطة من منهجية تنظيم أسواق المنتجات 2018 لمنظمة التعاون والتنمية الاقتصادية، وهو يجسد الوضع في الاقتصاد حتى شهر ديسمبر/كانون الأول 2020.
إيضاح: معظم الأسئلة إجابتها نعم / لا، ما لم يُذكر خلاف ذلك. — = غير متوفر؛ ولم تقدم إجابة عن السؤال/الاقتصاد المحدد.

الجدول أ-12 الفصل الهيكلي وتنظيم الوصول في صناعات الشبكات

السؤال	مصر	الأردن	الكويت	المغرب	السعودية	تونس	الإمارات	الضفة الغربية وقطاع غزة
ما طبيعة الفصل الرأسي للقطاعات التالية عن نقل الكهرباء؟[أ]								
توليد الكهرباء	الفصل القانوني	الفصل القانوني	لا يوجد فصل	لا يوجد فصل	لا يوجد فصل	لا يوجد فصل	الفصل القانوني	فصل الملكية
إمدادات الكهرباء بالتجزئة	الفصل القانوني	فصل الملكية[ب]	لا يوجد فصل	لا يوجد فصل	لا يوجد فصل	لا يوجد فصل	الفصل القانوني	فصل الملكية
ما طبيعة الفصل الرأسي للقطاعات الأخرى التالية عن نقل الغاز؟[أ]								
توليد الكهرباء بالغاز الطبيعي	الفصل القانوني	الفصل القانوني	الفصل القانوني	لا يوجد فصل	لا يوجد فصل	لا يوجد فصل	الفصل القانوني	فصل الملكية
إمدادات الغاز بالتجزئة	الفصل القانوني	فصل الملكية	الفصل القانوني	لا يوجد فصل	لا يوجد فصل	لا يوجد فصل	الفصل القانوني	فصل الملكية
كيف تتحدد شروط وأحكام السماح للغير بالوصول إلى الشبكة الموحدة لنقل الكهرباء؟[ج]	التفاوض على السماح للغير بالوصول للشبكة	غير مسموح للغير بالوصول للشبكة	غير مسموح للغير بالوصول للشبكة	التفاوض على السماح للغير بالوصول للشبكة	غير مسموح للغير بالوصول للشبكة	غير مسموح للغير بالوصول للشبكة	غير مسموح للغير بالوصول للشبكة	التفاوض على السماح للغير بالوصول للشبكة
هل هناك سوق جملة للكهرباء تم تحريرها (مثل سوق ثنائية أو مجمع)؟	لا	لا	لا	لا	لا	لا	لا	لا
كيف تتحدد شروط وأحكام السماح للغير بالوصول إلى شبكات توزيع الغاز؟[ج]	غير مسموح للغير بالوصول للشبكة	غير مسموح للغير بالوصول للشبكة	غير مسموح للغير بالوصول للشبكة	التفاوض على السماح للغير بالوصول للشبكة	غير مسموح للغير بالوصول للشبكة	غير مسموح للغير بالوصول للشبكة	غير مسموح للغير بالوصول للشبكة	غير مسموح للغير بالوصول للشبكة
هل هناك سوق جملة تم تحريرها للغاز (مثل سوق ثنائية أو مجمع)؟	لا	لا	لا	نعم	لا	لا	لا	لا
إذا كان هناك مشغل (أو مجموعة من المشغلين) لديه قوة سوقية كبيرة/هائلة، فهل يطلب من هذا المشغل (أو مجموعة من المشغلين) توفير واحد على الأقل مما يلي؟								
الوصول إلى منتج بالجملة (مثل Bit stream أو VULA)	نعم	نعم	لا	نعم	نعم	—	نعم	نعم
الوصول إلى منتج غير مجمع (مثل الحلقات المحلية غير المجمعة)	نعم	نعم	لا	نعم	نعم	نعم	نعم	نعم
هل الربط البيني للهاتف المحمول إلزامي؟	نعم	نعم	نعم	نعم	نعم	نعم	نعم	نعم
هل قابلية نقل الأرقام الثابتة إلزامية؟	لا	لا	لا	نعم	نعم	نعم	نعم	نعم
هل يتم تفويض إمكانية نقل رقم الهاتف المحمول؟	نعم	نعم	لا	نعم	نعم	نعم	نعم	نعم
هل تنظم أسعار تعريفات الربط البيني بشكل مباشر أو غير مباشر عندما يكون لأحد المشغلين قوة سوقية كبيرة؟								
الوصول إلى منتج بالجملة (مثل Bit stream أو VULA)	لا	نعم	—	لا	نعم	—	نعم	نعم
الوصول إلى منتج غير مجمع (مثل الحلقات المحلية غير المجمعة)	لا	نعم	نعم	لا	نعم	نعم	نعم	نعم
الوصول إلى البنية التحتية (مثل القنوات والأعمدة)	لا	نعم	—	لا	نعم	—	نعم	نعم
هل يتم تنظيم أسعار الربط البيني للهاتف المحمول؟	لا	نعم	نعم	نعم	نعم	نعم	نعم	نعم
هل يتم تنظيم أسعار التجوال الدولي بالجملة؟	لا	نعم	نعم	لا	نعم	نعم	نعم	لا
هل يتم تنظيم أسعار التجوال الدولي بالتجزئة؟	لا	نعم	نعم	لا	نعم	نعم	نعم	لا

المصادر: إعداد فريق العمل المعني بالتقرير الرئيسي، استنادا إلى قاعدة بيانات منظمة التعاون والتنمية الاقتصادية/مجموعة البنك الدولي عن تنظيم أسواق المنتجات 2018–2020. تم جمع بيانات تنظيم أسواق المنتجات لمصر في عام 2017، وللكويت في عام 2018، ولتونس في عام 2017. قام فريق إعداد التقرير الرئيسي بجمع البيانات الخاصة باقتصادات الشرق الأوسط وشمال أفريقيا الخمسة الأخرى باستخدام نسخة مبسطة من منهجية تنظيم أسواق المنتجات 2018 لمنظمة التعاون والتنمية الاقتصادية، وهو يجسد الوضع في الاقتصاد حتى شهر ديسمبر/كانون الأول 2020.

إيضاح: معظم الأسئلة إجابتها نعم / لا، ما لم يُذكر خلاف ذلك. — = غير متوفر؛ ولم تقدم إجابة عن السؤال/الاقتصاد المحدد.

أ. الخيارات المقدمة هي: (1) عدم الانفصال؛ أو (2) الفصل المحاسبي؛ أو (3) الفصل القانوني؛ أو (4) فصل الملكية. لاحظ أن الإجابات في تنظيم أسواق المنتجات 2018 مختلفة قليلا: (1) عدم الانفصال؛ أو (2) الفصل المحاسبي/التشغيلي؛ أو (3) الفصل القانوني/الفصل التشغيلي/الجمع بين الاثنين؛ (4) فصل الملكية.

ب. تم اختيار الإجابة بناء على عدم وجود معلومات حول سيطرة الحكومة على شركة الكهرباء الأردنية الموجودة في هذا الصدد.

ج. الخيارات المقدمة هي: (1) يتم تنظيم السماح للغير بالوصول؛ (2) يتم التفاوض على السماح للغير بالوصول؛ أو (3) لا يُسمح للغير بالوصول.

الجدول أ-13 قيادة القواعد التنظيمية والرقابة عليها (إجراؤها) في الخدمات المهنية

السؤال	مصر	الأردن	الكويت	المغرب	السعودية	تونس	الإمارات	الضفة الغربية وقطاع غزة
هل هناك قيود على الشكل القانوني للأعمال (سواء فرضها القانون أو التنظيم الذاتي من قبل الهيئات المهنية، أو مزيج من الاثنين) في:[أ]								
مهنة المحاسبة	يسمح فقط بالملكية الفردية / المؤسسة المملوكة شخصيا	يسمح فقط بالملكية الفردية / المؤسسة المملوكة شخصيا	يسمح بالتأسيس (ولكن ليس تداول الأسهم في سوق الأسهم)	أخرى	لا قيود على الشكل القانوني	يسمح بالتأسيس (ولكن ليس تداول الأسهم في سوق الأسهم)	أخرى	أخرى
مهنة المحاماة	أخرى	يسمح فقط بالملكية الفردية / المؤسسة المملوكة شخصيا	يسمح بالتأسيس (ولكن ليس تداول الأسهم في سوق الأسهم)	يسمح فقط بالملكية الفردية / المؤسسة المملوكة شخصيا	لا قيود على الشكل القانوني	يسمح بالتأسيس (ولكن ليس تداول الأسهم في سوق الأسهم)	أخرى	أخرى
مهنة الأعمال الهندسية	يسمح فقط بالملكية الفردية / المؤسسة المملوكة شخصيا	لا قيود على الشكل القانوني	يسمح بالتأسيس (ولكن ليس تداول الأسهم في سوق الأسهم)	أخرى	لا قيود على الشكل القانوني	يسمح فقط بالملكية الفردية / المؤسسة المملوكة شخصيا	أخرى	أخرى
مهنة الهندسة المعمارية	يسمح فقط بالملكية الفردية / المؤسسة المملوكة شخصيا	لا قيود على الشكل القانوني	يسمح بالتأسيس (ولكن ليس تداول الأسهم في سوق الأسهم)	يسمح فقط بالملكية الفردية / المؤسسة المملوكة شخصيا	لا قيود على الشكل القانوني	أخرى	أخرى	أخرى
هل هناك قيود على قيام المهنيين بالإعلان والتسويق؟								
مهنة المحاسبة	نعم	نعم	—[ب]	نعم	نعم	نعم	لا	نعم
مهنة المحاماة	نعم	نعم	نعم	نعم	نعم	نعم	نعم	نعم
مهنة الأعمال الهندسية	نعم	نعم	لا	نعم	لا	لا	لا	نعم
مهنة الهندسة المعمارية	نعم	نعم	لا	لا	لا	نعم	لا	لا
شريطة ألا يكون الإعلان كاذبا أو مضللا أو خادعا، هل هناك قيود على الإعلان والتسويق من قبل المهنيين و / أو الشركات المهنية (سواء كانت مفروضة بموجب القانون أو التنظيم الذاتي من قبل الهيئات المهنية، أو مزيج من الاثنين)؟[ج]								
مهنة المحاسبة	نعم (جميع أشكال الإعلان والتسويق محظورة)	نعم (بعض أشكال الإعلان والتسويق محظورة)	نعم (بعض أشكال الإعلان والتسويق محظورة)	لا (جميع أشكال الإعلان والتسويق مسموح بها)	لا (جميع أشكال الإعلان والتسويق مسموح بها)	لا (جميع أشكال الإعلان والتسويق مسموح بها)	نعم (جميع أشكال الإعلان والتسويق محظورة)	نعم (جميع أشكال الإعلان والتسويق محظورة)
مهنة المحاماة	نعم (جميع أشكال الإعلان والتسويق محظورة)	نعم (جميع أشكال الإعلان والتسويق محظورة)	نعم (جميع أشكال الإعلان والتسويق محظورة)	نعم (جميع أشكال الإعلان والتسويق محظورة)	لا (جميع أشكال الإعلان والتسويق مسموح بها)	نعم (بعض أشكال الإعلان والتسويق محظورة)	نعم (جميع أشكال الإعلان والتسويق محظورة)	نعم (جميع أشكال الإعلان والتسويق محظورة)
مهنة الأعمال الهندسية	نعم (بعض أشكال الإعلان والتسويق محظورة)	نعم (بعض أشكال الإعلان والتسويق محظورة)	نعم (جميع أشكال الإعلان والتسويق محظورة)	نعم (جميع أشكال الإعلان والتسويق محظورة)	لا (جميع أشكال الإعلان والتسويق مسموح بها)	لا (جميع أشكال الإعلان والتسويق مسموح بها)	نعم (بعض أشكال الإعلان والتسويق محظورة)	لا (جميع أشكال الإعلان والتسويق مسموح بها)
مهنة الهندسة المعمارية	نعم (بعض أشكال الإعلان والتسويق محظورة)	نعم (بعض أشكال الإعلان والتسويق محظورة)	نعم (جميع أشكال الإعلان والتسويق محظورة)	نعم (جميع أشكال الإعلان والتسويق محظورة)	لا (جميع أشكال الإعلان والتسويق مسموح بها)	لا (جميع أشكال الإعلان والتسويق مسموح بها)	نعم (بعض أشكال الإعلان والتسويق محظورة)	لا (جميع أشكال الإعلان والتسويق مسموح بها)

المصادر: إعداد فريق العمل المعني بالتقرير الرئيسي، استنادا إلى قاعدة بيانات منظمة التعاون والتنمية الاقتصادية/مجموعة البنك الدولي عن تنظيم أسواق المنتجات 2018-2020. تم جمع بيانات تنظيم أسواق المنتجات لمصر في عام 2017، وللكويت في عام 2018، ولتونس في عام 2017. قام فريق إعداد التقرير الرئيسي بجمع البيانات الخاصة باقتصادات الشرق الأوسط وشمال أفريقيا الخمسة الأخرى باستخدام نسخة مبسطة من منهجية تنظيم أسواق المنتجات 2018 لمنظمة التعاون والتنمية الاقتصادية، وهو يجسد الوضع في الاقتصاد حتى شهر ديسمبر/كانون الأول 2020.

إيضاح: معظم الأسئلة إجابتها نعم / لا، ما لم يُذكر خلاف ذلك. — = غير متوفر؛ ولم تقدم إجابة عن السؤال/الاقتصاد المحدد.

أ. الخيارات المقدمة هي: (1) عدم وجود قيود على الشكل القانوني؛ أو (2) يسمح بالتأسيس (ولكن ليس تداول الأسهم في سوق الأوراق المالية)؛ أو (3) المسؤولية المحدودة المسموح بها (ولكن ليس التأسيس)؛ أو (4) لا يسمح بأي مسؤولية محدودة؛ أو (5) يسمح فقط بالملكية الفردية / المؤسسة المملوكة شخصيا؛ أو (6) أخرى (يرجى تقديم تفاصيل في التعليقات).

ب. لم تقدم أي قيمة (إجابة)، ولكن ملاحظة تذكر الإعلان / التسويق المحظور بموجب المادة 20 (د) من القانون 5 لعام 1981 بشأن مهنة مدققي الحسابات.

ج. الخيارات المقدمة هي: (1) لا (جميع أشكال الإعلان والتسويق مسموح بها) ؛ أو (2) نعم (بعض أشكال الإعلان والتسويق محظورة)؛ أو (3) نعم (جميع أشكال الإعلان والتسويق محظورة).

إيضاحات

1. تم تطبيق منهجية سابقة لتنظيم أسواق المنتجات (2013-2017) على ثلاثة بلدان في منطقة الشرق الأوسط وشمال أفريقيا لتحديد اللوائح المانعة للمنافسة: مصر (2017) والكويت (2018) وتونس (2017). بالنسبة لتونس، لم يتم التحقق من البيانات التي تم جمعها من قبل الحكومة التونسية.
2. انظر البنك الدولي، تصنيفات تجميع البلدان، وفرة الموارد الطبيعية، النمو، والتنويع في الشرق الأوسط وشمال أفريقيا (سبتمبر/أيلول 2012)، متاح على https://elibrary.worldbank.org/action/showCitFormats?doi=10.1596%2F9780821395912_App (تم الاطلاع عليه في 8 مارس/آذار 2021). وتصنف الدراسة بلدان الشرق الأوسط وشمال أفريقيا حسب الموارد إلى بلدان فقيرة الموارد وفيرة العمالة؛ أو وفيرة الموارد وفيرة العمالة؛ أو وفيرة الموارد مستوردة للعمالة.
3. تستند البيانات المستخدمة والمجمعة لهذه البلدان المتخذة أساسا للمقارنة إلى منهجية تنظيم أسواق المنتجات 2018. يستخدم هذا القسم تصنيف الإيرادات التالي: وتتألف البلدان المرتفعة الدخل من إسبانيا، وأستراليا، وإستونيا، وإسرائيل، وألمانيا، وأيرلندا، وأيسلندا، وإيطاليا، والبرتغال، وبلجيكا، وبولندا، والجمهورية التشيكية، وجمهورية كوريا، والدانمرك، ورومانيا، وسلوفينيا، والسويد، وسويسرا، وشيلي، وفرنسا، وفنلندا، وقبرص، وكرواتيا، وكندا، ولاتفيا، ولكسمبرغ، وليتوانيا، ومالطة، والمملكة المتحدة، والنرويج، والنمسا، ونيوزيلندا، وهنغاريا، وهولندا، واليابان، واليونان. وتتألف البلدان في الشريحة العليا من البلدان متوسطة الدخل من الاتحاد الروسي، والأرجنتين، وألبانيا، وإندونيسيا، والبرازيل، وبلغاريا، وبيرو، وتركيا، وجنوب أفريقيا، وصربيا، وكازاخستان، وكوستاريكا، وكولومبيا، والمكسيك. وتصنيفات اقتصادات منطقة الشرق الأوسط وشمال أفريقيا هي مرتفعة الدخل (الكويت والسعودية والإمارات)؛ والشريحة العليا من البلدان المتوسطة الدخل (مصر والأردن والمغرب وتونس)؛ والشريحة الدنيا من البلدان المتوسطة الدخل (الضفة الغربية وقطاع غزة).

المرجع

Vitale, Cristiana, Rosamaria Bietett, Isabelle Wanner, Eszter Danitz, and Carlotta Moiso. 2020. "The 2018 Edition of the OECD PMR Indicators and Database: Methodological Improvements and Policy Insights." OECD Economics Department Working Paper 1604, Organisation for Economic Co-operation and Development Publishing, Paris.

الملحق (ب) | اللوائح المنظمة لسوق العمل

تتمثل مصادر البيانات الرئيسية عن لوائح العمل في مجموعة بيانات البنك الدولي المعنية بتوظيف العاملين 2020، ومجموعة بيانات البنك الدولي المعنية بدفع الضرائب 2020، وبيانات المؤسسة الدولية للضمان الاجتماعي 2018-2019، وبنك بيانات منظمة العمل الدولية. وتبدأ البيانات الخاصة بتوظيف العاملين 2020 ودفع الضرائب 2020 من مايو/أيار 2019. ولجعل البيانات قابلة للمقارنة فيما بين البلدان، فإنها تستند إلى افتراضات الحالة الخاصة بالعمال وأرباب العمل. ولذلك، فإن بعض التحليلات لا تعكس سوى نسبة سكانية فرعية وتحتاج إلى تفسير في ضوء هذه الافتراضات. فعلى سبيل المثال، تركز دراسة توظيف العمال على اللوائح التنظيمية والقوانين التي تنطبق على العمال في القطاع الخاص الرسمي في قطاع التجزئة ولكنها لا تغطي العمال غير الرسميين أو المؤقتين أو العمال في قطاعات أخرى.

ويلخص جدول الملحق ب-1 الخصائص الرئيسية للوائح التنظيمية لسوق العمل في منطقة الشرق الأوسط وشمال أفريقيا. وتشمل منطقة الشرق الأوسط وشمال أفريقيا في هذا التحليل 19 بلدا، هي: الجزائر، والبحرين، وجيبوتي، ومصر، وإيران، والعراق، والأردن، والكويت، ولبنان، وليبيا، والمغرب، وسلطنة عُمان، وقطر، والسعودية، وسوريا، وتونس، والإمارات، والضفة الغربية وقطاع غزة، واليمن.

جدول الملحق ب.1 ملخص اللوائح التنظيمية لسوق العمل في منطقة الشرق الأوسط وشمال أفريقيا

	القواعد التنظيمية	الجزائر	البحرين	جيبوتي	مصر	إيران	العراق	الأردن	الكويت	لبنان
قواعد التوظيف	العقود المحددة المدة محظورة في الأعمال الدائمة	نعم	لا	نعم	لا	لا	نعم	لا	لا	لا
	القيود المفروضة على النوبات الليلية	نعم	لا	لا	لا	لا	نعم	نعم	لا	لا
	القيود المفروضة على العمل الإضافي	لا	لا	نعم	لا	لا	لا	نعم	نعم	نعم
	القيود المفروضة على أيام الراحة الأسبوعية	لا	لا	لا	لا	لا	لا	لا	نعم	لا
الحد الأدنى للأجور	الحد الأدنى للأجور للعامل المتفرغ (دولار/شهر)	149.40	0.00	198.40	0.00	371.20	256.80	308.90	216.00	431.20
	نسبة الحد الأدنى للأجور إلى القيمة المضافة لكل عامل	0.3	0.0	0.7	0.0	0.6	0.3	0.5	0.1	0.5
قواعد الاستغناء عن العمالة الزائدة	اشتراطات الإخطار بفصل عامل واحد أو مجموعة من العمال	نعم	نعم	نعم	نعم	نعم	نعم	نعم	لا	نعم
	شروط الموافقة على فصل عامل واحد أو مجموعة من العمال	لا	لا	لا	نعم	نعم	نعم	نعم	لا	لا
	التزام إعادة التدريب أو إعادة الندب قبل فصل العمالة الزائدة	نعم	لا	لا	لا	لا	لا	لا	لا	لا
	متطلبات قواعد الأولوية المتعلقة بالعمالة الزائدة وإعادة التوظيف	لا	لا	لا	لا	لا	لا	لا	لا	نعم
	فترة الإشعار بالفصل للعمالة الزائدة (متوسط العمال الذين تبلغ مدة خدمتهم سنة واحدة و5 سنوات و10 سنوات، بأسابيع من الراتب)	4.3	4.3	4.3	10.1	0.0	0.0	4.3	13.0	8.7
	مكافأة نهاية الخدمة عن الفصل للعمالة الزائدة (متوسط الراتب بالنسبة للعمال الذين تبلغ مدة خدمتهم سنة واحدة و5 سنوات و10 سنوات بأسابيع من الراتب)	13.0	9.3	0.0	26.7	23.1	10.7	0.0	15.1	0.0
	توفّر التأمين ضد البطالة	نعم	نعم	لا	نعم	نعم	لا	نعم	نعم	لا
ضرائب العمل	اشتراكات الضمان الاجتماعي (%)	34.0	20.0	14.7	40.0	22.0	0.0	21.8	18.5	14.5
	الضرائب الخاصة بالعمالة، والاشتراكات (% من الأرباح)	31.1	13.5	17.7	25.5	25.9	13.5	16.1	13.0	24.9
	إجمالي سعر الضريبة ومعدل الاشتراك (% من الأرباح)	66.1	13.8	37.9	44.4	44.7	30.8	28.6	13.0	32.2

(يُتبع)

جدول الملحق ب.1 ملخص اللوائح التنظيمية لسوق العمل في منطقة الشرق الأوسط وشمال أفريقيا (تابع)

	القواعد التنظيمية	ليبيا	المغرب	عمان	قطر	السعودية	سوريا	تونس	الإمارات	الضفة الغربية وقطاع غزة	اليمن
قواعد التوظيف	العقود المحددة المدة محظورة في الأعمال الدائمة	لا	نعم	لا	لا	لا	لا	لا	لا	لا	لا
	القيود المفروضة على النوبات الليلية	لا	لا	نعم	نعم	لا	لا	لا	لا	نعم	لا
	القيود المفروضة على العمل الإضافي	لا	لا	نعم	نعم	لا	لا	لا	لا	لا	لا
	القيود المفروضة على أيام الراحة الأسبوعية	لا	نعم	لا	لا	نعم	نعم	لا	نعم	نعم	لا
الحد الأدنى للأجور	الحد الأدنى للأجور للعامل المتفرغ (دولار/شهر)	284.50	266.40	781.90	0.00	0.00	37.10	251.90	0.00	403.80	38.20
	نسبة الحد الأدنى للأجور إلى القيمة المضافة لكل عامل	0.4	0.7	0.5	0.0	0.0	0.3	0.6	0.0	0.8	0.3
قواعد الاستغناء عن العمالة الزائدة	اشتراطات الإخطار بفصل عامل واحد أو مجموعة من العمال	نعم	نعم	لا	لا	لا	نعم	نعم	لا	نعم	نعم
	شروط الموافقة على فصل عامل واحد أو مجموعة من العمال	لا	نعم	لا	لا	لا	نعم	نعم	لا	لا	لا
	التزام إعادة التدريب أو إعادة الندب قبل فصل العمالة الزائدة	لا	نعم	لا	لا	لا	لا	نعم	لا	لا	لا
	متطلبات قواعد الأولوية المتعلقة بالعمالة الزائدة وإعادة التوظيف	لا	نعم	لا	لا	لا	لا	نعم	لا	لا	لا
	فترة الإشعار بالفصل للعمالة الزائدة (متوسط العمال الذين تبلغ مدة خدمتهم سنة واحدة و5 سنوات و10 سنوات، بأسابيع من الراتب)	4.3	7.2	0.0	7.2	8.6	8.7	4.3	4.3	4.3	4.3
	مكافأة نهاية الخدمة عن الفصل للعمالة الزائدة (متوسط الراتب بالنسبة للعمال الذين تبلغ مدة خدمتهم سنة واحدة و5 سنوات و10 سنوات بأسابيع من الراتب)	15.2	13.5	0.0	16.0	15.2	0.0	17.2	0.0	23.1	23.1
	توفر التأمين ضد البطالة	لا	نعم	لا	لا	نعم	لا	نعم	لا	لا	لا
ضرائب العمل	الاشتراكات الإلزامية للضمان الاجتماعي (%)	14.25	19.86	18.5	15.0	22.0	24.1	24.65	0.0	0.0	16.0
	الضرائب الخاصة بالعمال، والاشتراكات (% من الأرباح)	10.3	23.3	13.0	11.3	13.5	19.3	25.3	14.1	0.0	11.3
	إجمالي سعر الضريبة ومعدل الاشتراك (% من الأرباح)	32.6	45.8	27.4	11.3	15.7	42.7	60.7	15.9	15.3	26.6

المصادر: البنك الدولي، توظيف العاملين 2020؛ البنك الدولي، دفع الضرائب 2020؛ بيانات المؤسسة الدولية للضمان الاجتماعي 2018-2019.

الملحق (ج) | القوانين القائمة على النوع الاجتماعي في منطقة الشرق الأوسط وشمال أفريقيا

لبيان أين تسهّل القوانين أو تعوق مشاركة المرأة في النشاط الاقتصادي، تقدم قاعدة بيانات المرأة وأنشطة الأعمال والقانون مؤشرا منظما حول دورة حياة المرأة العاملة. يفترض أن تكون المرأة مقيمة في المدينة التجارية الرئيسية لاقتصادها وأن يكون عملها في القطاع الرسمي. وثمة ثمانية مؤشرات تم وضعها حول تفاعلات المرأة مع القانون عند بدء عملها والتقدم المحرز وإنهاء مسيرتها المهنية، وهي تُستخدم لمواءمة مختلف مجالات القانون مع القرارات الاقتصادية التي تتخذها المرأة في مختلف مراحل حياتها. والمؤشرات الثمانية هي التنقل، ومكان العمل، والأجور، والزواج، والأبوة، وريادة الأعمال، والأصول، والمعاشات التقاعدية.

ويتم إنشاء مجموعة بيانات المرأة وأنشطة الأعمال والقانون باستخدام القوانين واللوائح السارية حاليا. وما لم تكن القوانين مدونة، فإن القوانين الدينية والعرفية لا يُعتد بها. ونظرا لأن هذه المؤشرات تشكل أساسا للمساواة القانونية في الفرص، فإن تنفيذ القوانين لا يقاس أيضا. وفي المُجمل، تم إعطاء درجات لعدد 35 سؤالا على المؤشرات الثمانية. ثم يتم حساب الدرجة الإجمالية باحتساب متوسط كل مؤشر، حيث يمثل الرقم 100 أعلى درجة. وبالتالي، تسمح البيانات الناشئة بأن يعمل المؤشر كطريقة سهلة التكرار لوضع مستوى معياري للبيئة التنظيمية للمرأة كرائدة أعمال وموظفة.

ويلخص جدول الملحق ج-1 نتائج مسح المرأة وأنشطة الأعمال والقانون في 19 بلدا في منطقة الشرق الأوسط وشمال أفريقيا 2020. والاقتصادات العشرون بالمنطقة هي الجزائر، والبحرين، وجيبوتي، ومصر، وإيران، والعراق، والأردن، والكويت، ولبنان، وليبيا، والمغرب، وسلطنة عُمان، وقطر، والسعودية، وسوريا، وتونس، والإمارات، والضفة الغربية وقطاع غزة، واليمن.

جدول الملحق ج-1 نتائج مسح المرأة وأنشطة الأعمال والقانون لمنطقة الشرق الأوسط وشمال أفريقيا

المؤشر	السؤال		الاتجاه العام (٪ من الاقتصادات)		
الحركة والتنقل	هل يُسمح للمرأة باختيار مكان سكنها مثلما يُسمح للرجل؟	نعم	50	50	لا
	هل يُسمح للمرأة بالسفر والتنقل خارج منزلها بحرية مثلما يُسمح للرجل؟	نعم	45	55	لا
	هل يُسمح للمرأة أن تتقدم بطلب للحصول على جواز سفر مثلما يُسمح للرجل؟	نعم	70	30	لا
	هل يُسمح للمرأة أن تسافر خارج البلد مثلما يُسمح للرجل؟	نعم	65	35	لا
مكان العمل	هل يُسمح للمرأة بالحصول على وظيفة مثلما يُسمح للرجل؟	نعم	55	45	لا
	هل يحظر القانون التمييز في التشغيل على أساس نوع الجنس؟	نعم	70	30	لا
	هل يوجد تشريع يُجرّم التحرش الجنسي في أماكن العمل؟	نعم	55	45	لا
	هل يفرض القانون عقوبات جنائية أو سبل انتصاف مدنية للتحرش الجنسي في أماكن العمل؟	نعم	55	45	لا
الأجور	هل ينص القانون على الأجر المتساوي عن العمل ذي القيمة المتساوية؟	نعم	45	55	لا
	هل يُسمح للمرأة بالعمل ليلا مثلما يُسمح للرجل؟	نعم	50	50	لا
	هل يُسمح للمرأة بالعمل في وظيفة تُعتبر خطيرة مثلما يُسمح للرجل؟	نعم	35	65	لا
	هل يُسمح للمرأة بالعمل في وظيفة صناعية مثلما يُسمح للرجل؟	نعم	45	55	لا
الزواج	هل يوجد حكم قانوني يلزم المرأة المتزوجة بطاعة زوجها؟	نعم	50	50	لا
	هل يُسمح للمرأة بأن تكون ربة الأسرة مثلما يُسمح للرجل؟	نعم	55	45	لا
	هل يوجد تشريع يحكم مسألة العنف الأسري؟	نعم	55	45	لا
	هل يُسمح للمرأة بالحصول على حكم بالطلاق مثلما يُسمح للرجل؟	نعم	10	90	لا
	هل للمرأة نفس الحقوق التي للرجل في الزواج مرة أخرى؟	نعم	5	95	لا
حقوق الوالدين	هل يُتاح للأم الحصول على عطلة وضع مدفوعة الأجر لمدة 14 أسبوعا على الأقل؟	نعم	40	60	لا
	هل تدفع الحكومة 100٪ من مزايا إجازة الوضع؟	نعم	25	75	لا
	هل الإجازة المدفوعة الأجر متاحة للآباء؟	نعم	50	50	لا
	هل يجري تطبيق نظام عطلة الوالدين؟	نعم	5	95	لا
	هل يحظر القانون عزل العاملات الحوامل؟	نعم	50	50	لا
ريادة الأعمال	هل يحظر القانون التمييز على أساس نوع الجنس في إمكانية الحصول على قروض؟	نعم	35	65	لا
	هل يُسمح للمرأة بتوقيع عقد مثلما يُسمح للرجل؟	نعم	100	0	لا
	هل يُسمح للمرأة بتسجيل شركة مثلما يُسمح للرجل؟	نعم	100	0	لا
	هل يُسمح للمرأة بفتح حساب مصرفي كما يفعل الرجل؟	نعم	100	0	لا
الأصول	هل يتمتع الرجال والنساء بحقوق متساوية في الأملاك غيرالمنقولة؟	نعم	100	0	لا
	هل يتمتع الأبناء والبنات بحقوق متساوية في الميراث عن آبائهم؟	نعم	5	95	لا
	هل تتمتع الإناث والذكور بحقوق متساوية في الإرث من الزوج أو الزوجة المتوفاة؟	نعم	5	95	لا
	هل يمنح القانون الأزواج ولاية متساوية في التصرف في الممتلكات أثناء الزواج؟	نعم	100	0	لا
	هل ينص القانون على تقييم المساهمات غير النقدية؟	نعم	5	95	لا
المعاش التقاعدي	هل الأعمار التي يمكن فيها للرجل والمرأة التقاعد بمزايا معاشات تقاعد كاملة متساوية؟	نعم	30	70	لا
	هل الأعمار التي يمكن فيها للرجل والمرأة التقاعد بمزايا معاشات تقاعد جزئية متساوية؟	نعم	70	30	لا
	هل عمر التقاعد الإلزامي متساوٍ للرجال والنساء؟	نعم	80	20	لا
	هل يتم حساب فترات الغياب لرعاية الطفل في مزايا المعاشات التقاعدية؟	نعم	45	55	لا

المصدر: تقرير المرأة وأنشطة الأعمال والقانون 2021.